BRIAN HOGAN

Hay una oveja en mi bañera

El nacimiento de un movimiento de plantación de iglesias en Mongolia

Recomendación

Hay una oveja en mi bañera es ese tipo de libro que quienes trabajamos en la tarea de llevar movimientos de discipulado entre los menos alcanzados siempre queremos leer. Brian Hogan describe de una manera sencilla pero clara, no sólo la tarea desde sus inicios, sino también el desafío que el Padre puso en su corazón y en el de su familia.

Vemos como los Hogan encuentran el llamado de una manera específica, establecen las formas para ir entendiendo el mismo, son fieles en mantenerse en el proceso de ser capacitados y equipados, aún en el simple desarrollo de la tarea de coordinar un curso como el de Perspectivas del Movimiento Cristiano Mundial, para poder llegar a dar pasos claros y concretos de obediencia hacia su salida al campo.

Algunos hemos escuchado cómo el Padre siempre está trabajando en todo sentido, pero al ver la manera en que ha obrado a través de la vida de Brian y su familia no sólo me impacta y me lleva a darle la gloria al Padre, sino también nos muestra cómo en medio de las más difíciles circunstancias podemos ver su fidelidad en el cumplimiento de la tarea del establecimiento de su Reino en medio de los menos alcanzados, aún a través de las señales y prodigios que siguen la proclamación del Reino.

Hay un oveja en mi bañera es también una gran herramienta por excelencia al ser una guía para aquellos que están pensando tomar el privilegio de participar en la obra pionera llevando movimientos de plantación de iglesia a dichos lugares.

Recomiendo sin duda este bello libro, y a la vez le doy gracias al Padre por darme el privilegio de poder leer concentrada y detalladamente este bello testimonio.

Así que sin rodeos te animo a leerlo, causará un impacto en tu manera personal de ver la misión de Dios, establecerá una perspectiva más clara de lo que representa la tarea pionera y sobre todo te animará a buscar ser parte de dicha tarea. Sé que el Padre lo usará de una manera increíble para impactar tu vida y seguramente encontrar de una forma práctica el entendimiento que buscas para cumplir tu propio llamado... ¡Ánimo! El Padre está obrando.

En Él
Victor A. Ibagon

Coordinador del Consejo de Perspectivas en Español
Ex Presidente COMIBAM Internacional
Fronteras Colombia

Hay una oveja en mi bañera

Traducción al Español por Melisa Logroño y Miriam Lucio

© 2019 Brian Hogan. Impreso y encuadernado en los Estados Unidos de América. Todos los derechos reservados. Ninguna parte de este libro puede ser reproducida o transmitida de ninguna forma o por cualquier medio, ya sea electrónico o mecánico, incluyendo fotocopias, grabaciones, sistemas de almacenamiento de información y de recuperación de la información sin el permiso por escrito del editor, a excepción de críticas u opiniones que pueden citar breves pasajes en una revisión a ser impresa en una revista, diario o en internet. Para más información, por favor contactarse con Asteroidea Books, 2322 N. Hummingbird Ln., Fayetteville, AR 72703 USA. Info@AsteroideaBooks.com. Web: www.AsteroideaBooks.com

Si te gusta este libro, por favor coméntalo en Amazon.com.

Todas las citas de las escrituras en esta publicación son de la Traducción en Lenguaje Actual, derechos de autor © 2000, por la Sociedad Bíblica Unida. Usado con permiso.

La fotografía en la página 80 propiedad de Lance Reinhart y ha sido utilizada con su permiso. El resto de las fotografías son propiedad del autor.

Aunque el autor y la editorial han hecho todos los esfuerzos para lograr que toda la información que se encuentra en este libro sea lo más completa y precisa posible, no asumimos responsabilidad por posibles errores, imprecisiones, omisiones o cualquier tipo de inconsistencia. Todo lo que pudiera considerarse una falta de respeto a personas, lugares u organizaciones de ninguna manera es intencional.

ISBN 978-0-9986111-2-9

Dedicatoria

A Jesús: El capitán del único equipo que siempre ha importado. Siempre era el último en ser escogido, hasta que aquel día en 1980 escuché que dijiste, "¡*Queremos a Brian!*". Gracias.

Louise: No hay absolutamente nadie más con quién yo hubiera preferido estar en este Viaje. Me alegra tanto habértelo propuesto.

Nuestro equipo apostólico: Magnus y María, Svetlana y Ruslan, Lance Reinhart, Mats Berbres. Sin ustedes, esto hubiera sido solo un sueño, ¡y muchísimo menos divertido! ¡*Ecclesia plantada*!

Nuestros discípulos mongoles: Erdenbayar Ragchaa (Bayaraa), los primeros catorce de la *Asamblea de Jesús*, todos los demás; su gozosa obediencia a Jesús sigue haciendo que todo valga la pena el precio.

A Miriam y Melisa, quienes trabajaron sin temor para llevar esta historia al mundo de habla hispana. ¡No hay nada más grande que el corazón de un voluntario!

Índice

1. Puertas de hierro 9
2. El comienzo 17
3. Búsqueda de visión 24
4. Un poco de perspectiva 30
5. "Necesitamos un milagro" 40
6. Una casa para las festividades 49
7. En medio de la horda para el Señor 57
8. De compras hasta más no poder 64
9. El teatro de lo absurdo 73
10. Vacaciones de dudosa reputación 84
11. La vergonzosa adquisición del idioma 92
12. La "madre de todas las mudanzas" 105
13. Encuentro de poderes 113
14. Lluvias de abril 117
15. Aguacero 128
16. Solos al timón 134
17. Batalla con el dios del infierno 143
18. Propagando el evangelio de boca en boca 151
19. El primer nacimiento de un extranjero en Erdenet 156
20. Conmoción y asombro 163
21. La peor Navidad de todas 171
22. La carta 182
23. La esperanza no se puede congelar 185
24. Algo se quiebra 196

25. Los rostros del duelo	201
26. La flexibilidad es demasiado rígida	206
27. Se merecen un descanso	217
28. De vuelta en nuestra pequeña casa en la estepa	224
29. Los mongoles siguen al Kan de Kanes	235
30. En la recta final	242
31. Algo completamente nuevo	253
32. Los preparativos para nuestra partida	257
33. La entrega del bastón	264
34. El camino siempre continúa	269
Epílogo: Sufrir con esperanza	275
Comentario Final: El décimo aniversario de *Oveja*	281
Apéndice: Dos obstáculos	288

Mapa de Mongolia

Prefacio

Si usted aprecia las aventuras de misioneros pioneros, disfrutará leer el libro *Hay una oveja en mi bañera* de Brian Hogan. Los talleres de Brian han inspirado a muchos con su estilo de enseñanza dramático y divertido, y él trae esta misma dinámica emocionante al libro. Muchos de nosotros que hemos escrito sobre movimientos de plantación de iglesias, nos hemos enfocado mayormente en los principios que hemos extraído de observaciones del campo misionero y de las Escrituras. Brian los incluye pero añade una amplia y colorida variedad de experiencias del lado más humano, junto con sus alegrías y tristezas, llantos y risas. Relata como él, su esposa Louise y sus hijos vencieron obstáculos imposibles mediante la oración y la persistencia.

Sus aventuras incluyen la búsqueda desesperada de un lugar donde comer, para terminar colándose en una fiesta sin saberlo y ser recompensados con un gran banquete; en otras ocasiones tuvieron que comer ciertos alimentos para sobrevivir que los occidentales sólo le darían a un perro que no les agrada. Lidiaron con ingeniosos estafadores, una tragedia familiar y otras pruebas severas que pusieron a prueba su fe.

Uno de los desafíos fue descubrir la clave de Dios para que las Buenas Nuevas de Jesús se esparcieran libremente en una sociedad budista. El pueblo mongol posee una cosmovisión que data de cientos de años atrás, y hace que las verdades de nuestra fe sean incomprensibles para ellos y que la presentación occidental del evangelio suene como una invasión extraterrestre. Ellos lucharon por encontrar una forma de lograr que familias enteras recibieran a Cristo y compartieran su nueva fe con otros. El avance vino de una manera que ningún hombre hubiera planeado, incluyó sanidades milagrosas y otras señales y maravillas que confirmaron la verdad del nuevo mensaje, liberando a los mongoles, jóvenes y ancianos, de su atadura espiritual. Brian y sus colegas descubrieron cómo entrenar líderes nuevos de la misma manera en la que Jesús y sus apóstoles lo hicieron, además de otras pautas del Nuevo Testamento.

Me siento privilegiado de ser parte de quienes hemos ayudado a Brian a desarrollar sus estrategias de campo. Él tomó muy en serio los principios del Nuevo Testamento que enseñé mientras él coordinaba las clases de Perspectivas del movimiento cristiano global y más adelante, en una escuela de misiones pioneras de JUCUM en el otoño de 1992.

Primero aprendí a aplicar estos principios en las aldeas de Honduras, en donde los métodos de plantación de iglesias tradicionales eran ineficaces. Del mismo modo Brian aprendió a aplicarlos en Mongolia, donde Dios llevó a cabo un movimiento de plantación de iglesias bajo circunstancias que hicieron que los métodos occidentales usuales no resultaran prácticos.

Los principios más importantes del Nuevo Testamento que le ayudé a aplicar a Brian son el establecimiento del discipulado, la plantación de iglesias y el ministerio continuo sobre un fundamento de obediencia sencilla y amorosa a los mandamientos de Jesús, como la de los niños y como la que requiere la Gran Comisión de Jesús al final del evangelio de Mateo. Jesús dijo "Si me aman, guarden mis mandamientos". El amor de Brian por Jesús y el resultado de su obediencia a los mandamientos de Jesús simplificaron la plantación de iglesias en Mongolia. Muchos plantadores de iglesias siguen una lista tan larga de cosas que hacer para empezar una iglesia, que no le dan prioridad a las pocas actividades que son realmente esenciales y terminan haciendo tantas cosas que los elementos claves y fundamentales para la plantación de iglesias, quedan sepultados bajo el exceso de tareas innumerables. Si usted discípula a otros, planta iglesias o multiplica grupos de células, *Hay una oveja en mi bañera* también le ayudará a simplificar su trabajo mediante el establecimiento de prioridades que se alineen con los mandamientos de Jesús. ¡A menudo la forma más segura de discernir lo que Dios quiere es simplemente comenzando con lo que Él nos ordena que hagamos en el Nuevo Testamento!

En un tiempo en el que muchos misioneros limitan su compromiso a períodos cortos, haciendo lo que se les pide y nada más, Brian y Louise fueron más allá de sus expectativas. Aguantaron hasta el final, a pesar de las temperaturas bajo cero, de autoridades hostiles, del engaño de amigos de confianza y otros obstáculos que hubieran desanimado al misionero promedio. Perseveraron para ver el desarrollo de un movimiento para Cristo en Erdenet, Mongolia, desde un nacimiento desfavorable, dolores de crecimiento y muchos contratiempos, hasta llegar a ser un movimiento de plantación de iglesias nativas maduro y genuino que ha servido como modelo para muchos obreros nuevos.

Dr. George Patterson

UNO

Puertas de hierro

Los cinco nos abrigamos contra el frígido viento que soplaba en Beijing mientras bajábamos del pequeño taxi. Le habíamos pedido al conserje del Hotel Dong Fang que nos pidiera un taxi para llegar temprano en la mañana del 22 de febrero de 1993. Las pesadas puertas de hierro negro de la Embajada de Mongolia en la República Popular de China se alzaban ante nosotros. Detrás de esas puertas y dentro de la embajada, estaban las visas que necesitábamos para entrar a Mongolia y seguir el llamado de Dios para nuestras vidas.

No pudimos evitar notar un grupo de alrededor de cincuenta personas que estaban acampando entre nosotros y las puertas de la embajada. Le pedí a mi esposa, Louise, que esperara en la acera con nuestras tres pequeñas hijas, y me abrí paso empujando a través de la gran cantidad de chinos y mongoles hasta llegar al guardia armado que estaba en la puerta de entrada. Me consolé con la idea de que probablemente todas estas personas no tenían asuntos legítimos que tratar dentro de la embajada, y me dejarían pasar rápidamente. Sin embargo, el guardia poco sonriente no se hizo a un lado ni me ofreció una explicación en inglés. Haciendo gestos le di a entender que necesitaba hablar con alguien de adentro y él me indicó un intercomunicador. Éste fue un buen progreso. Estaríamos dentro, fuera del frío en tan sólo unos momentos.

El altavoz hizo un chasquido en respuesta a mi llamada: "Sí, ¿en qué puedo ayudarle?", preguntó una voz de mujer con acento. Le expliqué que mi familia necesitaba entrar para obtener nuestras visas para Mongolia.

"Eso es imposible antes del miércoles, señor. La embajada está cerrada porque es feriado nacional en Mongolia".

Quedé atónito. Habíamos comprado, con cierta dificultad, los boletos para volar a Ulán Bator, la capital de Mongolia, al día siguiente. No teníamos dinero para quedarnos más de dos noches en el Dong Fang, y no había forma de contactar a nuestros amigos en Mongolia para comunicarles que llegaríamos más tarde de lo planeado. Me quedé quieto por unos momentos para ordenar mis ideas y le pregunté sin pensar, "¿Qué feriado nacional?". Ella respondió que era el festival de una semana de duración llamado *Tsagaan Sar*, el año nuevo de los pastores de ovejas. Mantuve el botón presionado para hablar y rápidamente sostuve que no podíamos esperar hasta el miércoles ya que teníamos boletos no intercambiables con MIAT, la aerolínea nacional.

"Señor, lo siento pero el embajador está celebrando el feriado y no estará disponible hasta el miércoles. No puede emitir ningún tipo de visa hasta esa fecha".

Me sentí abatido, pero como realmente no tenía alternativa, seguí rogándole que hiciera una excepción. Le dije a la señorita que mis hijas de siete, cuatro y casi dos años de edad no podían quedarse afuera en el intenso frío (-6º C). El *staccato* de quejas de las niñas y el castañeo de sus dientes que se escuchaba de fondo, nos daban la razón. Deseaba poder levantarlas frente a una cámara de seguridad y mostrarle sus mejillas congeladas y sus narices congestionadas.

¡Funcionó! Los asiáticos tienen una maravillosa compasión hacia los niños, y especialmente hacia las familias grandes.

"Bueno, vuelva a su hotel y llame a las dos de la tarde. Quizás el embajador esté despierto para entonces y pueda ayudarlos".

Le agradecí profundamente y me volví a abrir paso entre la multitud para encontrarme con Louise y con las niñas. Alabé a Dios por esta nueva esperanza, pero Louise se desanimó con las noticias, y el cansancio extremo y el estrés de mudar a una familia de cinco a un lugar desconocido, se reflejaba claramente en su rostro. Yo sabía que si volvíamos a esa pequeña habitación del hotel solamente a esperar que dieran las dos de la tarde, nos volveríamos locos y estaríamos listos para que nos pusieran en una camisa de fuerza. Teníamos que distraer nuestras mentes de lo que estábamos enfrentando. Hicimos una breve oración y encomendamos una vez más toda la situación al Señor, luego tomamos otro taxi y fuimos a la plaza Tiananmen para matar el tiempo.

No había ninguna señal de la masacre que había ocurrido en el lugar unos pocos años atrás. Nos formamos en la interminable y lentísima fila para visitar el cuerpo preservado de Mao en su enorme "Mao-soleum". Había advertencias constantes de permanecer en silencio y ser respetuoso. El ambiente era de una gran reverencia religiosa fomentada por los guardias y respetada por los miles de visitantes. Estábamos tan nerviosos de que las niñas dijeran algo inapropiado, tomaran una flor o sabe Dios qué otra cosa. Mientras salíamos de ese lugar al frío pero refrescante aire, Melody dijo en voz alta, "¡Sólo era un hombre muerto!". Emprendimos una pronta retirada del santuario del fundador del comunismo chino. Aún así, la sabiduría de sus siete años fue un gráfico recordatorio de la superioridad de la resurrección de Cristo sobre los dioses de los hombres y sus gobiernos.

De vuelta en la habitación del hotel, cuando finalmente dieron las dos de la tarde, llamé a la embajada de Mongolia y la misma mujer me dijo que llamara de nuevo dentro de una hora. Decidimos que yo iría en persona y esperaría en la embajada, mientras Louise se quedaba con las niñas y me cubría en oración.

Unas veinte personas estaban deambulando por las puertas cuando llegué. Rápidamente entendí que todos estábamos en el mismo barco. Había otro estadounidense que hablaba chino mandarín. Era un misionero ya de edad que trataba de cruzar Mongolia para ir a enseñar a Siberia. Sus padres misioneros lo trajeron a China antes de que comenzara la revolución comunista y los expulsaran del país. Mi nuevo amigo me explicó que les habían dicho que esperaran en caso de que el embajador lograra estar lo suficientemente sobrio como para conceder visas, ya que había estado ocupado celebrando la costumbre del *Tsagaan Sar*, donde la gente se emborrachaba con vodka y se atiborraba con bollitos de carne por una semana. Alguien de la embajada divulgó que aparentemente estaba comatoso desde la noche anterior y el personal no había sido capaz de despertarlo.

Mientras esperábamos, zapateando fuerte para impedir que los dedos de los pies se nos congelaran, experimentamos algunas extrañas dinámicas en el grupo. Un rumor llegaba hasta el creciente grupo que estaba cerca de las puertas, diciendo que la puerta trasera estaba abierta y recibía gente. De repente, como abejas migrantes y sin discusión previa, todos marchábamos rodeando el perímetro del gran recinto y llegábamos a la puerta trasera sólo para descubrir que estaba cerrada y custodiada por guardias al igual que la puerta principal. Tímidamente volvíamos a la entrada de la embajada hasta que otro rumor comenzaba otra vez. Cada tanto un vehículo entraba o salía y el guardia nos empujaba hacia afuera. Su mano en el arma disipaba cualquier idea de entrar corriendo a la embajada.

Después de una hora de lo mismo, me di cuenta de que la realidad física de tener las puertas de Mongolia, representadas por la embajada, cerradas en mi contra, era como una fotografía de lo que ocurría en el ambiente espiritual. Comencé a orar en voz alta y a adorar intensamente en contra de esas "puertas", e impuse mis manos de forma literal sobre las puertas de hierro ordenándoles que se abrieran ante el embajador del Rey de Reyes y Kan de Kanes. Canté en voz alta "Jesucristo es el Señor de Mongolia". Mi amigo misionero se alejó de mí y se fue al otro lado de la multitud, convencido de que la presión me había trastornado. Los chinos y mongoles me dieron un poco de espacio extra y me miraron fijamente llenos de asombro. Ni siquiera el guardia hizo nada cuando pasé por al lado de él y agarré las puertas. Todos pensaron que era un lunático. Sentí a Dios en todo lo que estaba haciendo así que continué, y le dije en silencio que si no se movía para abrir las puertas me iba a morir de vergüenza. De cualquiera de las dos maneras, mi problema sería resuelto.

Luego de unos cinco minutos de luchar en oración y adoración, que parecieron cincuenta, de repente me quedé sin palabras. Sólo balbuceé hasta quedar callado. Más de treinta pares de ojos me estaban taladrando la espalda mientras me enfrentaba a la puerta. Tenía miedo de siquiera mirar en dirección al guardia.

"Dios... ¿ahora qué? No puedo quedarme simplemente parado en este lugar".

Sentí una urgencia de llamar por el intercomunicador de la embajada. Sin preguntarle al guardia estupefacto que estaba justo al lado del intercomunicador, caminé y le di un golpe al timbre. Una voz de hombre respondió, "¿Qué?".

"Habla el señor Hogan. Me dijeron que regresara a las dos de la tarde para ver al embajador. Son las tres y media. Usted necesita abrir la puerta y dejarme entrar", le dije con una confianza repentina.

"Ummmm... ¿en cinco minutos?", me dijo a modo de respuesta.

Pude verle la cara a través de las ventanas del patio. Levanté la muñeca y señalé mi reloj. "Cinco minutos", repetí de manera firme. Vi que el asintió.

Exactamente cinco minutos más tarde, para el asombro de todos los que esperaban, incluyéndome a mí, las puertas se abrieron. ¡Podrías haber derrumbado a toda la multitud con una pluma! ¡No habían permitido entrar a nadie en todo el día!

Marché a través del patio, consciente de las miradas envidiosas que me seguían, y entré al edificio. Después de colgar mi abrigo, me encontré sentado en una elegante sala de espera junto a dos diplomáticos franceses y un ejecutivo petroquímico estadounidense. Resultó ser que estaban haciendo lo mismo que la gente de afuera pero de manera más cómoda: esperaban la posible aparición del embajador. Se les había informado que cuando se despertara, si es que el personal podía despertarlo, podríamos verlo. Llamé a Louise al hotel para reunir más oración, le comenté lo sucedido y luego esperé.

Pasada la media hora, comencé a preocuparme por mi hermano misionero más conservador que estaba afuera en medio del viento que azotaba desde Siberia. Fui al escritorio del hombre mongol que me había dejado entrar.

"¿Ve al hombre mayor que está allá afuera?", le pregunté. Él asintió. "Bueno, es un estadounidense que nació en China hace muchos años". Ha pasado su vida ayudando a los asiáticos. Si él se enferma y muere por este frío, creo que será una gran vergüenza para su país por haber dejado a este hombre bueno y frágil allá afuera".

"¡Por favor dígale que entre!", exclamó con verdadera preocupación y presionó el botón para abrir la puerta mientras yo salía corriendo y le hacía señas para que pasara al guardia. Agradecido, se unió al grupo VIP que esperaba adentro.

A las seis, después de dos horas y media de espera dentro de la embajada, el embajador de Mongolia apareció por una puerta, apoyado sobre dos amigos que al igual que él, estaban con resaca y adoloridos. Se sentó en el escritorio desocupado del encargado del intercomunicador. Nuestro grupo rápidamente hizo una fila para hablar con él.

"Caballeros, no me siento bien y me duele la cabeza de tanto...", dijo con voz ronca, llevando su índice a la garganta y haciendo gestos para decir que le dolía la cabeza de tanto beber. Se las arregló para sonreír de manera irónica y traviesa. "Por favor, pueden presentar sus documentos, invitaciones y boletos de regreso. Emitiré sus visas si todo está en orden". Sus amigos salieron de la habitación. Noté que había un niño de unos diez años, que supuse que era su hijo, parado al lado del embajador. Este niño era el que sellaba todos los pasaportes, en lugar de su padre.

Observé que todos, excepto yo, habían llenado las solicitudes para la visa que estaban apiladas justo al lado de la silla que acababa de desocupar. Salí por un momento de la fila y comencé a llenar los cinco formularios que necesitábamos. Me mantuve ocupado haciendo malabarismo con los pasaportes, transcribiendo números, fechas, información del vuelo, recordando fechas de cumpleaños, etc., pero no demasiado ocupado para darme cuenta de que estaba en problemas. Tenía los pasaportes y los dólares suficientes para las visas, pero no tenía los boletos de regreso ni una carta de invitación, ¡ni tampoco un contrato de trabajo en Mongolia! Podía escuchar cómo le pedía al misionero de edad que presentara estos documentos, ¡y eso sólo para ir de paso por el país!

"Oh Dios", respiré, "no has hecho todo esto y abierto todas estas puertas para dejar que este hombre nos mande de vuelta. Por favor, ¡ayúdame en esta situación!".

Terminé de garabatear los formularios justo cuando la fila se redujo a una sola persona delante mío. De pronto fuí el último. Todavía estaba batallando para pegar la foto correcta en cada uno de los formularios cuando el embajador tomó mis documentos. Mientras él le daba un vistazo a los formularios, oré intensamente para que no me pidiera los boletos de regreso o una prueba de la organización que nos hospedaría en Mongolia, como había hecho con todos los que habían pasado antes de mí.

De milagro, no me pidió que presentara los boletos. Sólo quería saber quién nos había invitado a Mongolia.

La verdad es que ni yo tenía una idea clara de esto. Mi esperanza estaba en los dos jóvenes mongoles, hombres de negocios, con los cuales había estado en contacto desde que salimos de nuestro hogar. Aldar y Batjargal, cuyo negocio consistía en ayudar a misioneros, habían estado recibiendo télex de nuestra parte con instrucciones de enviar por fax a la embajada los detalles de cualquier contrato que hubieran podido arreglarnos. Nunca recibimos una respuesta, y de hecho dudamos de que nuestro télex les hubiera llegado. El último contacto que tuvimos con ellos no había sido muy prometedor.

Con una inspiración repentina respondí, en un tono de voz más alto del que él hubiese preferido, "Está escrito en nuestra carta invitación que le enviaron por télex. ¿Por qué no trae el télex y así lo revisamos los dos?"

Estrictamente hablando, esto era una posibilidad. Si existía algún contrato para que trabajáramos en Mongolia, ciertamente tenía que estar en algún lugar de la embajada. Oré para que él ni siquiera lo buscara.

El embajador me lanzó una mirada de disgusto y dijo con voz áspera, "Eso no será necesario". Le pasó los cinco pasaportes a su hijo y nuestras visas mongolas azules fueron selladas a las seis cuarenta y cinco de la tarde.

Volamos a Mongolia temprano la mañana siguiente. Dios fue fiel a la palabra que nos había dado. La "puerta de acero" (la puerta de hierro de la embajada) con la que nos encontramos demostró ser sólo de papel aluminio cuando la atravesamos. A pesar de que estos milagros eran de mucho entusiasmo, Louise y yo esperábamos haber enfrentado el último obstáculo de esta naturaleza.

La Embajada de Mongolia en Beijing con puertas más modernas (9/2017)

DOS

El comienzo

El camino que guiaba a ese frío día en Beijing había comenzado una década atrás durante mi segundo año en Cal Poly (Universidad Politécnica de California) en San Luis Obispo. Estaba leyendo una revista que encontré en los dormitorios llamada "En otras palabras", una publicación de los Traductores de la Biblia Wycliffe, cuando el Espíritu Santo cayó sobre mí y comencé a llorar de manera incontrolable.

Dios derramó en mi espíritu su pasión por las naciones que nunca habían escuchado su mensaje. Supe inmediatamente que esto era lo que la gente denomina "llamado a las misiones". Sólo que no tenía una idea clara de lo que eran las misiones. Pasé los próximos cinco años descubriendo lo que Dios quería que hiciera con este llamado.

Lo primero que hice fue cambiarme de carrera, ya que hasta el momento había estado estudiando administración de recursos naturales. Pensé que trabajar en el bosque, lo que siempre había sido mi sueño, no era lo que tenía que hacer ahora. Sea cual fuera el significado de "misiones", estaba segurísimo de que tenía algo que ver con las personas. Así que me cambié de carrera y comencé a estudiar inglés. Ya que no tenía idea de cómo prepararme, una educación general parecía ser la mejor manera de continuar. Por otro lado, inglés había sido mi asignatura preferida al igual que historia, así que ¿por qué torturarme con algo que no disfrutaba?

No pasó mucho tiempo antes de que comenzara a pensar que todo este asunto de la universidad era una distracción que me alejaba de lo que Dios quería para mí. Ya había decidido que la principal razón por la cual estaba en la universidad era para poder ser parte de la iglesia en San Luis Obispo. Comencé a pensar que sería más sencillo dejar los estudios y seguir mi camino hacia las misiones. Estaba a punto de hacerlo sin pensarlo mucho, cuando sentí que Dios me decía que sometiera esta decisión a la aprobación de mi madre. Sabía que este pensamiento no era mío, sonaba loco y por supuesto que ella diría que no. Además, ¡ya tenía casi veinte años! Pero el hecho de que supiera que no era mi idea, me llevó a tomar el asunto con seriedad. Si Dios quería que abandonara la universidad, sabía que Él podría sobreponerse a mi madre y hacer que me dejara seguir adelante con mis planes.

Esperé hasta que viniera a visitarme y la llevé a caminar al maravilloso bosque de robles de mar, cerca de los Osos. La fría niebla costera me puso la piel de gallina en mis brazos descubiertos, mientras mi mamá y yo nos abríamos paso entre los retorcidos y ásperos árboles de la reserva cubiertos de musgo colgante. Era el tipo de lugar donde imagino que los antepasados druidas recolectaban muérdagos y el aroma del roble húmedo y la tierra arcillosa se conjuraban para hacer una atmósfera de otro mundo. Mamá supo que algo sucedía, y cuando nos detuvimos para relajarnos en un tronco que había crecido siguiendo el suelo en vez de extenderse hacia el cielo, me presionó para que soltara todo y terminara así con el misterio. ¿Me prometería realmente orar sobre el tema, incluso si tenía fuertes sentimientos al respecto? Cuando asintió, le pedí que le preguntara a Dios y viera si Él quería que dejara la universidad. Fue honesta sobre sus sentimientos en contra de esta decisión, pero me prometió que buscaría la opinión de Dios en el asunto. El resto de su visita los dos estuvimos un poco apagados. Fiel a su palabra, mamá realmente buscó a Dios, y unos días después me llamó para decirme que sentía que aún no había terminado mi tiempo en Cal Poly. Como le había dicho a Dios que tomaría cualquier cosa que ella dijera como una guía directa de Él, estaba atrapado. Así que continué con mis actividades de la universidad.

El comienzo

En realidad, no fue un gran sacrificio, ya que mis estudios no me desafiaban mucho. Mis calificaciones eran buenas y llevaba la carrera al día para poder finalizar en cuatro años, una gran hazaña tratándose de Cal Poly. En tercer año me uní a una escuela especial que ofrecían en la Comunión Cristiana de la Viña, la iglesia a la que estaba asistiendo. Era una escuela de discipulado muy intensa que requería un gran compromiso, y debía ser la prioridad por encima de la universidad o cualquier otra obligación. La "escuela de discipulado" duraba nueve meses y combinaba el estudio intensivo de la Biblia, relaciones personales y oportunidades de ministerio. Alrededor de treinta y cinco pasamos por este proceso. Nos volvimos extremadamente unidos y aún más devotos a Jesús. Una de las jóvenes de la clase, Louise Hugo, me preguntó varias veces si la podía llevar en auto hasta su casa, pero como yo era siempre tan ahorrativo y práctico, encontré a alguien que vivía más cerca de su casa para que la llevara. No tenía idea de que le atraía, y con el tiempo ella le dijo a Dios que Él se podía quedar conmigo. Estaba contenta con permanecer como "¡una mujer soltera para Cristo!".

Al final del año académico, todos compartimos los planes que teníamos para el verano, y me sorprendí al escuchar que Louise iba a ser salvavidas en un campamento de verano al igual que yo. Hablamos un poco de esto, y después todos nos despedimos. No pensé más en el tema hasta que recibí una postal de Louise a mediados del verano. Había terminado mudándose a Santa Bárbara para ayudar a nuestro pastor, Jack Little, con una nueva iglesia de la Viña. También trabajaba de salvavidas, pero en el YMCA. Lo que más me llamó la atención fue su firma: "Con amor, Louise". Pasé mucho tiempo pensando en ella, y lamentándome por no haberle prestado atención antes. Escribió "con amor", me preguntaba cuánto amor sería.

Justo después de empezar las clases de nuevo, manejé hacia un concierto de adoración en Santa Bárbara. Era un auditorio enorme y cuando iba caminando por la rampa para salir, vi a Louise caminado un poco más adelante que yo. Corrí detrás de ella tratando de empezar una conversación y sorprenderla, así que puse mis brazos alrededor de sus hombros y dije: "Entonces, ¿cuándo te casarás conmigo?". ¡No podía creer lo que acababa de salir de mi boca! Louise miró sobre su hombro y me vio. "Entonces, ¿cuándo me lo vas a pedir?".

Los dos quedamos un poco sorprendidos por lo que acababa de suceder así que la conversación disminuyó a medida que caminábamos al estacionamiento. Acordamos encontrarnos en la cafetería donde algunos amigos se iban a juntar después del evento. Nos sentamos juntos en una mesa con otros diez amigos. Después de pasado un tiempo me incliné y le susurré, "Sobre lo que dijiste antes…te lo estoy pidiendo". En medio de todos esos amigos alrededor nuestro, que no sospechaban nada, nos las arreglamos para decidir que mejor oraríamos al respecto. Descubrimos que ambos estábamos llamados al trabajo misionero (¡lo que sea que eso significara!). Acordamos orar hasta que supiéramos y después hacer planes. Nos despedimos y nos dirigimos al norte en autos separados, sin un beso.

Oré sobre la idea de casarme con Louise hasta la mañana siguiente; para entonces ya estaba seguro. La llamé y salimos a comer a un restaurante mexicano que había sido construido sobre un arroyo en frente de una antigua misión española en San Luis Obispo. Esa fue nuestra primera "cita". No desperdicié ni un segundo para decirle que había escuchado de parte de Dios que se suponía que nos casáramos. Ella me contestó que aún no tenía ninguna palabra y que necesitaría más tiempo. No había ningún problema, sabía que Dios le diría lo mismo.

¡Ja! Esa fue la semana más larga de mi vida. Sin embargo, después de una semana, Louise Hugo compartió mi convicción de que íbamos a ser marido y mujer. Lo hicimos oficial el 8 de octubre de 1983, a pesar de que tuvimos que mantenerlo en secreto por varias semanas para que Louise pudiera ir a visitar su hogar en el desierto de Mojave y compartir la noticia con sus devotos padres católicos.

Sólo una semana después de graduarnos de Cal Poly, nos casamos. Fue el 16 de junio de 1984, sólo ocho meses y medio después de que dejara escapar esa sorpresiva propuesta de matrimonio. Dios tenía planes más grandes de los que ninguno de los dos podía empezar a imaginar.

El comienzo

Nuestro primer año de matrimonio no fue sólo felicidad. Después de cuatro meses de esforzarnos muchísimo en trabajos simples y poco inspiradores, se nos presentó una oportunidad para ministrar. Mi abuela Alice sufría de Alzheimer, ella y mi abuelo necesitaban ayuda si deseaban continuar viviendo en su propia casa en Las Vegas. Mi tía estaba ampliando su casa para que pudieran vivir con ella, pero tomaría tiempo finalizarla. Louise y yo nos ofrecimos para ir a vivir con mis abuelos hasta que su nuevo hogar estuviera listo.

Hacer nuevos amigos en una ciudad desconocida mientras vives en un dormitorio en la casa de otra persona, no es la cosa más fácil para unos recién casados que todavía están luchando con su relación. Cuidar a la abuela Alice era otro desafío. Estaba perdiendo la habilidad de llevar a cabo las actividades más simples, y Louise tenía que hacerse cargo de muchas de ellas. La abuela guardaba cosas en lugares extraños todo el tiempo, lo que hacía que tuviéramos que pasar largas horas buscando las llaves del auto y billeteras. Salía a caminar todos los días y cada vez que lo hacía compraba una docena de huevos. Repartíamos huevos cada semana, aún cuando nos costaba trabajo comprar otros comestibles con nuestros reducidos salarios. Ambos terminamos trabajando de salvavidas y enseñando en la piscina del YMCA, y acordamos pagar la comida a cambio del alquiler. Para salvaguardar su dignidad le dijeron a mis abuelos que ellos nos estaban ayudando.

Un domingo en la iglesia, nos presentaron a un grupo de un hogar cristiano de niños llamado Casa Mizpah. Comenzamos a ayudar como voluntarios y con el paso del tiempo nos contrataron como consejeros. ¡Me encantaba trabajar con estos niños delincuentes! Su mayor problema parecía ser el exceso de personalidad, y descubrí que disfrutaba pasar tiempo con ellos. Dentro de la estructura del programa de hogar grupal, las relaciones verdaderas y el crecimiento era algo que sucedía todo el tiempo. Era emocionante, pero al mismo tiempo podía ser muy doloroso. A menudo perdíamos chicos porque se escapaban o violaban la ley, y ambas situaciones terminaban llevándolos a prisiones juveniles. Conectar con un chico esperando que saliera adelante, para después verlo huir y perder su lugar en el programa, nos traía mucha tristeza. Duele. El personal solía bromear de manera irónica: los que desearías que escaparan nunca lo hacen. Con el tiempo, a pesar de que amábamos el trabajo, la carga emocional y el salario mínimo nos estaban desgastando. También descubrimos que estábamos esperando un bebé. Tomé clases de posgrado y me aseguré de tener un certificado de maestro suplente. Terminé trabajando como profesor suplente casi todos los días e iba a Mizpah sólo de visita. Había aprendido que amaba trabajar con chicos problemáticos y que tenía un don para ello. Comenzamos a pensar que quizás nuestro llamado era para trabajar con el ministerio de jóvenes en la ciudad.

Mucho antes de que Louise y yo realmente descubriéramos cómo ser una pareja, nos encontramos con que ya éramos tres. Louise entró en trabajo de parto un caluroso día de septiembre de 1985, mientras me acompañaba caminando a mi trabajo en una escuela primaria cercana. A la hora del almuerzo me llamaron a la oficina del director por medio de una nota. Me dijo que Louise estaba en el centro de maternidad y me preguntó si no me molestaba terminar las clases que tenía que enseñar ese día. Le informé que me iría inmediatamente y le aconsejé que llamara al servicio de suplentes y pidiera un suplente para el suplente. De ninguna manera me arriesgaría a perderme el nacimiento de mi primera hija.

Al final estuvimos varias horas juntos haciendo los ejercicios de respiración que habíamos practicado. La partera venía de manera regular a nuestro cuarto en el centro de maternidad para revisar el progreso del trabajo de parto. Alrededor de las cuatro y media de la tarde, Melody Grace llegó al mundo. Usé el teléfono del cuarto para llamar a todas las personas que conocía. A las siete de la tarde de ese mismo día, los tres estábamos de vuelta en nuestra casa temporal que se había vuelto repentinamente más amplia.

Sólo unas semanas antes de que Melody llegara, el abuelo Jim y la abuela Alice se habían mudado al otro lado de la ciudad a la casa de mi tía Dottie, en su nuevo departamento semi-independiente. De pronto, por primera vez en nuestro año y medio de casados, teníamos una casa entera para nosotros. ¡Qué alegría! Excepto que ahora no había nada que nos atara a Las Vegas. Cuando volvimos de visita a San Luis Obispo para semana santa, los dos quedamos sorprendidos de ver lo verde que era todo. Nos habíamos acostumbrado tanto al desierto, que nos habíamos olvidado lo hermosas que eran las cosas que crecen. Nos dimos cuenta que no nos gustaba Las Vegas y si nos quedábamos por mucho tiempo podríamos terminar estancados ahí. Por otro lado, el aire acondicionado de nuestro auto dejó de funcionar más o menos por esta época. Decidimos que un verano con el calor abrasador de las Vegas, con temperaturas diarias por encima de los 38ºC, sin aire acondicionado y con poco trabajo de suplente, no era una opción. En un mes, después de veinte meses en Las Vegas, cargamos nuestras escasas pertenencias y volvimos rápidamente a Los Osos. En ese momento no sabíamos que ésta iba a ser nuestra tercer mudanza de las veintitrés que hemos tenido en veintitrés años de matrimonio.

Con el propósito de perseguir lo que pensamos que Dios nos estaba llamando a hacer, trabajé como vendedor mientras hacía un posgrado en consejería en Cal Poly. Con el tiempo conseguí un trabajo que involucraba abrir un hogar de niños para una empresa que tenía un contrato con el estado. Yo era el gerente y trabajé durante largas horas para dejar el hogar en orden, contraté el personal y obtuve el permiso correspondiente. Un par de meses después de abrir el lugar, el dueño de la empresa necesitaba un trabajo para su hija, y le dio el mío. Me dijeron que podía quedarme trabajando para ella, pero la idea no me resultó nada atractiva. Tenía que encontrar otro trabajo y rápido. Fui a nuestro antiguo campus de la universidad para ver la lista de trabajos que tenían ahí. No lo sabíamos, pero este viaje a Cal Poly en búsqueda de empleo finalmente nos abriría la puerta y más adelante nuestras mentes para lo que Dios nos había estado llamando a hacer todo este tiempo.

TRES

Búsqueda de visión

De vuelta en el campus de nuestra universidad, el fuerte aroma de la tinta era lo único que me mantenía despierto mientras buscaba en la lista de trabajos que se ofrecían para las carreras de inglés y consejería. De todas las oportunidades, sólo una me llamó la atención. La encerré en un círculo y me llevé el cuadernillo a casa para que Louise pudiera darle seguimiento y me consiguiera una solicitud. Se trataba de un puesto de enseñanza en una escuela primaria en la reserva de los navajos en el noreste de Arizona.

Una organización llamada Misión Evangélica Navajo ofrecía pagar la mitad de nuestra manutención si decidíamos ir a enseñar a los navajos de cuarto y quinto grado. No teníamos idea de lo que significaba para ellos "mitad de la manutención", pero la mitad era mejor que nada.

Al día siguiente cuando regresé del trabajo, Louise estaba super entusiasmada. Había llamado al número que aparecía en el cuadernillo y se había comunicado con un miembro de la junta directiva de la misión que vivía en nuestro condado. Él le dijo que, aunque necesitaban profesores, lo que más necesitaban eran tutores para la residencia de los niños del internado. Pensó que nosotros encajábamos perfectamente para ese rol e hizo que el director de la misión en Flagstaff, Arizona, llamara a Louise de inmediato. Tom Dolaghan era un irlandés cuya preocupación y amor se podía sentir a través de la línea telefónica junto con su acento irlandés. Tom estaba tan contento de que nos uniéramos a la misión que contagió a Louise también. Los dos tenían el trato prácticamente cerrado cuando Louise recordó que debía involucrarme en la decisión. Con esto me encontré cuando entré a casa. Unos minutos después ya estaba en el teléfono con Tom. No me tomó mucho tiempo unirme a la euforia general. ¡Íbamos a ser misioneros!

Resultó que la Misión Evangélica Navajo era una "misión por fe", lo que significa que todos los obreros tenían que recaudar sus propias finanzas a través de su familia, amigos e iglesias. Nos garantizaron que al menos tendríamos la mitad del sustento económico requerido, sin importar lo que nos llegara cada mes, debido a que la Academia Evangélica Navajo necesitaba personal de manera urgente y el tiempo disponible para elaborar un plan de recaudación de finanzas era muy limitado ya que la escuela comenzaría en menos de cuatro meses. Recibimos la bendición de nuestra iglesia, La Viña de Los Osos, visitamos tres grupos pequeños para compartir la visión por los navajos, y enviamos cartas de oración a cada persona que pudimos recordar. Alrededor de un mes y medio después de haber encerrado en un círculo esa oferta de trabajo, estábamos en Hardrock, Arizona, en la tierra de los navajos para llevar a cabo el "Entrenamiento indígena del candidato misionero". Junto con otros misioneros nuevos, estudiamos el idioma y la cultura navajo, la historia y la estrategia de la Misión Evangélica Navajo (*Navajo Gospel Mission*), y pasamos un fin de semana viviendo con una familia en un campamento navajo, arreando ovejas y conviviendo con ellos. ¡Nos encantó!

También nos enamoramos de los otros misioneros jóvenes con los cuales hicimos el entrenamiento. Algunos de ellos se fueron a otros destinos dentro de la comunidad navajo, pero varias familias tenían como meta otras tribus completamente diferentes, como los hupa del norte de California y los tarahumaras de México. Conocimos a una familia bastante diferente: Rick y Laura Leatherwood y sus tres hijos pequeños.

Laura y Rick, apóstoles a Mongolia

Ellos se estaban entrenando para trabajar con los navajos, pero Rick sólo hablaba de Mongolia. Me explicó que Dios los estaba llamando a trabajar con el pueblo mongol, pero este país estaba totalmente cerrado a la actividad misionera, e incluso las visitas cortas eran imposibles. Rick y Laura creían que Dios iba a abrir las puertas de Mongolia para el evangelio y querían estar listos. Por esta razón Rick estudió las culturas del mundo y encontró que la cultura de los navajos era lo más cercano a la cultura mongola. Ambas naciones semi-nómadas arreaban ovejas, andaban a caballo y comían los mismos alimentos preparados de la misma manera. Incluso vivían en casas redondas extrañamente similares: el *hogan* navajo de madera y barro y el *ger* mongol cubierto de fieltro.

Hogan navajo   *Ger* mongol

La gran conexión cultural se explica por el hecho de que los navajos fueron de los últimos en cruzar el puente terrestre desde Mongolia y Asia, hacia el continente americano. La familia Leatherwood vivía y trabajaba entre los navajos para prepararse a ingresar a Mongolia. Louise y yo estábamos confundidos y fascinados al mismo tiempo.

Dios estaba plantando una semilla en nuestros corazones que tardaría cinco años en dar fruto.

Un mes más tarde, en agosto de 1987, los tres Hogan nos mudamos a la residencia de los niños en la estación de Hardrock y nos preparamos para "adoptar" a diez niños navajos, cuyas edades oscilaban entre los cinco y los once años de edad. Estaban a nuestro cargo desde la noche del domingo hasta la tarde del viernes, veinte horas al día. El único tiempo que teníamos "libre" era cuando los niños estaban en clase y en los horarios de las comidas, ya que comían en la cafetería. Era cansador, pero muy gratificante. La pasábamos muy bien jugando con los niños y entrenándolos. Todas las tardes compartíamos devocionales y los arropábamos a cada uno en sus camas. Los estudiantes más pequeños no estaban acostumbrados a hablar en inglés, dormir en camas, ducharse o incluso pasar mucho tiempo adentro. Todo era una experiencia de aprendizaje.

Después de clase explorábamos los cerros rocosos y los coloridos cañones, jugábamos a "atrapar la bandera" con el grupo de las niñas y hablábamos de Jesús. Cuando los niños estaban en clase por la mañana, Louise, Melody y yo visitábamos a sus familias en los campamentos que estaban esparcidos por toda la región. Estábamos entusiasmados de ver que comenzábamos a formar relaciones con estos padres jóvenes. La misión había estado funcionando bajo una "estrategia de misión-estación" en la que se esperaba que los navajos vinieran a las instalaciones de la misión para ser ministrados de forma práctica y espiritual. La escuela era una herramienta para influir en la vida de estas personas. En nuestra opinión, esto no parecía estar funcionando bien. La misión no impactaba a muchas de las familias en nuestra área, ni siquiera a nuestros estudiantes. Sentimos que necesitábamos ir y convertirnos en parte de su mundo, y no esperar a que ellos se unieran al nuestro.

Nuestra estrategia tuvo mucho éxito entre los navajos, y comenzaron a invitarnos a que saliéramos de nuestras instalaciones y fuéramos a sus campamentos. Esto nos causó problemas con los misioneros mayores, y todos eran mayores. Nadie en la misión tenía nuestra edad. La mayoría tenía la edad de nuestros padres o más. Estábamos desafiando las tradiciones y el estatus quo en gran manera. Nunca antes los tutores de residencia habían ministrado fuera de las instalaciones. De hecho, las cuatro horas del día en las que no teníamos a los niños, no eran consideradas tiempo libre, y siempre se habían utilizado para trabajar en mantenimiento, una tarea para la cual soy particularmente inadecuado. De cualquier forma, percibimos que la envidia era la raíz de los problemas que causábamos. Cada uno de los que trabajaba con nosotros, originalmente había deseado tener una relación profunda y satisfactoria con los navajos, pero la metodología de la misión-estación se aseguraba de que esas relaciones de amistad no llegaran a desarrollarse. Ahora estos "jovencitos" recién llegados estaban siendo aceptados por los locales de una forma en la que nadie más lo había sido.

Nuestra popularidad con los compañeros de trabajo disminuyó en proporción directa con la aceptación que recibíamos de las familias de los navajos. Llegó al punto en que siempre "estábamos en problemas", y no parecía justo involucrar a nuestros amigos navajos. Las únicas personas con las que podíamos hablar eran dos parejas de misioneros, Tom y Theresa Elkins y Mike y Cora Hendricks, que vivían a unos 32 kilómetros de Hardrock. Tom y Theresa estaban con otra organización y vivían con una familia de navajos en medio de la nada. Ellos eran nuestros héroes y amigos. Mike y Cora estaban al frente de la estación NGM (Misión Evangélica Navajo) en Piñon, Arizona (Su lema era: "donde el pavimento termina y el lejano oeste comienza") y eran los únicos no navajos en la región. Ellos eran nuestro único refugio seguro. Juntas, estas dos familias nos mantenían cuerdos.

Conocimos a Tom Dolaghan al final del primer año escolar. Linda, nuestra supervisora directa en Hardrock, era muy comprensiva y un gran apoyo para nosotros, y le hizo saber a Tom lo difícil que era nuestra situación con los otros misioneros. Nos sugirió que fuéramos a nuestro hogar a pasar el verano para recaudar finanzas. (En realidad, nuestro nivel de sustento económico era sólido, de un noventa a un cien por ciento por mes. Lo cual era un milagro ya que no habíamos hecho mucho para conseguirlo. La mayoría del personal de Hardrock vivía con menos de la mitad de las finanzas requeridas). Debíamos decidir si queríamos completar el resto de nuestro compromiso de dos años. Tom nos dijo que estaba orando para que regresáramos en septiembre, pero que entendería si decidíamos no hacerlo.

Pasamos el verano hablando a diferentes grupos y también recibiendo consejería de nuestro pastor en Los Osos. Nos dijo que no podía pensar en una sola razón por la cual quisiéramos volver, sin embargo, para Louise y para mí no era tan sencillo. Extrañábamos profundamente a nuestros niños y amigos navajos, y amábamos el trabajo, pero era difícil ver cómo podría mejorar la relación con nuestros compañeros misioneros.

Seguimos pidiéndole a Dios que nos mostrara qué hacer. Finalmente nos habló de manera muy clara. El Padre nos dijo que nunca aprenderíamos a comprometernos de manera genuina si nos quedábamos en una iglesia donde teníamos el lujo de relacionarnos sólo con aquellos que escogiéramos y con quienes conectarse era más fácil. Necesitábamos volver y hacer que las relaciones difíciles funcionaran, sin importar lo doloroso que pudiera ser. Y eso hicimos.

**Brian, Louise y Melody con nuestros niños Navajos
Dormitorio de la Academia Evangélica Navajo, 1988**

CUATRO

Un poco de perspectiva

Instalaciones de la Misión Evangélica Navajo, Hardrock, Arizona
(imagen obtenida de una diapositiva)

El segundo año en Hardrock, de 1988 a 1989, marcó profundamente el curso del resto de nuestras vidas. Trabajamos muy duro para llevarnos bien con nuestros compañeros de trabajo y pudimos experimentar una apertura real y un crecimiento en nuestras amistades. Aparentemente, nuestro rechazo a la idea de abandonar el trabajo tuvo una repercusión que causó que muchos nos reconsideraran. Nuestro ministerio fuera de las instalaciones continuó floreciendo y como parecía cada vez más probable que la escuela cerraría el año siguiente por falta de profesores, comenzamos a soñar con un ministerio enfocado sólo en campamentos navajos, o quizás en un equipo de Misión Evangélica Navajo (NGM por sus siglas en inglés) en otra tribu. Sentimos que habíamos encontrado nuestro lugar y nuestro llamado, y que íbamos a pasar el resto de nuestras vidas trabajando entre los nativos americanos. Entonces sucedió algo que lo cambió todo.

Un misionero se unió al personal de nuestra oficina en Flagstaff, y trajo una clase llamada "Perspectivas del movimiento cristiano global", a la Misión Evangélica Navajo. Este curso de misiones de diecisiete semanas de duración que te permitía obtener créditos universitarios se iba a enseñar en vivo en Flagstaff, a 174 kilómetros de distancia, y se traería a Hardrock mediante la magia de la videograbación. Nos animaron a todos a que tomáramos esta clase pero, para ser honestos, no estábamos muy interesados. Ya éramos misioneros y no podíamos entender qué valor tendría estudiar algo para lo cual nos considerábamos expertos. Además, Louise iba a dar a luz a nuestro segundo bebé durante la segunda mitad del curso. Habíamos contratado una partera de Flagstaff, que pensó que estábamos en un lugar muy remoto para que Louise diera a luz en casa y nos sugirió que cuando llegara el tiempo, alquiláramos una habitación agradable en algún hotel de la ciudad. No sentimos que fuera el tiempo más indicado para tomar esta clase ya que teníamos la responsabilidad de cuidar a nuestros niños del internado, a Melody y al bebé que venía en camino.

Tim era muy convincente. Me dijo, "Brian, realmente necesitas este curso". Cuando finalmente me convenció, no me dejó tomarlo solo. Me explicó que esta clase impactaría mi vida y mi ministerio de una manera tan profunda que Louise se sentiría rezagada y confundida cuando llegaran los cambios. Finalmente ambos decidimos hacerlo. ¡Era mucho trabajo! Pasamos muchas horas leyendo y teníamos exámenes todas las semanas. Nos juntábamos en el comedor con los otros estudiantes, todos misioneros, y escuchábamos a maestros como Don Richardson y Betty Sue Brewster cuestionar casi todo lo que estábamos haciendo en nuestra misión. Esto nos consternó y nos animó al mismo tiempo. Se nos abrió un mundo totalmente nuevo. Dios nos dejó sin aliento con el inmutable propósito de Su misión que se muestra a lo largo de la Biblia desde Génesis hasta Apocalipsis. Las lecciones de historia verdaderamente capturaron mi imaginación al mostrarme cómo Dios continuó con Su pasión por las naciones a lo largo de la historia de la humanidad, incluso después de que se completaran las Escrituras. Mientras estudiábamos sobre la cultura a través de las mentes misioneras más sobresalientes del mundo, las luces comenzaron a encenderse y entendimos lo que habíamos estado observando entre los navajos; pero fue en la sección estratégica del curso de Perspectivas que Louise y yo quedamos capturados con una visión que impactaría el resto de nuestras vidas y terminaría impulsando a nuestra familia a los confines de la tierra.

Uno de nuestros diecisiete profesores de Perspectivas era un hombre mayor con un excedente de energía y una gran pasión llamado George Patterson. George y su esposa Denni, habían servido en Honduras y habían sido pioneros en la aplicación de principios de plantación de iglesias que resultaron en una espontánea multiplicación de iglesias. Más que pioneros, deberían ser llamados redescubridores. Los principios que George nos enseñó provenían directamente del Nuevo Testamento. George se tomó en serio lo que Jesús dijo en la Gran Comisión: "Por lo tanto vayan y hagan discípulos de todas las naciones, bautizándolos en el nombre del Padre y del Hijo y del Espíritu Santo, enseñándoles a obedecer todo lo que les he mandado". Mateo 28:18-20.

Él había entrenado a sus discípulos para que empezaran a obedecer de manera inmediata los mandamientos claros y sencillos de Cristo en el Nuevo Testamento. Como por ejemplo:

- Amar a Dios y a las personas
- Arrepentirse, creer, y recibir al Espíritu Santo
- Bautizarse y bautizar a otros
- Celebrar la cena del Señor
- Orar
- Dar generosamente
- Hacer discípulos

Esto tuvo como resultado un crecimiento explosivo, no sólo en número de creyentes sino también en congregaciones hijas y nietas. Esta posibilidad capturó nuestros corazones. Anhelábamos ser parte de un movimiento de plantación de iglesias dentro de los grupos étnicos no alcanzados de los cuales habíamos estado aprendiendo.

De repente, el llamado en el que nos había costado enfocarnos, nuestro llamado a las misiones, se aclaró como el agua. Habíamos sido creados para plantar iglesias donde el nombre de Jesús ni siquiera se conocía. Como Pablo lo explicó, no debíamos edificar sobre fundamento ajeno (como habíamos estado haciendo en Hardrock), sino donde Cristo nunca había sido predicado. Nuestro futuro estaba más claro que nunca, y el próximo paso era terminar nuestro compromiso de dos años en Hardrock y dirigirnos a los no alcanzados. El término más preciso para este trabajo era la palabra que la Biblia utiliza: apóstol. El término original de "enviado" describe perfectamente lo que fuimos llamados a ser como plantadores de iglesias.

Molly Anne se sumó a nuestra familia en el día de la elección del 88, por medio de un "nacimiento en casa" en el Quality Suites en Flagstaff. Louise no terminó los requisitos necesarios para obtener el certificado de Perspectivas, pero el "daño" ya estaba hecho. Ambos estábamos decididos a ir al campo a trabajar en medio de grupos clasificados como no alcanzados por el evangelio. El veinticinco por ciento de los navajos eran cristianos. De hecho, nuestro amigo Rick Leatherwood trabajaba movilizando a los misioneros navajos con la esperanza de que con el tiempo ingresaran a Mongolia.

Más allá de caerme de un precipicio de más de doce metros de altura y quebrarme la mandíbula, lo que requirió una cirugía y una semana en el hospital, el resto de nuestro tiempo en la reserva fue realmente gratificante. Nuestros niños navajos adoraban a la "bebé Molly" y querían tenerla en brazos constantemente. Una tarde fui a la sala de televisión donde los niños tenían a Molly para traérsela de nuevo a Louise para que la alimentara. Ella notó que nuestro bebé olía a Doritos y me pidió que le dijera a los niños que tuvieran cuidado con la comida cuando Molly estuviera cerca, ya que ella era muy pequeña para comer cualquier cosa que no fuera leche. Cuando les dije ellos respondieron, "¡Ah, no te preocupes Brian, masticamos muy bien los Doritos antes de dárselos a Molly!". Así que la primer comida sólida de Molly fueron

Doritos amorosamente masticados por sus hermanos mayores navajos. No podía culparlos, esa era la manera en la que habían visto alimentar a sus hermanos bebés en su hogar, el *hogan*.

Mientras tanto, de vuelta en Hardrock, la transición se sentía en el aire. Debido al cierre de la Academia Cristiana Navajo, muchos de los miembros del personal estaban buscando oportunidades de ministerio fuera de las instalaciones. Nuestra familia no se involucró tanto como usualmente lo hacíamos, ya que teníamos planes para mudarnos nuevamente. Esperábamos ir directamente al entrenamiento de Juventud con una Misión (JUCUM), cuando escuchamos de una nueva escuela llamada Escuela de Misiones Pioneras (SOFM por sus siglas en inglés), que entrenaba a plantadores de iglesia que iban de largo plazo a los no alcanzados. Íbamos a llenar una solicitud para ir a su base en Pasadena California, al lado del Centro de Misiones Mundiales de Estados Unidos. Conocíamos el centro por medio de los Leatherwood, que habían formado parte del personal, y a través de Perspectivas, que fue creado en ese lugar. Pensé que podíamos quedarnos con mi mamá y ser voluntarios en el centro por un par de semanas mientras hablábamos con las personas de JUCUM sobre nuestro entrenamiento.

Como nuevo voluntario de corto plazo, fuí asignado al departamento de movilización del centro, que se dedica principalmente a animar y motivar iglesias alrededor del país hacia un mayor involucramiento en las misiones pioneras. Mi supervisor era un joven llamado Wes Tullis. Un día durante el almuerzo, Wes y yo estábamos hablando sobre nuestros planes de ir al campo misionero cuando él me desafió. Me dijo que Louise y yo teníamos que dejar como reemplazo al menos diez personas que se contagiaran de la misma pasión por las misiones que nosotros ya teníamos. Asentí de manera educada, pero por dentro me burlé ante la mera idea de retrasar todo para movilizar a otros dentro de Estados Unidos. Recuerdo haberle comentado a Louise esa noche lo que Wes me había dicho y decirle que yo sabía que esa idea no venía de Dios. ¡Cómo si Dios quisiera que esperáramos aquí mientras en un sinfín de lugares, muchos se mueren sin Él!

Sin embargo, las puertas de JUCUM parecieron cerrarse cuando no fuimos aceptados a tiempo para el entrenamiento en Pasadena. Así que, un poco confundidos, nos mudamos de vuelta al norte en Los Osos y volvimos a nuestra iglesia para ver qué sucedería a continuación. Un amigo para el que había trabajado antes me contrató para vender localizadores personales electrónicos. Aún estábamos muy contentos con todo lo que habíamos descubierto y deseábamos compartirlo con otros. Comenzamos una pequeña clase en la iglesia, una especie de mini-Perspectivas. ¡Se inscribieron veinte personas para tomar las doce lecciones en video! ¡Estábamos asombrados! El material tuvo el mismo impacto poderoso que tuvo en nosotros cuando lo tomamos en Hardrock. Nos rogaron que ofreciéramos el programa completo de Perspectivas en nuestro condado. Recaudaron finanzas y me enviaron a Pasadena para tomar el taller de coordinadores de Perspectivas. Cuando volví a casa organicé el curso, invité a las personas más conocidas en el mundo de las misiones para compartir ¡y todos aceptaron a venir!

Terminamos con más de cien estudiantes provenientes de todo el condado de San Luis Obispo en ese primer curso de Perspectivas en Los Osos en 1991. Cuando transcurría la mitad del curso, el primero de marzo, Louise dio a luz a nuestra tercera hija, Alice Marie. Una vez más, tuvo una excelente excusa para no finalizar las lecturas ni obtener el certificado. Ofrecimos la clase de nuevo al año siguiente en el norte del condado de San Luis Obispo y tuvimos otros cien estudiantes. Esta vez Louise finalmente obtuvo su certificado. Al fin de cuentas, en lugar de las veinte personas con las que Wes nos había desafiado, extendimos la visión a doscientos veinte discípulos. Después de todo, tuve que admitir que nuestra espera probablemente era idea de Dios. Al final del segundo curso, hicimos que los estudiantes oraran por nosotros y nos enviaran. Íbamos rumbo a Salem, Oregón donde otra base de JUCUM nos había aceptado como candidatos para su Escuela de Misiones Pioneras. Así que finalmente estábamos en camino.

En junio de 1992, vendimos todo lo que poseíamos excepto nuestra ropa y nuestra camioneta Subaru, y nos mudamos nuevamente, esta vez al campus de la misión de Battlecreek, conocido también como JUCUM Salem. Durante el verano fuimos estudiantes en una Escuela de

Discipulado y Entrenamiento Transcultural (DTS por sus siglas en inglés). Estos cursos de discipulado funcionan como un proceso de solicitud en el ingreso a JUCUM, permitiéndole a la misión y al candidato conocerse antes de comprometerse a trabajar juntos. No hay otra manera de entrar a JUCUM. Nos unimos al curso a regañadientes, pero en obediencia. Estábamos frustrados por la demora, pero por otro lado, la Escuela de Misiones Pioneras a la que habíamos venido a estudiar, no comenzaba hasta septiembre, así que estábamos disponibles. Resultó ser una de las mejores cosas que hicimos. Las relaciones que formamos con los estudiantes y con el personal transformaron nuestras vidas, al igual que las enseñanzas. El enfoque era enderezar al mensajero antes de enviarlo con el Mensaje. Resultó que teníamos tanta basura dentro nuestro como cualquier otra persona, y la limpieza y el empoderamiento fueron asombrosos y necesarios.

Sentíamos cada vez más que Dios nos llamaba a Mongolia, la cual se había abierto junto con el resto del mundo soviético desde hacía tres años. No habíamos podido sacar a Mongolia de nuestros corazones ni de nuestras mentes desde que Dios había usado a los Leatherwood para plantar esa semilla. Seguíamos en contacto con Rick y nos emocionamos al saber que llevó equipos de navajos a Mongolia, y que en 1989 y 1990 llevó a las tres primeras personas a Cristo en tierra mongola. (Hubo conversiones dispersas entre los mongoles que estudiaban en Europa del Este durante los años 80, pero no regresaron a su país por razones de seguridad. Los jóvenes de JUCUM, Peter Iliyn y George Otis Jr., habían guiado de manera secreta a un mongol a Cristo en la habitación de un hotel de Ulán Bator en 1982, pero nunca más se volvió a saber de este hombre. A una oveja solitaria no le va tan bien como a los lobos solitarios). Le dijimos a todos que Dios nos estaba llamando a Asia, pero entre nosotros hablábamos principalmente acerca de Mongolia. A mi esposa no le emocionaba la idea de vivir en uno de los climas más fríos del mundo. Louise creció en las abrasadoras arenas del desierto de Mojave y le gusta el calor. Incluso después de convencerme de que Dios había escogido Mongolia para nosotros, Louise necesitó confirmación tras confirmación. Yo no podía entender porqué Dios estaba dispuesto a decírselo una y otra vez. Pero Él lo confirmó de muchas formas. Vimos un *ger* mongol mientras conducíamos a Salem. Un completo extraño se acercó a Louise mientras estaba en un supermercado ¡y comenzó a contarle sobre su hermano que estaba con los Cuerpos de Paz en Mongolia! A dondequiera que fuéramos estaba Mongolia, Mongolia y más Mongolia.

Durante la última semana de nuestro curso, viajé a Hong Kong para participar en la conferencia estratégica de JUCUM sobre Mongolia. Fue ahí donde conocí a una joven pareja sueca, que recientemente había terminado la Escuela de Misiones Pioneras en Holanda y habían ido a Mongolia como parte de su entrenamiento. Magnus me dijo que él y María sentían que Dios los llamaba a plantar un movimiento de iglesias en Mongolia. Mientras compartían su visión conmigo me di cuenta que nosotros habíamos sido llamados a hacer exactamente lo mismo usando los mismos principios del Nuevo Testamento que George Patterson nos había enseñado. Fue como encontrar mi corazón latiendo en el pecho de otra persona. Todos estábamos totalmente comprometidos a seguir la guía del Espíritu Santo utilizando el Nuevo Testamento como filtro para todo lo que hiciéramos para el nacimiento de la Iglesia en esta tierra virgen.

Estábamos convencidos de que las respuestas para ver una multiplicación de la Iglesia entre los mongoles estaban en el Nuevo Testamento, y no en la metodología ni en las estrategias de los expertos. En ese mismo momento les dije que queríamos ser parte de su equipo.

Volé de la conferencia a Beijing y de ahí a Mongolia. Aproveché que ya estaba en Asia para echar mi primer vistazo a nuestro futuro hogar en un breve viaje de exploración. Me las arreglé para visitar a la mayoría de los primeros misioneros que habían llegado al país, y viajé con un equipo de evangelistas mongoles llevando la recién terminada película de Jesús a varias ciudades periféricas, incluida la segunda ciudad más grande, Darhan. Estuve en Ulán Bator el día en que la familia Leatherwood se mudó a la ciudad (¡Ellos continuarían sirviendo ahí por ocho años!). Las oportunidades que vi en todos los lugares a donde fui me animaron. Los mongoles jóvenes en particular respondían muy bien, y todos sentían curiosidad acerca de lo que nuestro equipo tenía para decir. Regresé a casa y me reuní con mi familia con tan sólo un par de semanas para descansar antes de que comenzara nuestro entrenamiento con la Escuela de Misiones Pioneras.

Nuestro curso en la Escuela de Misiones Pioneras fue una maravillosa oportunidad para entrenarnos con más profundidad en las habilidades misioneras a las que habíamos sido expuestos a través de Perspectivas. Terminé sirviendo como si fuera miembro del personal. Dado que Perspectivas era parte del programa de estudio de la escuela y yo era coordinador de Perspectivas, era el más capacitado para dirigir esa porción del entrenamiento. Nuestros compañeros candidatos estaban entrenando para servir con JUCUM en Albania, Uzbequistán, Rusia, Marruecos, e incluso un chico joven se estaba preparando para ir a Mongolia, ¡al igual que nosotros! Su nombre era Lance Reinhart, y él demostraría ser un verdadero amigo y compañero de nuestra familia en Mongolia.

Mientras nos esforzábamos por aprender cómo hacer misiones y plantación de iglesias de manera efectiva, me di cuenta de la manera tan cuidadosa en la que el Padre nos había estado preparando para esta tarea a lo largo de los últimos doce años. Él nos había guiado a través de incomparables entrenamientos basados en experiencias misioneras prácticas en la Viña, Judíos para Jesús, trabajo urbano, liderazgo de grupos pequeños, la Casa Hogar Mizpah, la Misión Evangélica Navajo y la reserva de Hardrock, el curso de Perspectivas, sirviendo como movilizadores, la Escuela de Discipulado y Entrenamiento, y ahora en la Escuela de Misiones Pioneras. Las lecciones que habíamos aprendido, tanto positivas como negativas, y la oportunidad de aprender sobre misiones haciendo misiones, forjó en Louise y en mí una ardiente determinación de hacer bien esta labor sin faltar a los principios del Nuevo Testamento. Mirando hacia atrás, fuimos sorprendidos por la mano invisible de nuestro Padre que nos preparó con tanto detalle aún mientras parecía que tropezábamos y dábamos tumbos de una cosa a la otra.

Cuando nuestro curso terminó en diciembre de 1992, nos quedamos en la base de JUCUM trabajando como voluntarios en la oficina de Misiones Pioneras y haciendo los preparativos para la más grande de todas nuestras mudanzas. En febrero ya teníamos los boletos de avión y los planes para mudar a nuestra familia de cinco integrantes de Salem, Oregon a Ulán Bator, Mongolia. Louise y las niñas jamás habían salido de Estados Unidos. Nos envolvimos en un mar de preparativos, fuimos a ver doctores, juntamos todo lo que necesitábamos para vivir tan lejos, hicimos los arreglos en el banco, y hablamos y le escribimos a nuestra red de apoyo. Finalmente cuando llevamos a Molly al doctor, descubrimos porqué siempre había sido tan inquieta. Desde su temprana infancia, parecía tener disposición al mal humor y su digestión no parecía estar totalmente bien. Mi madre, que era enfermera, insistió en que le hiciéramos unos exámenes de laboratorio a Molly antes de mudarnos. Así encontramos que tenía una infección parasitaria llamada giardiasis. Sospechamos que la contrajo cuando comió su primer alimento sólido, servido de los amorosos deditos sin lavar de los navajos. Tan pronto como el tratamiento tuvo efecto, la personalidad de Molly se transformó por completo. De la noche a la mañana se convirtió en la más pacificadora, animadora y constante influencia de nuestra familia.

A medida que avanzábamos en nuestra mudanza, apenas nos imaginábamos la guerra espiritual en la que tendríamos que involucrarnos para poner tan sólo un pie en Mongolia.

CINCO

"Necesitamos un milagro"

Max Milagro: ¡Diviértete atacando el castillo!
Valerie: ¿Piensas que funcionará?
Max Milagro: Necesitamos un milagro
 -*La princesa prometida*, película de Rob Reiner.

"Imposible" es el guardia fronterizo más fuerte.

—Mason Cooley

En enero de 1993, nos embarcamos en lo que resultó ser una verdadera carrera de obstáculos hacia Mongolia. Las primeras señales de que las cosas no iban a ser tan sencillas como esperábamos, se presentaron al recibir varios informes desde el interior de Mongolia que decían que el gobierno estaba dificultando el otorgamiento de visas a los extranjeros que carecían de razones económicas para estar allí, es decir... nosotros. Al mismo tiempo, Magnus y María, la pareja sueca líder del equipo de plantación de iglesias, al cual esperábamos unirnos, nos envió un fax contándonos que el traductor de la Biblia en Ulán Bator, que nos había prometido visas, había cortado relaciones con nuestro equipo. Comenzamos a orar fervientemente por otra estrategia de entrada. Estábamos seguros de que Dios nos había llamado a Mongolia a plantar iglesias en este tiempo, así que Él abriría otra puerta. Compartimos esta necesidad con el grupo de oración intercesora en la base de JUCUM, y muchos recibieron palabra de Dios diciendo que íbamos a ir a Mongolia a través de una puerta que ni siquiera habíamos considerado. Esta palabra me desconcertó. El tiempo para llenar una solicitud con alguien más o para formar una relación con otra organización se estaba

"Necesitamos un milagro"

agotando. Juventud con una Misión no tenía un estatus oficial en Mongolia, así que no era una opción. ¿Cómo podríamos pasar a través de una puerta que no conocíamos?

Más tarde durante esa semana, Louise y yo estábamos considerando nuestro dilema cuando recordamos a Jim Bond (su nombre es un seudónimo por razones de seguridad). Conocí a Jim en la consulta que tuvo JUCUM sobre Mongolia en Hong Kong. Su empresa había colocado muchos trabajadores cristianos en países asiáticos de "acceso creativo", a través de sus empresas y contratos de enseñanza. Le dije a Louise que Jim recientemente había colocado a muchos trabajadores en Mongolia y que tal vez si lo llamábamos podría darnos algunas ideas para ingresar al país. Louise tuvo un inmediato y poderoso sentir de que debíamos llamarlo por teléfono en ese mismo momento. En menos de diez minutos estábamos conectados con él en Hong Kong y maravillándonos de los tiempos perfectos de Dios. Ya era tarde en Salem, Oregón, pero en Hong Kong eran horas laborales y encontramos a Jim justo en medio de su viaje a Mongolia e India. Él acababa de conseguir seis contratos para enseñar inglés en una ciudad mongola llamada Erdenet. Magnus y María Alphonce, la pareja sueca que conocí

en la consulta y cuya visión de plantación de iglesias combinaba a la perfección con la nuestra, compartía uno de los contratos. Nosotros podíamos tener otro. Ésta era la respuesta a nuestras oraciones por un equipo de plantación de iglesias que viviera lo suficientemente cerca para funcionar realmente como equipo. Magnus había mencionado en su fax que Erdenet era un campo "blanco para la siega". El nombre significaba "precioso" o "tesoro" en mongol y todos sentíamos que Dios planeaba derramar un tesoro precioso en Erdenet que bendeciría a toda Mongolia y más allá de sus fronteras. La línea telefónica transpacífica resonó con el entusiasmo que se generó al coordinar todos los detalles con Jim. Al comienzo de 1993, Erdenet era una ciudad completamente no alcanzada, sin una comunidad de creyentes. Era exactamente lo que habíamos estado orando.

Mientras hablábamos con Jim, sin embargo, notamos obstáculos. La organización de Jim con la cual serviríamos si tomábamos el contrato de Erdenet, había agendado un entrenamiento obligatorio a comienzos de febrero en Hong Kong, y el contrato comenzaba justo después del entrenamiento. El problema era que meses atrás, me había comprometido a enseñar en tres cursos de Perspectivas en Oregón y Washington. Estas obligaciones nos mantendrían en los Estados Unidos hasta el diecisiete de febrero, pero el contrato para enseñar inglés en Erdenet comenzaba dos días antes de que pudiéramos salir del país. Louise dejó muy en claro que era una locura mudar a una familia con tres niñas pequeñas a uno de los climas más fríos del mundo en medio del invierno. Jim sugirió que quizás deberíamos esperar hasta el siguiente semestre que comenzaba en septiembre. Yo definitivamente no quería pasar otros nueve meses en Salem sin hacer nada. No teníamos un hogar y habíamos vendido todo para participar en las escuelas. Ahora que ya no éramos estudiantes, no teníamos un lugar donde vivir en Salem. La emoción que se había creado durante la llamada se esfumó rápidamente. Jim prometió que él y su consejo directivo orarían sobre nuestra situación y nos harían saber lo que pensaban. Mientras caminábamos con desánimo hacia nuestro dormitorio, parecía que habíamos encontrado nuestra puerta, sólo para que se nos cerrara de golpe en la cara.

Una vez más, obviamente, era hora de volver a Dios con todo este asunto. Al orar juntos, sentimos que debíamos rendir todos estos obstáculos delante de Dios. Si Él quería que fuéramos en febrero, tendría que cumplir con mis compromisos de enseñanza en el noroeste de Estados Unidos, eximirnos del entrenamiento obligatorio en Hong Kong, y conseguir que el Instituto de Lenguas Extranjeras de Erdenet

(FLI por sus siglas en inglés), estuviera de acuerdo con dejarnos comenzar las clases una semana más tarde. Louise coincidió en que si todas estas cosas se cumplían, Dios estaba detrás de esta "tonta" mudanza en invierno.

Un poco más de una semana después, Jim regresó de la India y nos envió un fax que decía que el consejo directivo nos había aceptado para ir a servir, aún sin el entrenamiento, y que el Instituto de Lenguas Extranjeras estaba de acuerdo en dejarnos llegar más tarde a nuestro trabajo. Pasaríamos dos días con Jim en Hong Kong para recibir orientación personal. Nos íbamos a Mongolia.

Reservamos nuestros boletos para el diecisiete de febrero, un día después de mi último compromiso de enseñanza en Seattle, Washington. Una de las ventajas de esta fecha era que caía once días antes del segundo cumpleaños de Alice, así que nos ahorraríamos un boleto de avión. Nuestros vuelos nos llevarían desde Seattle a Vancouver, Canadá, y después a Hong Kong para una estadía de dos días con Jim. De ahí iríamos a Beijing, China, donde tendríamos que comprar boletos y visas para Mongolia. No había agentes de viajes que pudieran vender boletos de MIAT, la aerolínea nacional, y Mongolia aún no tenía embajada en Estados Unidos. No teníamos idea de cuánto tiempo nos quedaríamos en Beijing, pero estábamos orando para que fuera el menor tiempo posible. Una estadía más larga en esa costosa ciudad devoraría rápidamente el poco dinero que teníamos para la mudanza.

Pareció como si la compra de los boletos hubiera desatado una avalancha de informes desalentadores desde Mongolia. Varios amigos misioneros nos enviaron faxes para contarnos lo terrible que era el invierno que enfrentaba el país. Las temperaturas de -34ºC, y el sistema de calefacción central municipal en peligro de sufrir un daño permanente, desafiaba la determinación incluso de los más experimentados servidores de campo en la ciudad capital. Sin embargo, el frío no sería nuestro problema más urgente, Mongolia también estaba al borde de la mayor escasez de alimentos de toda su historia. Las cosechas de 1992 habían fracasado y los subsidios rusos que alguna vez habían sido el pilar de la economía mongola, se habían acabado. Además nos advirtieron que era casi imposible encontrar vivienda.

Este cuadro sombrío no fue una gran preocupación para nosotros. Nos animamos con la historia de los diez espías que habían dado un mal informe de la tierra prometida y la perspectiva opuesta de fe que mantuvieron Josué y Caleb. ¡Mongolia era la tierra que Dios nos había prometido! Además, íbamos como profesores de inglés, y nuestro contrato nos proveería de tarjetas de raciones de comida, un departamento y por supuesto… nuestras visas. Todo iba bien, hasta que… recibí una llamada de Jim en Hong Kong. Los contratos en Erdenet se habían cancelado por este semestre. Cuando Magnus fue a firmar los contratos, la escuela se había opuesto a la idea de encontrar casa y comida para una familia de cinco pero estaban dispuestos a contratar a Magnus y a María de forma inmediata. Tendríamos que cambiar los planes y comenzar en Ulán Bator, la capital. Estábamos desanimados, pero uno espera estos contratiempos y cambios de último momento en el ámbito del trabajo misionero pionero. Así que, estaba bien, Ulán Bator sería nuestro hogar provisorio. Con satisfacción continuamos nuestros preparativos, hasta el veinticinco de enero, cuando nos llegó un fax desde Hong Kong que nos informaba que las negociaciones de nuestros contratos en Ulán Bator también se habían cancelado. Las razones citadas eran, nuevamente, dificultades con las raciones de comida y con el alojamiento para una familia de cinco. La gente de Jim que había estado negociando nuestros contratos en Mongolia, tuvo que viajar a Hong Kong. Nos dijeron que no podría haber otro arreglo hasta abril. Sin embargo, si aún queríamos intentar ir, era riesgoso, pero Jim no se oponía.

"No les recomiendo mudarse a Mongolia este invierno si no tienen todo en orden", nos dijo Jim cuando lo llamamos en estado de pánico. "Pero puede ser que estén parados en la orilla del mar Rojo. Si lo están, es mejor que den un paso y lo crucen". Con nuestras mentes dando vueltas, dijimos que buscaríamos a Dios para saber qué hacer.

¿Qué es lo que Dios estaba tratando de hacer? Sentimos como si nos hubieran dado un golpe en el estómago. Con una simple revisión

"Necesitamos un milagro"

confirmamos que nuestros boletos no eran reembolsables. Además, habíamos escuchado muy claramente de parte de Dios que debíamos ir en febrero. Llamamos a nuestros amigos y a los estudiantes de la escuela de intercesión en el centro de JUCUM Salem y nos pusimos a orar.

Esa misma mañana que recibimos el fax, dos cosas importantes ya habían sucedido. El tema del tiempo de adoración de esa mañana había sido "Cuando la tormenta venga no seré sacudido, pues por tu mano soy salvo". Después de este tiempo de adoración, una amiga se acercó y me compartió una visión que acababa de tener. Ella vio a nuestra familia correr hacia una puerta de acero inoxidable, la cual se destruyó cuando chocamos contra ella. Cuando ella vio más de cerca observó que la puerta era solamente de papel aluminio. Cuando el fax llegó unas horas más tarde, supimos la forma que estaba tomando nuestra tormenta y la puerta de acero.

No pasó mucho tiempo para que las respuestas a las oraciones comenzaran a llegar. La respuesta unánime de todos los que intercedían confirmó que Dios nos pedía que confiáramos en Él y fuéramos con una fe plena, sin más garantías que su bondad, fidelidad y llamado. Siempre habíamos admirado a Abraham, y a los tantos héroes misioneros que le siguieron, por su fe para ir, arriesgando todo y confiando únicamente en las promesas de Dios. Esto siempre nos pareció romántico y fascinante. Ahora enfrentábamos la misma situación, y para ser honestos, nos causaba temor. Sin embargo, seguir lo que dictan las circunstancias y la prudencia por sobre los mandamientos de Dios haría que todo lo que creíamos y esperábamos lograr fuera una mentira. Entonces, a pesar de lo difícil que pareciera, nuestro camino ya estaba definido. Confiaríamos en Dios para que nos guiara y cumpliera Su Palabra.

Sin estar dispuesto ni ser capaz de permanecer completamente pasivo, contacté a un hombre que conocí en Mongolia, Rick Leatherwood. Él estuvo de acuerdo en tratar de negociar otro contrato para nosotros, pero nos animó a no hacernos muchas esperanzas. También nos aconsejó que esperáramos hasta la primavera. La sabiduría humana de aquellos que vivían ahí y conocían la situación era cien por ciento opuesta a nuestro intento por ingresar en febrero. Pero las respuestas al conjunto de oraciones continuaban derramándose al cien por ciento, ¡confíen en Dios y VAYAN!

A principios de febrero, Rick nos envió un fax contándonos que había sido imposible conseguir algo para nosotros. Nos recomendó que no fuéramos. Ahora dependía únicamente de Dios. Nuestros últimos recursos humanos habían fallado. Al día siguiente recibimos un télex de dos amigos mongoles que había conocido durante el viaje en septiembre.

QUERIDO BRIAN: ¡SALUDOS EN EL NOMBRE DE NUESTRO SEÑOR JESÚS! QUE ESTE AÑO NUEVO SEA LLENO DE SU AMOR, PAZ Y SABIDURÍA. PERDÓN POR RESPONDER TAN TARDE A LA CARTA QUE ENVIASTE EL 15/10/92. HEMOS ESTADO OCUPADOS. ADEMÁS NOS CONTARON QUE HAN CAMBIADO DE OPINIÓN Y YA NO VENDRÁN A MONGOLIA. NOSOTROS RECOMENDARÍAMOS NO VENIR EN INVIERNO. ESPECIALMENTE ESTE AÑO, PERO POR SUPUESTO DEPENDE DE USTEDES REALMENTE. ESTAMOS LISTOS PARA AYUDARLO. SÓLO HÁGANOS SABER POR TÉLEX POR FAVOR. HEMOS ENCONTRADO LA MANERA DE OBTENER UNA VISA PARA USTEDES. SOLAMENTE DÉJENOS SABER POR DÓNDE VENDRÁN. AQUÍ EN ULÁN BATOR TENEMOS UN CLIMA MUY FRÍO EN ESTE MOMENTO. ¡POR DEBAJO DE LOS 30 GRADOS! ¡PREPÁRENSE Y OREN MUCHO! BENDICIONES,
ALDAR Y BATJARGAL.

Al principio nos animó enormemente, pero había un detalle. Necesitábamos enviarles un télex diciéndoles cuándo y desde dónde llegaríamos, para que en caso de que nos consiguieran un contrato, pudieran enviar una carta de invitación a la embajada que fuera a otorgarnos las visas. Muchos de nuestros télex regresaron como no recibidos, y luego llegó el tiempo de irnos. Creo que este tipo de obediencia que parece una locura a todos los que nos rodean debe ser la más dulce para el Padre. Ciertamente sentimos Su enorme complacencia al despedirnos y dejar JUCUM Salem. Después de enseñar dos clases de historia de las misiones en el curso de Perspectivas en el área de Seattle, en nuestras dos últimas noches en los Estados Unidos, dimos el salto de fe.

Después de las despedidas llenas de lágrimas con mis padres en el aeropuerto de Seattle-Tacoma, tomamos un pequeño avión a

Vancouver, Canadá. El mayor obstáculo fue mantener todo nuestro equipaje junto con las tres niñas y pasar todo esto por la aduana. No pasó mucho tiempo antes de que nos encontráramos en el vuelo del 747 hacia Hong Kong, que en 1993 todavía era una colonia de la corona británica. Un vuelo largo y sin inconvenientes nos depositó en dicho país catorce horas después. Las únicas pérdidas fueron una maleta rota, otra extraviada y los patrones de sueño de nuestras hijas completamente cambiados. Las tres niñas estaban despiertas y listas para empezar el día a las dos de la mañana. Nos quedamos en un hotel en Kowloon que era administrado por católicos y nos las arreglamos para hacer dos días de turismo, de los tres días que estuvimos en Hong Kong, con unos amigos de nuestra ciudad natal que administraban una librería cristiana en la ciudad.

Al curiosear desde los taxis y a pie, el ritmo extremadamente rápido de la metrópolis asaltó nuestros sentidos. El ruido constante en nuestros oídos, los olores exóticos de la comida china callejera, y el paso hiperquinético de la vida del lugar, hicieron que comenzáramos a tener algunos síntomas del trastorno de déficit de atención. El contraste de la paz, la calma y las vistas espectaculares de la Cumbre Victoria fue el remedio. Nos sentimos por encima de todo, mientras disfrutábamos de un picnic con nuestros anfitriones en ese lugar elevado.

Nuestro primer milagro ocurrió en nuestro segundo día en Hong Kong. Estaba en una reunión con Jim en sus oficinas del centro en la isla de Hong Kong, mientras Louise y las niñas esperaban en nuestro hotel en Kowloon. Jim me dio las malas noticias, su organización se especializaba en acomodar profesores y estudiantes cristianos en países cerrados y hostiles a la actividad misionera, por lo tanto, necesitaban mantener un perfil bajo. El consejo directivo había decidido que la plantación de iglesias que nosotros planeamos hacer después de aprender el idioma y la cultura podría poner en riesgo a otros trabajadores que estaban en Mongolia. Jim realmente quería ayudarnos, pero todos aceptamos la sabiduría del consejo directivo. Entonces, de manera muy amable y con mucho amor, nos "emancipamos". Por supuesto que aún estábamos con JUCUM, pero esta organización no poseía un estatus legal en Mongolia.

Mientras hablábamos, le pregunté a Jim si ya estaba tramitando nuestras visas para China. Su cara palideció. ¡Se había olvidado! Generalmente demoraba dos días, pero nuestro vuelo a Beijing salía el domingo a la mañana. Había un solo lugar para conseguir una visa para el día siguiente y estaba justo a la vuelta de la esquina, pero cerraban en una hora. ¿Traía conmigo nuestros pasaportes? No, estaban en la caja fuerte del hotel en Kowloon, al otro lado de Hong Kong, cruzando el túnel portuario en hora pico. La situación era desalentadora y al parecer perderíamos los dos próximos vuelos. Debido al costo que esto involucraba, decidimos intentar lo imposible. Salimos corriendo, paramos un taxi y le dijimos que se dirigiera a Kowloon y "pisara el acelerador". Nos zambullimos en un embotellamiento en el túnel debajo de la bahía, el cual nos tomó más de la mitad de nuestro precioso tiempo, orando fervientemente por llegar al hotel para recoger nuestros pasaportes y fotos. Luego, un agitado viaje nos llevó de regreso al edificio de Recursos de China faltando cuatro minutos para que cerraran. Llegamos justo a tiempo para arrojar nuestros documentos en frente del recepcionista. Fue allí cuando descubrí que necesitábamos dos fotos de cada una de las niñas. Dios me dio el coraje para sacarles una promesa de que podía regresar a la mañana siguiente antes de que abrieran (era un día en el que no concedían visas) para entregar las fotos que faltaban y obtener las visas. Esta cadena de milagros nos comprobó que Dios nos había escogido para ingresar a Mongolia en ese momento, en contra de todas las circunstancias y del consejo humano.

El viaje a Beijing fue placentero, y nos relajamos al saber que todo lo que debíamos lograr en los dos días que estaríamos allí, era obtener nuestras visas en la Embajada de Mongolia. A pesar de que no teníamos nada resuelto antes de salir de los Estados Unidos, yo tenía mi fe por los cielos con la seguridad de que todo saldría bien. Los cinco nos apilamos dentro del taxi que nos pidió el conserje del hotel Dong Fang. Después de todo, pensé al dirigirnos a la embajada, Dios ya nos había librado en Hong Kong de la peor oposición que podríamos enfrentar. Seguramente obtener las visas sería pan comido.

SEIS

Una casa para las festividades

Mi mayor preocupación, mientras nuestro jet de MIAT se acercaba al Aeropuerto Internacional Buyant Ukhaa en las afueras de Ulán Bator, no era si íbamos a pasar el control aduanero o cruzar la frontera sino si encontraría un lugar para mis cuatro exhaustas damas después de salir del aeropuerto. No había nadie esperándonos en Mongolia, nadie que supiera que Dios había hecho lo imposible en Beijing y que llegábamos ese gélido día de febrero.

Mantuve un aparente entusiasmo ante Louise y las niñas. Estaban agotadas con el viaje y felices de bajarse del apretujado avión. Terminamos siendo los últimos en la fila de revisión de pasaportes, lo que nos dio tiempo de llenar las tarjetas de arribo y la declaración de aduana. Con todos los formularios por completar, pasaportes que maniobrar, maletas para empujar y tres activas niñas que acorralar dentro de la fila que se movía lentamente, ya tenía muchas cosas en qué ocupar mi mente y mi cuerpo. El equipo de lucha de Corea del Norte estaba delante de nosotros en la fila y jugueteaban con Melody y Molly mientras avanzábamos algunos centímetros. Aún así, no podía dejar de pensar a dónde iríamos ni cómo, una vez que hubiéramos terminado los trámites en el aeropuerto. El no hablar el idioma seguramente sería un desafío. El único hotel que conocía estaba muy por encima del precio que podíamos pagar y no podría indicarle ninguna dirección a un taxista.

Para cuando pasamos por el control policial fronterizo con todas nuestras visas en orden, el resto de las maletas estaban esperándonos casi solas en el área de recolección de equipaje. Se veían patéticas y solitarias paradas ahí en la rampa de metal, y no pude evitar sentir que en unos minutos luciríamos de la misma manera en la puerta del aeropuerto. No nos tomó mucho tiempo juntar todo nuestro equipaje, ya que sólo teníamos ocho maletas. La aerolínea dijo que podíamos llevar dos maletas cada uno y supusimos que éste era el máximo. No nos dimos cuenta que podríamos haber traído más maletas y cajas como "equipaje extra". De todas formas, tuvimos problemas para movernos con todo lo que traíamos ya que los únicos que podíamos cargarlas éramos Louise y yo. Todos los aeropuertos proveían carritos, excepto el "Aeropuerto Internacional de Ulán Bator". El área entera de llegadas comprendía únicamente de dos grandes habitaciones, una era donde habíamos estado los últimos cuarenta y cinco minutos, y la otra donde estábamos por entrar.

El ver a Lance Reinhart, esperándonos al otro lado de las pesadas puertas dobles, nos alegró el día. Respiré con un profundo alivio cuando lo escuché gritar mi nombre y vi su cara sonriente. Habíamos visto a Lance por última vez en el banquete de graduación de nuestra Escuela de Misiones Pioneras en Salem. Él ya estaba desde hacía una semana en Mongolia, ya que había llegado después de hacer el entrenamiento en Hong Kong con el resto del equipo del que habíamos planeado ser parte. ¡Era un alivio verlo! También nos esperaba un joven mongol llamado Amgalanbaatar, listo para ayudarnos con la traducción y el equipaje. Mientras nos abrazábamos y hablábamos de nuestras aventuras, Lance nos dio un resumen de la situación local y del lugar donde nos quedaríamos los primeros días. Nos explicó que el feriado nacional iba a ser nuestro mayor problema. Su equipo consistía de tres mujeres solteras: Molly, Ruth y Laura, que había estado en Mongolia por un año y ya estaba familiarizada con el lugar. Molly era de Oregón, Ruth de Alemania, y Laura de Michigan. Los nuevos integrantes del equipo: una familia de cinco y Lance, (todos sirviendo con la compañía de Jim) habían estado comiendo en restaurantes ya que las habitaciones del hotel no tenían cocinas y los estantes de las tiendas estaban vacíos. El problema era que todos los restaurantes estaban cerrados por el feriado de Tsagaan Sar. Era muy irónico, el mayor peligro de este feriado era ser forzado a comer de forma excesiva al punto de reventar, como si la

Una casa para las festividades

comida del día de acción de gracias se extendiera por toda una semana, y sin embargo, nosotros nos enfrentábamos a tres o cuatro días de ayuno. Todas las celebraciones se llevaban a cabo en fiestas obligatorias en hogares de amigos o familia, y nosotros no teníamos ninguna de estas dos cosas. No hay producción comercial de comida en Mongolia durante este festejo de Año Nuevo, ya que no hay necesidad de hacerlo. Finalmente, para cuando terminamos de ponernos al día con Lance y escuchar sobre la situación del país, nuestro sobrecargado taxi ya estaba estacionándose frente al hotel.

La impresión inicial de nuestro primer "hogar" en Mongolia no fue buena. Sin embargo, dado que la segunda y tercera impresiones y aquellas que siguieron después de esa primera semana fueron empeorando progresivamente, recuerdo que tuve los más cálidos sentimientos que jamás volvería a tener por el "Hotel de los Constructores". Ésta es la traducción (para mí) del impronunciable nombre mongol. Nunca pude decirle a los taxistas dónde estábamos hospedados. (Terminé memorizando cómo dirigirlos desde un famoso monumento cuyo nombre pude pronunciar y después usaba un cuarto del total de mi amplio vocabulario mongol: *"Zuun gar tish"* y *"Baruun gar tish"*, doble a la izquierda, doble a la derecha). El edificio del hotel se veía común y corriente. Era de concreto, deteriorado y de color gris. Al menos teníamos un lugar para poner nuestras cosas, camas para dormir y una bañera grande donde remojarnos después del viaje.

Lance nos presentó a la otra familia que acababa de llegar con la empresa de Jim. Bruce, Terrie y sus tres hijos habían sido líderes de JUCUM en Hong Kong por varios años. Habían volado desde Hong Kong un día después que Lance, y estaban cumpliendo un sueño ministerial al venir a Mongolia.

A pesar de lo cansados que estábamos, conseguir algo para cenar era una prioridad. ¡La cacería para la cena había comenzado! Los cinco nos abrigamos con varias capas de ropa necesarias para sobrevivir las temperaturas de -20° a -30°C, dando inicio sin saberlo, a un ritual que dominaría nuestras vidas durante cuatro inviernos mongoles.

Un pequeña porción de *boodz*

Amgalanbaatar apareció mientras dejábamos el hotel. Parecía feliz de guiar a once hambrientos occidentales a cenar. Mientras caminábamos con cuidado sobre las averiadas aceras, él hablaba en un inglés mucho mejor del que se esperaría de un muchacho de diecinueve años sin estudios formales del idioma. Nos informó que su "nombre cristiano" era Adán. Caminamos al primer restaurante, en el Hotel Ulán Bator, sólo para encontrar que su cavernoso comedor estaba cerrado debido al feriado de Tsagaan Sar. Adán llamó suficientes vehículos para amontonarnos a todos e irnos a buscar la siguiente opción. Finalmente fuimos a cuatro restaurantes y todos estaban cerrados por Tsagaan Sar. Este feriado es el equivalente al día de acción de gracias en Estados Unidos, y por todos lados a nuestro alrededor había departamentos llenos de gente participando en banquetes enormes, forzando los límites de la cantidad de *boodz* (bollitos de carne al vapor) que el cuerpo humano es capaz de consumir, y sin embargo nosotros no podíamos encontrar un bocado para comer. Ya habíamos manejado por toda la ciudad capital y teníamos a seis malhumorados y hambrientos niños que estaban comenzando a volverse locos. Adán se estaba desesperando. Acabábamos de encontrar otro restaurante chino cerrado cerca del Circo del Estado, cuando Adán vio a una mujer que caminaba apurada del otro lado de la calle. Él atravesó la calle corriendo y se le acercó. Supusimos que la conocía o que ella sabía de algún otro restaurante donde podríamos ir a seguir perdiendo nuestro tiempo. Luego él regresó corriendo y nos dijo que lo acompañáramos, había encontrado comida. Seguimos a esta mujer a pie por varias cuadras hasta llegar a un pequeño distrito de *gers*. Ésta era la primer área que veíamos donde los edificios no eran de concreto. Casi todo lo que podíamos ver eran rejas amarillas y verdes, pero cuando encontramos una puerta pudimos ver que el vecindario era una colección de patios cercados con una o dos casas dentro de cada cerca. Las casas eran las tradicionales carpas de fieltro mongolas, o casas de dos habitaciones pequeñas cubiertas de yeso o revoque.

La mujer entró en uno de esos patios. Mientras la seguíamos a través de la entrada, vimos dos *gers* de los cuales salía luz por la puerta y por el tragaluz. Ella nos indicó que entráramos con señas. Mientras los demás ingresaban uno a uno agachándose cuidadosamente para evitar pisar el umbral de la puerta a toda costa (un tabú que equivale a pisar el cuello del dueño de la casa); yo jalé a Adán hacia un lado y le pregunté qué hacíamos en ese lugar.

"Esta familia los alimentará", dijo brillando de orgullo por haber hecho un buen trabajo.

"¿Esta mujer es tu amiga?". Estaba ansioso por saber cómo se había hecho este arreglo.

"No, fui a la escuela con ella".

Quedé estupefacto. Miré y la mitad de mi familia ya estaba dentro del *ger*. "¿Cómo? ¿Pero sí conoces a esta familia, verdad?". No, no la conocía. Simplemente le había pedido a la mujer, que él sabía que se dirigía a su festín familiar, que nos incluyera a los catorce en sus planes para cenar, ¡y ella lo hizo!

Me sentía incómodo con este arreglo, pero ya que todos los demás habían completado el ritual del saludo y se habían sentado en la carpa apretada, no tuve más opción que seguirlos. Todos dieron por hecho que nos estábamos reuniendo con la familia de Adán o que al menos eran amigos cercanos. Por el resto de la tarde sólo yo tuve conocimiento de que los anfitriones cuya fiesta estábamos invadiendo eran casi unos perfectos desconocidos. El saberlo me hizo estar aún más maravillado de su increíble hospitalidad. El patriarca nos tomó a cada uno de ambos brazos y olfateó cada mejilla de acuerdo al saludo tradicional del Tsagaan Sar. Intentamos dar las respuestas tradicionales mongolas a sus preguntas (¿Estás bien? ¿Están bien tus animales? ¿Estás pasando un buen invierno? ¿Estás engordando?...) mientras que aquellos que no habían memorizado ninguna respuesta sonrieron y asintieron en silencio. De alguna forma se las arreglaron para acomodarnos a todos alrededor de la mesa pintada de un naranja brillante, que estaba llena de comida apilada. El centro de mesa era la espalda asada de un cordero de cola gorda cuyo rabo era del tamaño de un pomelo, junto a una torre parecida a un pastel, hecha de bollos dulces duros, montones de arroz, ensalada de papa y repollo.

De inmediato, la familia volcó en los platos de nuestros hambrientos niños una cantidad enorme de comida que nunca podrían terminarse, y los niños empezaron a comer con ganas. Para nosotros los adultos había un paso preliminar que cumplir antes de comer. En mi viaje exploratorio a Mongolia el año anterior, aprendí la inflexible regla de la hospitalidad mongola -debes tomar los tres vasitos de vodka que te da el anfitrión. Nunca has experimentado la persuasión hasta que tratas de evadir el obligatorio vodka. Las mujeres se pueden escapar con sólo tocar el vaso con sus labios tres veces y el anfitrión rellena el vaso cada vez, incluso si nada ha sido consumido. Sin embargo, los hombres no se libran así de fácil. Así que los tres hombres, Lance, Bruce y yo, valientemente tragamos nuestro aguardiente y entonces sí pudimos "entrarle" a la comida.

¡Qué comida más maravillosa! Nos sirvieron comida hasta que no pudimos más. El hambre hace que todo tenga un sabor increíble, bueno casi todo. Para honrarnos, dieron a cada adulto una porción de grasa pura, cortada del rabo de la oveja. Para el paladar mongol, ésta es la mejor parte, pero lo único que pude hacer fue morder pedazos y tragarlos sin masticarlos. Me sentí como cuando era pequeño y me forzaban a comer mis rábanos, excepto que esta vez la recompensa era menos tangible que un postre de manzana, era sensibilidad cultural. Estábamos todos decididos a aprender y adoptar las costumbres mongolas, aún si moríamos en el intento. Mientras el vodka y la grasa del carnero se congelaban en mis entrañas, me preguntaba si acaso eso sería posible.

Después de que terminamos de comer una buena cantidad de *boodz*, la joven que Adán decía conocer de la escuela vino, dejó sobre la mesa un paño y luego volvió a la cocina. Tomé el paño, pensando que tenía el propósito de limpiar la grasa de nuestras manos, así que procedí a hacerlo. Apenas dejé el paño en la mesa cuando ella regresó con una pila de tazones. Para mi horror, tomó el paño y comenzó a limpiar todos los tazones. Luego muy gentilmente recibimos los tazones que ella llenó de té con leche, mientras nos mordíamos los labios para evitar soltar la carcajada.

Nunca guardaron la comida, pero cuando no pudimos comer más, pasamos a cantar y compartir, como parte de las festividades de la noche. Se le dio un pequeño regalo a cada uno de nuestros niños (quienes yo sabía que eran huéspedes no esperados ni invitados) y se esperaba que cada adulto cantara una canción. Yo canté "Hogar en la cordillera", la cual presenté por medio de Adán como una canción estadounidense sobre Mongolia. Después compartimos una y otra vez quiénes éramos y de dónde veníamos mientras Adán traducía con gran entusiasmo. Todos pasamos un buen tiempo con nuestros anfitriones, pero al final los niños se caían de sueño y tuvimos que irnos para acostarlos. Nos despedimos cálidamente, nos abrigamos y dejamos la carpa tibia y resplandeciente por la fría y estrellada oscuridad de afuera. Nunca imaginamos que jamás volveríamos a ver a esta familia otra vez. Sin embargo, ninguno de nosotros logró recordar cómo habíamos llegado a ese vecindario en particular.

Nos llevó media hora conseguir un par de vehículos donde entráramos todos para regresar a nuestro alojamiento. Los niños se quedaron dormidos y tuvimos que llevarlos en brazos, atravesar el recibidor del hotel y subir las escaleras hasta llegar a sus camas. Cuando Louise y yo finalmente nos acostamos en nuestra propia cama, le conté cómo se había resuelto nuestra cena. Nos reímos de lo extraño que era todo, y luego permanecimos quietos llenos de asombro ante el pensamiento de ir a dormir en el lugar más lejano que jamás habíamos imaginado. Estábamos literalmente en los confines de la tierra.

Lenin mantiene su solitaria vigilia post-comunista afuera del Hotel Ulán Bator, el principal punto de reunión de los extranjeros.

SIETE

En medio de la horda para el Señor

Gracias a las restricciones en el alquiler de departamentos que le pertenecen al estado, el gobierno se las había arreglado para mantener a toda la comunidad extranjera viviendo en un pequeño distrito ubicado en la periferia al este de Ulán Bator. El nombre de este "gueto" misionero era Sansar, un término mongol que significa "espacio exterior". La manipulación de las viviendas era un legado de los días del comunismo y una herramienta burocrática muy efectiva para evitar que los extranjeros contaminaran la pureza de la ideología de sus ciudadanos, y para reforzar la separación entre los mensajeros de las Buenas Nuevas y aquellos que las necesitaban desesperadamente. Cuando hice mi primer viaje a Mongolia, el gobierno ya se las había arreglado para limitar a todos los misioneros a un solo edificio en Sansar. Ahora, habían dado aviso de un desalojo masivo de este gueto misionero que iban a privatizar para convertirlo en un edificio de departamentos sólo para mongoles. Aún así el distrito Sansar seguía siendo el único lugar en el extenso y creciente Ulán Bator donde los misioneros podían encontrar algún lugar para alquilar.

Mientras más determinado parecía estar el gobierno a forzarnos a vivir con otros extranjeros, Louise y yo más insistíamos en vivir entre los mongoles. Ya habíamos cumplido nuestro tiempo en un "recinto misionero" cercado, cuando vivíamos con los navajos. Vimos las barreras que estas subculturas de expatriados ponían para conocer y ser conocidos por la gente del lugar. Aprender el idioma y la cultura mongola requería una mayor vulnerabilidad de nuestra parte. Así que, de manera intencional buscamos departamentos por toda la ciudad, excepto en Sansar y el distrito ruso adyacente. Después de nuestras tres primeras noches en el ruidoso y tempestuoso "Hotel de los Constructores", nos mudamos a un lugar un poco más agradable, el Hotel Zuul, donde estábamos dispuestos a quedarnos hasta que encontráramos un departamento en un edificio mongol, pero oramos para que esto sucediera rápido.

Nuestro "agente inmobiliario", el joven Amgalanbaatar o Adán, como preferíamos llamarlo, había estado involucrado en una de las iglesias por poco más de un año y había comenzado a estudiar en la nueva escuela bíblica de Ulán Bator. Estaba entusiasmado de ayudarnos y mejorar su inglés. Dudamos un poco en aceptar la constante ayuda y compañía de Adán, pero él era de gran ayuda y nosotros necesitábamos mucha. Se nos había advertido durante nuestro entrenamiento, que aquellas personas del lugar que te buscan al principio cuando no sabes nada del idioma o de la cultura, son generalmente los que están deseosos de un cambio cultural y buscan una ganancia material, enamorados de cualquier cosa extranjera. Se suponía que buscáramos relacionarnos con los que estaban felices de ser mongoles y aquellos que serían buenos líderes de la iglesia en el futuro. Sin embargo, cuando Adán mostró ser el único camino para encontrar comida esa primer semana en el país, creo que quedamos atrapados. Él estuvo con nosotros casi de manera constante desde el día que llegamos. Nos ayudó con las compras, a cambiar dinero, obtener los permisos de residencia en la policía, encontrar cosas que necesitábamos, cuidar nuestras cosas cuando estábamos fuera de la ciudad, con traducciones, con el aprendizaje del idioma y a encontrar departamento.

En retrospectiva, tuvo que habernos servido de pista que las cosas nunca funcionaban como Adán nos decía. Las tasas y tarifas de cambio subían mientras él se iba con nuestros dólares y regresaba con nuestros tugriks. Las frases que me enseñó para memorizar resultaron ser redactadas de forma extraña, como si Adán no entendiera que nuestra meta era aprender a hablar naturalmente. Otros mongoles no parecían respetarlo, o ni siquiera les caía bien. Pero cuando nos encontró un departamento muy bien amueblado en un edificio mongol que uno de sus familiares alquilaba a un precio muy razonable, pasamos por alto nuestras diferencias. Luego de media semana en el "Hotel de los Constructores" y dos semanas en el Hotel Zuul, estábamos más que felices de tener nuestro propio espacio. Incluso más tarde, cuando se hizo evidente que el dueño del departamento no era familiar de Adán y parecía tener conexiones con la mafia, aceptamos la excusa de que habíamos entendido mal. El hecho de que Adán participara en la iglesia nos convenció de que él era quien decía ser.

Nuestro primer apartamento estaba en el edificio de atrás, el segundo a la derecha

Nuestra visa a largo plazo se confirmó cuando firmé el contrato con una empresa mongola para trabajar de profesor de inglés. Aldar, nuestro joven amigo empresario continuó trabajando para conseguir la invitación que nos había ofrecido aún cuando ya habíamos ingresado al país. Su suegro trabajaba de arquitecto en la primer empresa privada en Mongolia, llamada "ARMON" (arquitectura mongola). Cuando Aldar me llevó a una entrevista, el jefe, un tal señor Orgil, me contrató de manera inmediata. Le pregunté sobre el horario y me dijo que estaban muy ocupados y que no podía darme más de tres horas a la semana para que le enseñara a hablar inglés al personal. Yo estaba encantado con este arreglo, ya que sólo tenía que trabajar dos tardes a la semana por una hora y media y como recompensa me darían un salario y una visa de trabajo. Tendría bastante tiempo para cuidar de las necesidades de mi familia y además aprender el idioma. Muchos misioneros enseñaban veinte horas o más a la semana y estaban luchando para tener tiempo para hacer otras cosas.

Nuestro primer departamento en Ulán Bator tenía un balcón con vista al río Tuul, el cual quedaba cerca, y a las montañas detrás del río. Cinco calles más abajo estaba la entrada al "Hospital de los huesos rotos y heridas de puñal". Al menos así lo tradujo Adán, y la observación lo confirmó. Todos parecían salir con muletas o con amputaciones recientes y parches ensangrentados. Fue toda una introducción al lado salvaje de la vida de ciudad, pero aún había más por venir.

A principios de abril, había comenzado el deshielo y el río que estaba afuera de nuestra ventana empezó a derretirse y a fluir. Una fresca mañana visitaba el *ger* de la madre de Adán, cuando su hermano que era policía, entró corriendo y nos dijo que habían encontrado un cuerpo en el campo al lado de la embajada de Estados Unidos, a sólo unos doscientos metros de distancia. Adán y yo nos unimos rápidamente a la multitud de personas amontonadas afuera de la barrera policial. El cuerpo estaba tal y como había sido encontrado. La víctima había sido acuchillada, le habían cortado la cabeza, piernas y brazos. Ninguna sábana cubría la espeluznante escena. El asesino había utilizado un coche de bebé, que aún permanecía ahí, para trasladar el cuerpo. Los detectives llegaron mientras nosotros mirábamos. Sentí un escalofrío al darme cuenta que nuestro departamento estaba a menos de media cuadra del lugar. El hecho de que Ulán Bator fuera la capital mundial de los asesinatos en 1992, se volvió más que una estadística. La estación de policía del centro tenía un pizarrón con fotos espeluznantes de cabezas cortadas. Traduje, con mucho esfuerzo, las notas al pie de las fotos de las seis víctimas decapitadas. "¿Conoces a alguno de estos hombres?".

Escribí a casa: "Nos rompe el corazón escuchar acerca de esto, y ahora verlo, asesinatos y muertes sin sentido en medio del pueblo mongol que no ha tenido acceso al evangelio. Las almas están literalmente precipitándose en la eternidad aquí. Quiero ser capaz de compartir con ellos el camino a la vida eterna, y mi inhabilidad para comunicarme siquiera al nivel de un niño de dos años, es muy frustrante. Justo cuando comienzas a desanimarte porque parece imposible aprender el idioma, algo así sucede para incentivarte a seguir".

Los robos eran tan comunes que raramente sorprendían, incluso a la comunidad extranjera de Ulán Bator. Me robaron cortándome la mochila y el bolsillo de la chaqueta con una navaja, en un autobús lleno y también en el mercado. Éste era el método elegido por muchos ladrones. Hacían un corte y después metían la mano buscando cualquier cosa que valiera la pena robar. Desde el comienzo empezaron a desaparecer cosas. En nuestro cuarto día en el país, nos robaron una maleta cargada de libros de escuela y materiales para aprender el idioma, mientras nos trasladábamos de un hotel a otro. Luego, desaparecieron dinero y posesiones de nuestro departamento. Al principio sospechamos de nuestros múltiples visitantes curiosos, pero más tarde nos destrozó descubrir que Adán era el ladrón. Tuve que revisar mis sentimientos de enojo y traición antes incluso de atreverme a confrontarlo. Cuando lo senté en nuestro sillón y le mostré la evidencia, comenzó a llorar. Se confesó entre sollozos y pareció muy arrepentido, así que me aseguré de que entendiera mi perdón antes de orar con él. En las semanas siguientes mi asombro aumentó y la misericordia se debilitó al ver que él siguió robándonos, incluso los juguetes de las niñas y el perfume de Louise fueron hurtados por sus manos inquietas. Repetimos nuestro ritual de arrepentimiento con lágrimas y reconciliación, pero comenzó a hacerse tedioso.

Él no era un genio del crimen. Nuestra cámara había desaparecido dejando evidencia circunstancial que apuntaba a Adán como el principal sospechoso. Compartimos nuestra sospecha con él y negó el hecho de manera vehemente. Al día siguiente la encontramos detrás del sillón. Nos sentimos muy mal por haber acusado a Adán. Sin embargo, cuando revelamos las copias, las fotos de nuestras niñas estaban superpuestas con fotos de Adán y sus amigos. Aún el desafortunado inspector Clouseau podría haber resuelto este caso.

Había otros peligros. Nuestro amigo Bruce llevaba a su hijo de tres años en sus hombros cuando pisó una de las tantas alcantarillas abiertas y cayó hasta quedar totalmente por debajo de la vereda; pero por milagro de Dios, él y su hijo escaparon con unos mínimos raspones. Nuestra propia familia comenzó a experimentar una arremetida de ataques sin sentido y accidentes dolorosos.

La actividad favorita de los niños mongoles es lanzar piedras. Este "juego" generalmente no tiene intenciones de hacer daño, pero durante esos impetuosos días de 1993, con los rusos retirándose de Mongolia después de siete décadas de dominación, los niños apuntaban frecuentemente contra los niños rusos. Se decía que un niño ruso había sido apedreado hasta la muerte en un parque de Ulán Bator. Para los mongoles, todos los occidentales parecían rusos. Melody, nuestra hija de siete años, era una receptora frecuente de sus misiles. Una tarde de primavera ella y los niños de los Leatherwood jugaban en un edificio de concreto a medio terminar cuando un niño del barrio les arrojó una piedra. Melody cayó de un golpe en la sien. Sangró bastante pero, excepto por la cicatriz en forma de estrella, no le causó ningún

El deporte de los niños tenía dos temporadas: lanzamiento de piedras y deslizamiento sobre hielo. Ésta era la mejor parte del invierno, las piedras estaban congeladas en el suelo.

daño. Sabemos que las oraciones del grupo de apoyo de Estados Unidos y las tiernas misericordias del Señor evitaron que la piedra golpeara su ojo que estaba a menos de un centímetro de distancia.

A Molly, nuestra hija de cuatro años, la noquearon de un golpe en la parte superior de la cabeza con una botella de vidrio que se les cayó o que arrojaron desde un balcón. Los hijos de los misioneros deben tener una cantidad extra de ángeles. La cinta para el cabello de Molly recibió el golpe y se quebró con el impacto. Ella sólo quedó con la cabeza adolorida por un par de días.

Estaba regresando a casa de noche, en medio de una total oscuridad cuando me tropecé con una reja de hierro de treinta centímetros que me hizo un corte severo en la canilla. Mientras volaba hacia adelante y aterrizaba sobre mi cara, mi computadora y la impresora que recién me habían prestado, también volaron en diferentes direcciones. La impresora se quebró y tuve que pagarla.

En nuestro propio departamento, Alice chocó contra la pared de cemento y quedó con la nariz seriamente amoratada. Después se quemó la mano en la estufa de un *ger* en el que estábamos de visita (repitiendo sin querer la experiencia que tuvo Melody en un hogar navajo, a esa misma edad).

Todos estos "accidentes" sucedieron en un corto período, no mucho después de que nos mudáramos a nuestro primer departamento. Deberíamos haber estado preparados para este furioso ataque espiritual al establecer nuestro cuartel entre los mongoles y fuera de la "reserva misionera". Al final reconocimos estos extraños percances como un ataque espiritual y oramos en contra de ellos. Los incidentes terminaron completamente.

OCHO

De compras hasta más no poder

Mientras Louise y yo luchábamos por aprender el idioma mongol, también teníamos que mantener la casa y poner comida sobre la mesa. Cocinar tomaba mucho más tiempo en Mongolia que en Estados Unidos. A medida que la primavera progresaba, era más fácil encontrar comida, pero aún así había que buscar por todas las tiendas de la ciudad cada día para sobrevivir. Después, cuando la encontrabas, tenías que comprarla. Esto no era tan fácil como parece gracias a un peculiar y extremadamente complicado sistema que había quedado del

Vendiendo cabezas de cordero en un mercado

comunismo, en el que las damas que vendían los productos a menudo parecían estar protegiéndolos de los consumidores.

Mantener un hogar en una nación que recién está saliendo lentamente del comunismo, no es una tarea fácil. Todas las esposas misioneras coincidieron en que tenían las mismas tareas del hogar que en sus países de origen, pero sólo que aquí eran un cuatrocientos por ciento más difíciles y consumían mucho más tiempo.

Veamos por ejemplo la preparación de una comida. Nada viene listo para cocinar. La carne se compra en pedazos grandes de hueso, grasa y cartílago que se han amputado del esqueleto de la vaca o el caballo con un hacha. Lleva horas terminar de cortar la carne en trozos suficientemente pequeños como para comer. La mayoría de la carne es tan dura que nuestras hijas la llamaban "carne de goma de mascar".

La carne de carnero es más fácil de masticar, así que en una ocasión compré un cordero entero, lo arrastré hasta casa y lo subí por las escaleras hasta el departamento. El único lugar donde podría cortar más fácilmente ese trozo tan grande de carne era en la bañera. Me arrodillé y le di con el cuchillo de carnicero hasta que todo el cordero se redujo a trozos no más grandes que una pierna de cordero pequeño. Usé la cabeza de la regadera que era removible para lavar la sangre y saqué los desechos a la basura. Pensé que la bañera lucía bastante decente. A la noche Louise se preparó un baño caliente como parte de su ritual diario para tratar de relajarse y volver a un estado lo más cercano a la "comodidad". Cuando se deslizó dentro del agua, notó que la bañera se sentía muy grasosa. Por el aroma a grasa dedujo dónde había sido procesado el cordero. Al principio le dio asco y se enojó, pero después pensó que la lanolina que contenía su baño quizás sería buena para su piel reseca y adolorida, así que se relajó en su tratamiento de spa mongol. Más tarde me dijo que después de ese remojo, su piel se sintió mejor que nunca.

La mayoría de las familias de la misión contrataron a un ayudante para las tareas del hogar. Al principio, Adán nos encontró una estudiante llamada Amaraa. Además de ayudarnos con las compras y tareas de la casa, era una buena maestra del idioma para Louise que me llevaba ventaja en el aprendizaje. Lo único que Amaraa parecía no hacer muy bien era cuidar de las niñas. Trataba de ignorar a nuestras niñas por completo.

Amaraa desapareció de nuestras vidas el mismo día que al fin confronté a Adán. Sus robos y engaños habían continuado y se habían hecho más frecuentes. Finalmente me reuní con él en un parque y lo confronté con todo lo que había sucedido. En esta ocasión, en vez de lágrimas hubo un indicio de violencia. Me alegré de haber llevado a un amigo misionero como respaldo. Nunca volvimos a ver a Adán o a Amaraa. Encontramos a otra persona que nos ayudara, pero esta vez la buscamos nosotros. Su nombre traducido significaba "Flor Feliz" y la describía de manera perfecta. Literalmente burbujeaba gozosamente por todo, especialmente por Jesús. Era maravillosa con las niñas pero terrible con las tareas del hogar. Roció agua sobre las alfombras y trató de aspirarla echando a perder nuestra aspiradora nueva en el proceso. Restregó meticulosamente la cubierta de teflón negro de todas nuestras ollas hasta dejarlas de un color plateado brillante. Siempre había algo, pero nos resultaba imposible enojarnos con ella. Adoptó a Louise como su hermana mayor y pasó horas enseñándole sus coros de adoración en mongol.

El idioma era complicado, pero avanzábamos con mucho esfuerzo. Salíamos todos los días y utilizábamos frases que memorizábamos con tanta gente como nos fuera posible, la meta era usar las frases cincuenta veces al día. Nuestro progreso nos parecía lento, pero le agradaba enormemente a nuestros amigos mongoles. Los rusos nunca habían intentado aprender el idioma, así que los mongoles veían nuestro esfuerzo como un acto de amor.

Nuestro plan de mudarnos a Erdenet venía muy bien. Un fin de semana toda nuestra familia visitó la ciudad de 65.000 habitantes y comenzamos a echar un vistazo. Viajamos de noche en un tren con literas para dormir. Nuestros compañeros suecos del equipo de JUCUM, María y Magnus Alphonce, nos recibieron en la estación de tren y pasamos un gran fin de semana juntos. Era la primera vez que Louise y las niñas los conocían, y me sentí aliviado al ver que todos parecían llevarse bien. Uno de los momentos más memorables fue la cena del sábado. Nos cocinaron pizza y no te puedes imaginar cuán hambrientas estaban nuestras papilas gustativas por esta comida tan familiar. El queso no era mozzarella, pero el queso ruso lo sustituía muy bien. Algunas veces el reino de los cielos se puede saborear en la boca.

María y Magnus habían comenzado a hacer trabajo pionero en Erdenet en el otoño de 1992. Después de andar por todas partes en julio de 1992 con un equipo evangelístico mongol de "Luz Eterna", la iglesia a la que asistían en Ulán Bator, hicieron viajes semanales a Erdenet para visitar a las adolescentes que habían respondido al evangelio. Le pidieron a estas creyentes que confirmaran su arrepentimiento por medio del bautismo y catorce aceptaron. Las jovencitas se reunieron alrededor de una piscina de sauna de dos metros por tres en la Fábrica de Alfombras de Erdenet, y un domingo 17 de enero de 1993, Magnus junto con otros dos jóvenes líderes, las bautizaron. Este pequeño comienzo fue uno de los primeros cuarteles del Reino de Dios fuera de la ciudad capital.

Tan pronto como las niñas salieron de la piscina y todos hubieron orado, Magnus compartió la visión de una iglesia recién nacida y expuso las tres metas que María y él habían escuchado de Dios: alcanzar a todas las familias de Erdenet con el evangelio, plantar una iglesia hija en Bulgan (capital de la provincia vecina) y alcanzar a otros pueblos no alcanzados del mundo. Las jóvenes creyentes, alegres pero sin saber lo que eso significaba, respondieron con entusiasmo.

Magnus y María se mudaron de Ulán Bator a Erdenet justo después de que nuestra familia llegara a Mongolia. Desafiaron a Bayaraa para que fuera con ellos y después de escuchar a Dios, se unió a ellos. Ella se convirtió en su maestra del idioma y como resultado de esta inmersión total, avanzaron un montón con el idioma mongol. Magnus, María y Bayaraa dividieron a los nuevos creyentes en tres casas-iglesia iniciales.

El equipo llamó a estas reuniones "grupos celulares". (Más tarde nos dimos cuenta que el término "célula" tenía un significado diferente que no reflejaba con exactitud la hermandad de Erdenet. He elegido usar un nombre más adecuado, aunque todavía no lo usábamos en ese momento). Los grupos se reunían semanalmente por las tardes, acomodándose a los horarios de los estudiantes. A medida que los creyentes iban ganando a sus amigos para Cristo y los grupos iban creciendo, cada vez que estos alcanzaban un número de quince integrantes bautizados que asistían regularmente, los dividían en dos. Aunque Magnus y Bayaraa dirigieron los primeros grupos, no pudieron seguir el ritmo de la multiplicación, así que comenzaron a capacitar líderes para las casas-iglesia. Los grupos empezaron a juntarse los domingos y los líderes se reunían para capacitarse en el departamento de los Alphonce los lunes a la noche. Mantenían todo extremadamente sencillo. Lo único que necesitaba un líder era un lápiz y un cuaderno para tomar notas de la enseñanza de la semana.

Erdenebayar o "Bayaraa"

Magnus y María fueron cuidadosos al modelar la iglesia que sintieron que Dios los llamaba a plantar. Era un gran desafío mantener las cosas pequeñas y sencillas. Las jovencitas querían lo que los creyentes de Ulán Bator tenían: un ruidoso y semanal "Club de Sermón y Canción". María y Magnus insistieron en que las reuniones fueran en los hogares y agregaron una celebración mensual para reunir a los grupos. Las jovencitas querían ser como las otras iglesias, pero Bayaraa las convenció al decirles, "¡Estas diferencias deben ser muy importantes porque Magnus y María insisten tanto con ellas!".

De compras hasta más no poder 69

Magnus también mantuvo una línea clara en contra de un sistema de sonido y coros en inglés. En vez de copiar a otras congregaciones, él quería que ellos escucharan a Dios por sí mismos. Los desafió a que le pidieran a Dios una meta a alcanzar en su primer aniversario como iglesia. Con entusiasmo se dieron cuenta que tres de ellos escucharon el número ciento veinte. La iglesia oró y adoptó esta meta. La noche anterior al primer aniversario, la iglesia bautizó a su creyente número ciento veintiuno.

La joven e inexperta pareja plantadora de iglesias, enfrentó desafíos dentro y fuera de ella. Desde el principio, la mentira surgió como un problema entre los mongoles que no veían nada de malo en ella. Por otro lado, a Magnus se le dificultó mucho la confrontación aunque era un mandato bíblico, debido a su crianza sueca. Ambas partes tuvieron que ajustarse. Las visitas desde Ulán Bator también trajeron un desafío. Un misionero se quedó tan impactado al ver la responsabilidad que le daban a los mongoles que no estaban "listos", que tomó el mando del servicio en el que estaba de visita. Dijo que no podía quedarse sentado y dejar que los nuevos creyentes sirvieran la Santa Cena. Después les prohibió que usaran pan comprado en la tienda para la Cena del Señor. Su visita y la de otros creyentes mongoles de iglesias más antiguas de Ulán Bator trajo confusión a los nuevos creyentes de Erdenet. Estos visitantes acusaron a Magnus y a María de poner en el liderazgo a creyentes jóvenes que "cometerían errores". "¡Por supuesto que lo harán!", respondió Magnus, "así es como aprendemos". Los líderes nuevos cometieron errores pero aceptaron las correcciones, ganando confianza y habilidades. Se vieron beneficiados por la confianza de María y Magnus y llegaron a ser líderes competentes. Mientras las jóvenes tomaban el liderazgo de las casas-iglesia, Magnus cambió su enfoque y se dedicó a la capacitación. Ambos, María y Magnus, invirtieron mucho tiempo en los dos primeros "ancianos": Bayaraa y Odgerel, el primer creyente varón. En su primer año, la iglesia de Erdenet recorrió un gran camino.

Su enfoque hacia la plantación de iglesias se basaba en juntar a los creyentes en pequeñas y sencillas reuniones en hogares o casas-iglesia. Los creyentes se reunían en un departamento y "hacían iglesia";

compartían la cena del Señor, tenían comunión los unos con los otros, adoraban juntos (no necesariamente con cantos), oraban, ofrendaban, se ministraban los unos a los otros, e interactuaban con la Palabra de Dios. Magnus y Bayaraa preparaban juntos las enseñanzas bíblicas. Se enfocaron en las historias del Nuevo Testamento y en una obediencia sencilla a los mandamientos de Jesús. Los lunes a la noche los líderes escribían diligentemente cada palabra de la lección. Y luego estos líderes emergentes usaban la misma lección en su casa-iglesia durante la semana. Si los grupos hubieran compartido una comida esto podría haber impedido la multiplicación debido a la escasez de comestibles en las tiendas de Erdenet, así que lo dejaron para ocasiones especiales. Ésta fue la estrategia que comenzó a dar fruto.

No visitábamos los grupos en casa. La presencia de extranjeros hacía que los creyentes nuevos no hablaran y se reprimieran en la interacción y adoración. Nuestros compañeros de equipo, sabiamente excluyeron a todos los extranjeros, excepto a los que se habían mudado a Erdenet y habían llegado a conocer a los creyentes. Éste era nuestro objetivo, y esperábamos cumplirlo en septiembre de 1993. Salir de Ulán Bator era tan vital para nuestro éxito como el asegurarnos de no terminar viviendo en el gueto misionero de Sansar. Habíamos observado de primera mano en Hardrock, Arizona, cómo el trabajar rodeado de otros misioneros impedía la formación de vínculos afectivos y emocionales con la gente del lugar. Necesitábamos hacer más que sólo escapar de Sansar, necesitábamos salir de la capital donde la comunidad misionera crecía de manera constante.

Los rusos construyeron Erdenet como una ciudad minera en 1976. La minería generaba más del 70% de las divisas del país, y ahora que los rusos se iban y el mineral amenazaba con terminarse, los difíciles viejos tiempos parecían ser cada vez mejores. Aún veíamos más caras rusas en Erdenet que en Ulán Bator, y nos confundían mucho más fácilmente con los rusos. Sin embargo, cuando vestimos a Alice con un traje nacional de Mongolia, un *dehl*, la gente de Erdenet reaccionó sorprendentemente, todos comenzaron a sonreír. Los extraños la tomaban en brazos y la besaban, y los encargados de las tiendas les daban dulces a las tres niñas. Nos habíamos tropezado con una explosiva manera de encajar con ellos.

Los rusos nunca sonreían, nunca hablaban mongol, y nunca habían vestido a sus hijos con ropa típica del país. Eran también extremadamente mal vistos por haber sido los antiguos amos colonizadores. Al sonreír tanto, tratar de saludar en mongol a la gente del lugar de ceño fruncido y llevar puestos *dehls*, apaciguamos el resentimiento erróneo que trae consigo la nacionalidad equivocada.

En el tren de regreso a Ulán Bator, conocí a Byambaa, que significa "sábado", en el vagón restaurante. Estaba jugando y tomando vodka con sus amigos, pero nos las arreglamos para comenzar una amistad. Me dio su foto y dirección en Erdenet. Esperaba que esta invitación a visitar a su familia fuera el contacto para comenzar la obra con hombres en esta ciudad. Anhelábamos ver que la i g l e s i a del lugar se expandiera hacia el resto de la población con familias enteras siguiendo a Cristo, así que un muchacho de diecisiete años era una clave importante.

En la próxima oportunidad de salir de Ulán Bator, L a n c e y yo viajamos a Erdenet juntos. Nos habíamos estado juntando con Magnus y María varios días, e intentamos visitar a Byambaa en repetidas ocasiones, pero él nunca estaba en casa. Antes de dejar la ciudad, lo intentamos por última vez. Su hermana obligó al mejor amigo de Byambaa a llevarnos a otro departamento donde lo fuimos a despertar. Mientras se vestía, insistió que volviéramos al departamento de su familia para compartir una gran comida, nuestra tercera de la tarde. Se acercaba la hora de la salida del tren, pero los determinados anfitriones mongoles son casi imposibles de rechazar. Nos sirvieron un plato con fideos de harina y carne de res, y después pusieron una tetera pequeña de cerámica sobre la mesa. Comencé a servirme una taza de un líquido negro oscuro, cuando el patriarca mayor me dijo: "Beesh, beesh". Ya habíamos aprendido que eso significaba "no, no". Así que me detuve y miré la taza medio llena de este elixir desconocido. No tenía idea de lo que era. Quité la tapa de la tetera y comencé a verterlo de vuelta. Nuevamente me dijo que no, pero no me ofreció ningún consejo constructivo sobre qué hacer con ella. Lo dejé reposar por un momento, seguramente me faltaba alguna pista cultural importante. Luego señaló sus fideos. ¿Cómo pude haber confundido la salsa de soja con el té? Diligentemente la vertí sobre mi cena, aliviado de poder vaciar mi taza después de la vergonzosa metida de pata. Ante esto, mis anfitriones se deshicieron en carcajadas hasta llorar de tanto reír. Yo estaba completamente confundido y mi cara estaba roja de vergüenza como una remolacha. La madre de Byambaa vino a rescatarme, puso un poco de líquido oscuro en mi taza y la llenó con agua hirviendo. La misteriosa cosa negra resultó ser café concentrado. No pude dormir por horas después de comer esos fideos, a pesar de estar exhausto de reírme de mí mismo. La adaptación cultural te enseña a ser humilde mejor que cualquier otra cosa que haya experimentado. De seguro que es difícil "creerte mucho" cuando un chiquillo de cuatro años puede hablar y comportarse mejor que tú, a pesar de tu título universitario. Al menos la familia de Byambaa sonrió mucho e insistió que nos quedáramos con ellos en nuestros futuros viajes a Erdenet. Byambaa incluso nos consiguió un vehículo para que llegáramos a tiempo a tomar el tren.

**Alice, Melody y Molly
luciendo el dehl**

NUEVE

El teatro de lo absurdo

Mientras nos preparábamos para unirnos a María y Magnus en Erdenet, yo estaba buscando lugares donde el evangelio aún no se hubiera predicado y que fueran objetivos para equipos futuros de plantadores de iglesias mongoles que fuéramos a entrenar y enviar. Cuando finalmente nos sentimos más instalados y seguros, y con la llegada de los días más largos de verano, comencé a tener grandes ansias de explorar fuera de Ulán Bator.

No fue difícil convencer a Lance para que me acompañara en un viaje a Zuunhara. Ambos teníamos vacaciones durante el feriado de Naadam, unas olimpiadas mongolas que se llevan a cabo en julio a mediados del verano. Zuunhara era el lugar perfecto. Se extendía a lo largo de las vías del ferrocarril y del Río Hara, justo en el medio del campo más maravilloso del planeta. Habíamos pasado varias veces por este pueblo de camino a Erdenet. El tren paraba en Zuunhara a las diez de la noche, en el preciso instante en el que la última luz del atardecer del verano mongol desaparece en el horizonte. Estas imágenes finales desde la ventana del tren teñían Zuunhara de un cierto misticismo en cada viaje. En vez de permanecer con nuestros rostros pegados a la ventana, Lance y yo queríamos bajarnos del tren ahí mismo.

Mientras estábamos parados en el andén de Galt Teregeen Buudal (que literalmente significa "la parada del camión de bomberos") en Zuunhara, viendo nuestro tren partir hacia el norte, nos dimos cuenta de que era demasiado tarde para cambiar de opinión. La noche estaba cayendo y no teníamos idea de dónde íbamos a quedarnos. No sabíamos si había un hotel en Zuunhara; nuestro único contacto no era una dirección ni un nombre, sino el "apodo" de un radioaficionado. No había mucho que hacer más que tomar nuestro equipaje y caminar en la misma dirección que los demás pasajeros. Pasamos por debajo de un enorme monumento en honor al Sputnik, el primer satélite y nos reímos al pensar que no había nada que temer en una metrópolis tan moderna. No nos parecía razonable ir preguntando dónde estaba el hombre de la radio (del cual no sabíamos el nombre), así que fuimos pidiendo indicaciones para llegar al hotel mientras caminábamos. La mayoría encogía los hombros y nos decía que no conocían ningún hotel. Unos pocos le preguntaban a personas que pasaban por ahí y comenzaban discusiones en grupos sobre el asunto. Con la ayuda de varias personas que hicieron gestos hacia una dirección aproximada, terminamos en frente de un pequeño edificio de una sola planta que tenía un letrero en la puerta que decía Zochid Buudal, que en mongol significa hotel y se traduce literalmente como "parada del visitante". La joven que nos atendió resultó ser la propietaria, y dejó muy en claro que éramos los primeros extranjeros en honrar su establecimiento. Nos mostró la única habitación del hotel, que estaba amueblada con dos camas, cuatro sillas y una mesa pequeña, todas antigüedades. Apenas me había sacado la mochila cuando un grupo de hombres de apariencia ruda entraron a la habitación y nos miraron como si fuéramos extraterrestres. Después de todos los saludos, durante los cuales descubrimos que el líder de la manada era el empleado de mantenimiento del hotel, se sentaron en las sillas y camas disponibles. Procedieron a preguntarnos sobre cada detalle de nuestras vidas y lo que queríamos hacer y ver en su ciudad. Creo que esto despertó una gran sed en ellos ya que, sin esperar a ser invitados, abrieron todas las sodas que habíamos traído para evitar tomar agua de procedencia incierta. Cuando al fin se fueron, alrededor de la media noche, quedamos con todos los envases vacíos.

La señora del hotel volvió para presentarnos a su hijo de siete años. Este niño de pelo largo no demostró ninguna clase de timidez al estar con extranjeros, quizás porque éramos los primeros. Luego la señora nos dijo que durmiéramos bien y nos amarró por la noche. Literalmente. Para nuestra sorpresa notamos que la puerta tenía un agujero donde debería haber estado la cerradura. Había una cuerda en ese hueco del marco de la puerta y por razones de seguridad, ésta se amarraba desde afuera cada noche. Demasiado cansado para discutir o pensar en una alternativa, lo dejamos pasar. Nos desvestimos, nos acostamos y nos quedamos dormidos, hasta las tres de la mañana.

Me desperté con el sonido de la cuerda de nuestra pieza siendo desatada. Y ya que los robos nocturnos no son algo extraño en los hoteles mongoles, me levanté de manera instantánea con una inyección de adrenalina. Noté que Lance también estaba listo. Incluso en la oscuridad nos sorprendimos de ver la figura delgada de la señora del hotel que entraba por la puerta, en vez de un corpulento forajido. Prendió la luz y nos hizo señas de que volviéramos a dormir. Quedé atónito. Nos quedamos mirándola sin palabras mientras colocaba una silla en el medio del dormitorio, directamente debajo de nuestra única bombilla de luz. Luego, agarró una banqueta del corredor y la puso sobre la silla. Se subió cautelosamente hasta la cima de la inestable torre, y comenzó a repasar la bombilla resplandeciente con un paño, mientras nos estudiaba en nuestras camas de manera tan discreta como pudo. Era un acto de malabarismo maravilloso, digno de un circo. Después de una limpieza profunda, se bajó y puso los muebles como estaban antes. Nos hizo señas de que volviéramos a dormirnos nuevamente, apagó la luz y nos amarró en nuestro cuarto otra vez. Me quedé completamente sin palabras, pero Lance sonrió y bromeó: "Motel Seis, le desempolvamos la luz por usted". Nuestra risa debió haber despertado a todos los que dormían en el edificio y probablemente a los vecinos también.

A la mañana siguiente nos "desataron" y desayunamos salchichas y pan de nuestro equipaje. Hubiésemos tenido que ingerirlo todo en seco si la señora del hotel no nos hubiera traído tazas de tsai caliente. Nunca mencionó su limpieza de cuatro nocturna. Llegamos a la conclusión de que fue un caso de curiosidad incontenible: ¿Cómo se ven dos estadounidenses durmiendo? Le pregunté dónde podía encontrar a alguien que me cortara el pelo, principalmente porque pensé que podría evitar la larga espera que siempre parecía acompañar los viajes al barbero en la capital. Me dijo que ella era peluquera y que podía cortarme el cabello más tarde ese mismo día.

Era el primer día de Naadam, y toda la ciudad parecía ir caminando o andando en dirección al estadio al aire libre que se encontraba al otro lado del río. Nos unimos a la multitud, y después de dos kilómetros de caminata, nos encontramos en el centro de las festividades. Muchas familias habían acampado en el lugar y todas sus carpas hacían brillar el área. La más grande era la de los jueces que estaba al lado del campo de competencia. El evento del día era lucha libre, el más popular de los tres deportes nacionales de Mongolia. Las carreras de caballos y el tiro con arco estaban programados para otros días del festival.

Nuestra piel blanca hizo que fuéramos el centro de atención en cada sitio en el que deambulábamos. Y no pasó mucho tiempo para que los oficiales nos invitarán/obligarán a sentarnos en los asientos de honor en la mesa de los jueces, bajo la sombra de su carpa. Esto era maravilloso ya que el día se había tornado caluroso rápidamente. Mientras mirábamos las eliminatorias de la lucha libre y el "baile del águila" que hacía cada vencedor, comencé a conversar con el doctor que habían sentado al lado nuestro porque él era el único hombre en la ciudad (con la excepción del hombre de la radio que nunca encontramos) que hablaba algo de inglés. Estaba claramente nervioso, como si el honor de toda la región dependiera de su inglés mayormente olvidado de esos años en la escuela de medicina.

Los concursantes iban desde un novato y un joven larguirucho y fibroso que recién había completado el servicio militar al destacado veterano peso pesado con piernas del tamaño de troncos de árboles y una panza enorme que le colgaba de su bikini. Todos vestían calzoncillos de cuero y una camiseta de manga larga colorida que apenas les cubría la parte superior de la espalda y estaba completamente abierta en el pecho, aparte de una cuerda que se tiraba de los lados para sostenerla. En sus pies llevaban *gutal*, botas de cuero hasta la rodilla, incómodas y adornadas con bordados, con las puntas de los dedos hacia arriba como las de los esquís.

Había oído que este traje se había diseñado originalmente para mantener el "deporte masculino" de lucha libre, bueno…varonil. Aparentemente, en algún momento en un pasado distante, una mujer había entrado al torneo "disfrazada" y había vencido a todos los contendientes. La vergüenza de lo sucedido, una vez que se reveló, fue suficiente para que los oficiales cambiaran el uniforme a uno que dejaba muy poco a la imaginación.

Había pares de luchadores parados por todo el campo de pasto, y todos los combates comenzaban de manera simultánea. Algunos se enfrentaban posicionándose agachados y preparados tanto para la defensa como para el ataque. Algunos se apoyaban fuertemente unos contra otros con sus piernas reforzando cada lado y agarrándose firmemente de las pequeñas vestimentas de combate.

Mientas Lance y yo mirábamos el torneo, notamos que cada combate seguía una forma establecida. Los dos luchadores tenían un encargado de relaciones públicas o mánager que llevaba puesto su vestido tradicional mongol: un *dehl* largo, un gorro "domo de cebolla", y las mismas botas que vestían los luchadores. Este hombre sostenía el *dehl* y el gorro del luchador, gritaba sus alabanzas antes de cada enfrentamiento, y generalmente estaba "en su esquina". Algunos competidores eran eliminados antes de comenzar, cuando sus oponentes los daban vuelta casi como si fuera una formalidad. Si algún combate se demoraba mucho tiempo, el mánager animaba a su hombre dándole una palmada en el trasero. Las verdaderas luchas del campeonato podían durar más de una hora. Imagínate mirar un par de gigantes sudorosos trabados sin moverse, esperando el instante oportuno para golpear al otro hasta llevarlo al suelo como un relámpago. Todo lo que tenía que acontecer era que uno de los oponentes tocara el suelo con algo más que los pies. De esta manera terminaba la lucha, y el ganador imitaba a un águila en vuelo de manera majestuosa y ceremoniosa aleteando sus brazos lentamente mientras levantaba las rodillas y "se elevaba" alrededor del puesto de mástiles adornado con algo semejante a una peluca, el estándar histórico de la horda de Mongolia. Algunos de los vencedores iban a la mesa de los jueces a tomar una taza de *airag*, leche de yegua fermentada.

Nuestros excelentes asientos en la carpa de los jueces que ofrecían un primer plano de la acción habrían hecho que cualquier fanático del deporte estuviera eufórico, sin embargo, yo conversaba con el doctor y comía de los platos de comida alineados sobre las mesas. Además de los pedazos de cordero grasosos que mantenían a las moscas bastante interesadas, los mejores platos eran los del queso mongol *byaslag*. Es muy suave y tiene una blanda textura gomosa por dentro y una dura corteza. (En experimentos que hicimos en casa descubrimos que se rehúsa a derretirse. Sólo transpira y al final estalla en una llama. Trágicamente este queso no tiene cualidades propicias para una pizza). De todas formas, el desayuno escaso y la caminata al campo indujeron mi apetito, y ya iba por mi sexto o séptimo pedazo de *byaslag* cuando nuestro amigo doctor me hizo una seña para que me detuviera. Era la primera vez que un mongol había intentado que dejara de comer. Generalmente me forzaban comida por la garganta en nombre de la hospitalidad. Trató de explicarme, pero lo único que pude entender fue que no era seguro. Lo seguí interrogando, y él utilizó una palabra en mongol que nunca había escuchado. Podía ver que no lo estaba entendiendo e intentó usar una palabra en inglés de su vocabulario oxidado.

Se iluminó y dijo, "feca".

"¿Feca? ¿Qué es eso?"

Señaló el queso y repitió, "fee-caa".

Todavía me veía confundido, así que dijo, "Palabra en inglés. Feca".

"Nunca escuché eso. ¿Es el *byaslag* feca?"

Asintió con la cabeza y sonrió. Decidí involucrar a Lance en la conversación. Él tampoco tenía idea de lo que este tipo estaba diciendo en inglés o en mongol. El doctor sólo continuó diciendo: "feca".

Finalmente, como ambos nos veíamos tan confundidos, se levantó y comenzó a actuarlo. Lance y yo hicimos bromas silenciosas sobre las payasadas.

El doctor señaló el plato de queso y luego se puso en cuclillas y gesticuló una actividad de la letrina. Comencé a tener náuseas.

"¿Fecal? ¿Eso es lo que estás diciendo? ¿Fecal?"

"¡Sí, sí, eso es, fecal!", dijo, contento al ver que lo había entendido.

"¿El *byaslag* es fecal?", exigiéndole una respuesta con un mal presentimiento. Asintió con felicidad. Había perdido todo el apetito y me preguntaba cuán difícil sería auto inducirme al vómito. Miré a Lance.

"Esto es tan asqueroso".

"¿Por qué, qué significa fecal?", me preguntó Lance.

"Es el término médico para desecho humano o animal".

"¡Puaj!", fue la expresión de la cara de Lance que combinaba con las arcadas de mi estómago.

Nunca me enfermé por causa del queso, aunque no descubrimos lo que el doctor nos estaba tratando de advertir hasta que volvimos a Ulán Bator. Este es uno de los problemas de aprender un idioma nuevo. Si nadie cercano habla tu idioma, verificar tus conclusiones puede ser difícil. El *byaslag* no tenía nada de malo. El doctor sólo nos decía que el queso tendía a afectar a uno como lo hacen las ciruelas pasa, y que no era conveniente comer demasiado estando lejos del *bie zasax gazar*, que significa "inodoro" o literalmente "lugar de reparación del cuerpo". A pesar de que había pasado un tiempo, quedé muy aliviado, por decirlo de alguna manera.

Esa tarde la mujer del hotel, fiel a su palabra, me cortó el pelo. El rumor se difundió y una pequeña multitud se juntó para mirar. Hizo un trabajo bastante bueno, considerando la presión de tener una audiencia en su primer corte de pelo rizado. Luego, una gran parte de la población de hombres me siguió a nuestra habitación para conversar en mongol entrecortado. Descubrimos rápidamente que todos en la ciudad eran "fotógrafos profesionales". O al menos eso es lo que nos dijeron tan pronto como vieron la cámara de Lance. Era irónicamente extraño que tantos fotógrafos vivieran en la misma ciudad y que ninguno de ellos tuviera una cámara. El más extrovertido de estos muchachos nos hizo prometerle que le dejaríamos guiarnos al campo al día siguiente. Cuando estaba acompañando a nuestro último invitado a la puerta, el hijo de la señora del hotel pasó corriendo, completamente rapado. Aparentemente creé un monstruo con tijeras.

La mañana siguiente nos fuimos a explorar con el "fotógrafo". Caminamos varios kilómetros hasta llegar a un lugar cerca del río, lejos de la ocupación humana. Al cruzar el arroyo, la rama que usaba como puente se rompió y mis jeans se mojaron hasta los muslos. Era un día de verano tan perfecto que la solución obvia ahí, en el medio de la nada, era colgar los pantalones en un árbol y dejar que se secaran mientras pescaba con la caña que había encontrado en una tienda cuando salíamos de la ciudad. Pasamos varias horas en esa curva del Río Hara debajo de un cerro rocoso enorme. Nuestro guía insistió en tomar una foto de Lance y yo con el cerro de fondo, entonces Lance le dio la cámara y posamos. Comenzó a tomar tantas fotos como pudo. Nosotros empezamos a gritarle y gesticular que se detuviera. Tomó doce fotografías antes de que le quitáramos la cámara en una lucha. Nuevamente nos aseguró que vivía de eso.

¿Cómo detienes a un "fotógrafo profesional"?

El teatro de lo absurdo 81

En la larga caminata de vuelta a Zuunhara, nuestro guía insistió en que paráramos en cada *ger* que pasamos para alardear de nosotros. La hospitalidad mongola requiere que los anfitriones sirvan una comida para todos los invitados, así que cuando íbamos por el quinto *ger*, ya nos habían sobrealimentado con carne de oveja, sopa de *empanadillas*, fideos, *byaslag*, yogurt, golosinas, pan y un sinnúmero de lácteos, hasta que nos dolió el estómago seriamente. Cualquiera que haya encontrado un anfitrión mongol perseverante te dirá que decir "no, estoy satisfecho" no te llevará a ningún lado. Te fuerzan de todas formas. Finalmente nos rehusamos completamente a que nos presentara a más personas de su extenso círculo de amigos a lo largo del camino. Cuando al fin llegamos a la ciudad a la que nos insistió que fuéramos, entramos a un restaurante donde su amigo trabajaba con él y dejó en claro que no tratarían de alimentarnos ya que estaba cerrado por causa del Naadam y no era un hogar.

Dentro del restaurante (un *guanz*, la versión local de un figón o restaurante barato) encontramos a su amiga, una mujer corpulenta empuñando un cuchillo carnicero enorme, ocupada cortando un cerdo en pedacitos en la cocina. De la esquina de la boca le colgaba un cigarro con cenizas que caían mientras hablaba entre dientes. Nos sentamos cerca de ella en la mesa y hablamos mientras trabajaba. Estaba impresionado de cuánta grasa pura tenía el cerdo. La mujer cortaba pedazos grandes y después los trozaba en cubitos. Después de unos diez minutos nos paramos de la mesa y comenzamos a despedirnos. Hizo un gesto con el cuchillo, dejando en claro que no teníamos la libertad de irnos aún. Para nuestra consternación, nos sirvió un plato a cada uno de arroz con trozos de grasa de cerdo apenas cocinados al vapor. Le expliqué a nuestro guía que no había forma de que lo comiéramos ahora, pero que le agradecíamos igualmente. Él solo encogió los hombros. Traté de explicarle a la señora pero me dijo algo que no entendí, aunque era claro lo que quería decir dada su expresión y la forma en la que apuntaba con el cuchillo. Dejaríamos limpios los platos o si no . . .

Cuando quiero una imagen del infierno, pienso en esta comida. Sé que el infierno es mucho peor, sólo que no puedo imaginarme cuán peor. De alguna manera, finalmente pude tragarme el último pedazo de grasa mientras nuestra determinada anfitriona se aseguraba de que recibiera su hospitalidad. Cuando por fin logramos escaparnos, nuestro guía seguía en el restaurante despidiéndose. Le pregunté a Lance si esa había sido la peor experiencia de toda su vida y me dijo: "No fue para nada mala." Lo miré incrédulo, mientras él sacaba pilas de dinero de su bolsillo. Había dejado caer cada pedazo de grasa sobre billetes de uno, tres y cinco *tugriks* en su regazo, y después, de manera secreta, los había doblado haciendo pequeños paquetes que había colocado en su bolsillo. No comió nada de grasa, y pasó desapercibido mientras la mujer estaba ocupada mirándome con ojos amenazantes. Un billete de cinco *tugrik* sólo valía un centavo así que no le costó mucho. Lance le dio un entierro digno a su porción del pobre cerdo y la pisoteó en un agujero en el barro antes de que nuestro guía saliera del restaurante.

Ni bien nos escapamos a nuestra habitación del hotel, colapsamos en nuestras camas. Ambos nos habíamos sobrealimentado hasta el estupor y habíamos caminado hasta quedar exhaustos. Me estaba quedando dormido con la brisa suave que entraba por la ventana abierta al lado de mi cama cuando escuché que alguien gritó. Respondí con un grito y salí disparado. Esto sobresaltó a Lance así que hizo lo mismo. Cuando me recuperé, encontré al encargado del mantenimiento del hotel rodando en el jardín debajo de mi ventana, agarrándose los costados y riéndose de manera incontrolable. Después de lograr que nuestros corazones dejaran de saltar en nuestro pecho, Lance explicó lo que había sucedido.

Lance había visto a este empleado yendo en puntillas hacia mi ventana, y suponiendo que trataba de espiarnos o asustarnos mientras tomábamos una siesta, fingió que estaba dormido mientras mantenía un ojo abierto. Cuando el hombre brincó y gritó al lado mío, mi reacción violenta asustó a Lance también. Terminamos haciendo una escena que seguro fue el tema de conversación en Zuunhara por una semana entera.

El empleado vino a nuestra habitación para volver a contar lo que sucedió y actuarlo varias veces, mientras se reía histéricamente sin parar. Me sentí como el invitado sorpresa en el programa de juegos del momento en Zuunhara: "Los occidentales hacen cosas muy extrañas".

Después de que se fue, Lance me preguntó, "¿Cuándo el guía nos tomaba todas esas fotos, ya te habías puesto los pantalones o estabas aún en ropa interior?". Ninguno de los dos se pudo acordar. Nos reímos hasta no poder más. Le hice prometerme que no le mostraría las fotos a nadie hasta que las viera reveladas. (Resultó que estaba vestido cuando nos tomó las fotos. Aún tenemos un puñado de ellas en las que Lance y yo estamos tratando de quitarle la cámara, avanzando hacia ella y cada vez más cerca del fotógrafo en cada toma).

Tuve sentimientos encontrados al tomar el tren de las diez esa noche. Mientras nos dirigíamos hacia el norte, a la segunda ciudad más grande de Mongolia, Darhan, ya extrañaba la pequeña y extravagante ciudad donde los extraños y rurales mongoles se habían vuelto amigos rápidamente. Ésta era una entre centenares de ciudades sin testigos cristianos. Tomé la decisión de enviar tantos plantadores de iglesias mongoles como pudiera a estos pueblos no alcanzados.

"*¡Por nada del mundo volveré a poner los pies en ese lugar!*", se dijo Alicia mientras se adentraba en el bosque. "*Es la merienda más tonta a la que he asistido en toda mi vida!*"
           "*Alicia en el país de las maravillas*" de Lewis Carroll

En la actualidad en Zuunhara hay una iglesia en crecimiento que fue plantada por obreros mongoles entrenados en el Centro Mongol de Misiones de Erdenet.

DIEZ

Vacaciones de dudosa reputación

Cuando por fin llegó el verano ese primer año, estábamos más que listos para salir de Ulán Bator. Incluso un simple vistazo al mapa de Mongolia, sombreado con sus tonos amarillos y marrones, atrae la mirada hacia una joya azul en el centro del remoto norte del país. Este gran lago profundo e inmaculado era una de las características más distintivas del país. Ubsugul, un reflejo de su hermano más grande, el Lago Baikal, al otro lado de la frontera rusa, nos atrajo como un imán.

Decidimos que irnos de vacaciones al Lago Ubsugul, era perfecto para refrescar nuestras almas citadinas. Aparentemente, ya me había ganado el derecho a un mes de vacaciones. La empresa de arquitectura donde trabajaba siempre cerraba en agosto para que los empleados pudieran *"hudoo yavax"*. Esta frase significaba "ir al campo", pero en la sociedad funcionaba como una excusa universal para las faltas, ausencias, ineficiencias, para casi todo. Al hablar de mi viaje con mis compañeros de trabajo, se hizo evidente que viajar solos en Mongolia sería muy difícil. Afortunadamente, uno de los arquitectos tenía una hermana en Morön, la ciudad donde aterrizaría nuestro avión y otro pariente que vivía en Hatgal, una ciudad que queda a 64 kilómetros al norte de Morön en el extremo sur del lago. Él me escribió una carta de presentación para su hermana y la envió con nosotros, insistiendo que la buscáramos inmediatamente una vez que llegáramos a la ciudad.

Planeamos volar desde Ulán Bator a Morön y quedarnos ahí por un par de días para visitar a otros misioneros, y luego alquilar un jeep que nos llevara al norte, al Lago Ubsugul. En Hatgal, planeábamos quedarnos con los familiares de mi compañero de trabajo mientras disfrutábamos lo que ofrecía ese hermoso lugar. Nuestro mayor problema sería la comida ya que mientras más te alejas de la capital, más escasos son los suministros de alimentos. Decidimos traer todo lo que pudimos y confiar en la habitual hospitalidad de los mongoles que iríamos conociendo en el camino.

Cuando finalmente llegó el gran día y la hora de abordar el avión para ir a las regiones centrales de Mongolia, descubrimos que viajar por aire dentro de este país, era algo completamente diferente a volar en otrasos países. Nuestro avión era viejo, su propósito principal era el de ser un avión de carga, y estaba peligrosamente repleto de gente. No había asientos asignados, el hecho de que tuvieras un boleto te daba apenas derecho a luchar por un lugar donde sentarte. No logramos obtener asientos para todos, pero con la ayuda de Dios, Louise y yo subimos a las tres niñas al avión.

Morön es una especie de capital del condado para el área que la rodea. Sin embargo, sólo hay un hotel. Así que llamamos un automóvil. En Mongolia cualquier auto tiene el potencial de ser un taxi, y uno sólo necesita menear la mano para conseguir que lo lleven. Fuimos directo al hotel, esperando que hubiese una habitación disponible. Al final no tuvimos ningún problema, los únicos huéspedes además de nosotros eran unos camioneros de larga distancia. Le mostramos nuestra carta de presentación a la mesonera y ella envió a un mensajero para que le dijera a la mujer que viniera al hotel. Naraa llegó después de una hora, muy contenta de conocer a las personas que había enviado su pariente de Ulán Bator. Fue muy amable y nos llevó a su casa para darnos de comer y presentarnos a sus otros familiares. Mientras ella trabajaba, nosotros exploramos la ciudad de Morön solos y visitamos el museo y el antiguo zoológico. Aparentemente se habían comido todos los animales durante el período de escasez de alimentos del año anterior. Ahora el zoológico era un lugar triste y lleno de maleza.

Nuestros anfitriones hicieron los arreglos para que un auto nos llevara al lago. Cerca de la hora pactada un jeep ruso (un modelo ubicuo llamado "sesenta y nueve") llegó a nuestro hotel y nos amontonamos en él. Después comenzamos un largo viaje por algunos de los peores caminos en los que hemos andado. Nuestro chofer condujo tan rápido y de manera tan peligrosa sobre las piedras y los hoyos que temimos por nuestras vidas y nuestras extremidades. Nuestra hija Melody se marea en los autos, y perdí la cuenta de cuántas veces gritamos "*Zoks*" (deténgase) para que saliera a vomitar en los arbustos. Cuando por fin llegamos al pequeño pueblo de Hatgal, estábamos adoloridos, cansados, polvorientos, agitados y agradecidos de que el viaje hubiera terminado.

Cuando estábamos por irnos de Morön, nuestros anfitriones nos dieron una segunda carta de presentación para los familiares del lago. Después de preguntarle a una sola persona por ellos, nuestro conductor pudo llevarnos directamente a su casa. Esta pareja, Hotbot y Enkhee, su hijo menor y su sobrina vivían en una cabaña de madera con un gran patio, rodeados por una cerca justo en la orilla del Lago Ubsugul. El lugar era impresionante; las montañas, el bosque y el lago nos rodeaban. Mis ojos, como prisioneros hambrientos, se embebieron en la belleza del verde intenso y del celeste brillante después de estar seis meses en la grisácea fealdad de Ulán Bator. El dolor de miles de agujas punzando mis piernas mientras éstas volvían a la vida, sólo hicieron que el paisaje pareciera más dulce, después de esa horrible tortura vehicular.

La familia, que no tenía idea de quiénes éramos, nos recibió con el mismo entusiasmo con que hubieran recibido a parientes que no habían visto por mucho tiempo. Literalmente sacrificaron un cordero para nosotros y nos hicimos un banquete con el cordero hervido esa tarde. Nunca habían escuchado una palabra en inglés y a pesar de que la comunicación era lenta y frustrante, nuestra estadía con ellos fue el mejor tiempo de aprendizaje del idioma que tuvimos. Comimos juntos y nos esforzamos para hacernos preguntas (y responderlas) unos a otros. Conforme se iba acercando el final del largo día de verano, nos preguntábamos dónde íbamos a dormir. La cabaña de una sola habitación donde vivía la familia era claramente muy pequeña para alojar a todos. La solución llegó cuando la madre nos guió a la casa de al lado, la cual estaban cuidando mientras los dueños estaban ausentes. Abrió la puerta de la cabaña de dos habitaciones y antes de irse se aseguró de que todos estuviésemos cómodos para pasar la noche. (Esta vez nadie nos amarró).

Todo iba bien hasta alrededor de las dos de la madrugada. Nos despertó el ruido de un camión que se estacionaba afuera. Luego se abrió la puerta principal y entró una familia bastante numerosa, dueña de la casa donde dormíamos. Nos sentimos como Ricitos de Oro cuando los osos llegaron a la casa. Esta gente ni siquiera pestañeó cuando vio extraños durmiendo en sus camas. Pidiendo disculpas, nos comenzamos a levantar, pero ellos se negaron e insistieron que nos quedáramos. De alguna manera nos comunicaron que sólo cocinarían algo y después se irían a algún otro lugar a pasar la noche. Estábamos atónitos, de ninguna manera los íbamos a sacar de su hogar. Los modales estadounidenses se levantaron contra la hospitalidad mongola pero no pudieron contra ella. Nos quedamos en la cama mientras ellos cocinaban, la abuela picaba la comida con su áspera tos tuberculosa, y todos se reían y hablaban. A las cuatro de la mañana se amontonaron en su camioneta y se fueron. Está de más decir que nunca nos volvimos a dormir.

Nos sentimos tan mal de haberles quitado su casa, a pesar de que ellos no lo vieron así, que la mañana siguiente le dijimos a nuestros anfitriones que nos sentiríamos mejor si nos quedábamos en el hotel del pueblo. El día anterior había visto un gran hotel de madera en Hatgal e imaginé que un cuarto ahí sería mucho más cómodo que el piso de la cabaña de una sola habitación. Sin embargo, cuando compartimos la idea de irnos a un hotel, la familia que nos hospedaba se horrorizó. Tratamos de asegurarles que aún comeríamos todas las comidas con ellos y disfrutaríamos de su maravillosa hospitalidad, y que sólo queríamos dejar la casa libre para la familia que realmente vivía ahí. Por la reacción que obtuvimos, pareció como si hubieran entendido que nos íbamos a ir a ahogar al lago, y no que simplemente nos íbamos a hospedar en un hotel. Finalmente, después de mucho insistir, pudimos juntar nuestras cosas y caminar las cuatro cuadras hasta llegar al único hotel de Hatgal.

Era un enorme edificio de madera que originalmente había hospedado a los peces gordos del comunismo que visitaban el campamento de los

Jóvenes Pioneros y las barracas que quedaban al lado. Este campamento se había cerrado con la caída del comunismo y ahora parecía una ciudad fantasma. El hotel, sin embargo, se aferraba a la vida, y los dueños actuales intentaban salir adelante en esta economía de mercado nueva y extraña. Nos sorprendimos de encontrar, cuando nos registramos, que los dueños eran tres mujeres jóvenes. Entre ellas había varios bebés y niños pequeños, pero parecían ser madres solteras trabajadoras. Estaban muy felices de ver que una numerosa familia estadounidense había venido a pedir una habitación. Al caminar a lo largo del hotel, noté que la mayoría de las habitaciones que pasamos no estaban amuebladas. Al final del corredor, había una sala de estar que daba a cuatro suites abiertas. Me sentí aliviado cuando vi que todas estaban amuebladas.

La joven que nos acompañó abrió una de las habitaciones y nos dio la llave. Las niñas estaban cansadas, así que rápidamente las acostamos para que tomaran una siesta. Louise y yo nos pusimos a desempacar las cosas y las colocamos en las elegantes y antiguas cómodas de madera.

Recién habíamos terminado cuando un golpeteo insistente comenzó a escucharse en nuestra puerta. Los mongoles no tocan a la puerta y después esperan una respuesta, tocan de manera constante hasta que uno abre la puerta o ellos se aburren. Era la chica que registró nuestra llegada al hotel diciendo que teníamos que cambiarnos a la habitación de al lado. Traté de explicarle que ya era muy tarde, que las niñas dormían, que estábamos cómodos, que ya habíamos desempacado y que nos gustaba esa habitación. Ella insistió en que nos cambiáramos, poniéndose más y más ansiosa frente a mi resistencia. Le hice ver que éramos los únicos huéspedes del hotel, por lo que no sería problema dejarnos en esa habitación. Ella pasó a la habitación de un empujón y comenzó a juntar todas nuestras cosas para mudarlas. Decidí que ésta tenía que ser una de las tantas cosas sin explicación que sucedían con gran regularidad en la experiencia de un extranjero. Es más fácil seguir la corriente que resistir. Los decididos mongoles tienen mucho en común con Borg de la película *Viaje a las Estrellas*: "Resistir es inútil". Nos rendimos y comenzamos a llevar a nuestras niñas dormidas a las camas de la habitación de al lado.

Vacaciones de dudosa reputación 89

Lo único que pudimos imaginar fue que la imperativa hospitalidad debió haber forzado a nuestras anfitrionas a darnos una mejor habitación. La vista desde nuestra nueva habitación era mucho mejor. Estaba en una esquina y tenía dos paredes con ventanas que daban a Hatgal y a las montañas. Cuando las niñas se despertaron de la siesta, exploramos un poco la ciudad, encontramos una maravillosa tetera tradicional de cobre que nos costó casi nada en una tienda, y terminamos nuestro día cenando en la casa del lago de la familia que nos hospedaba. Ellos parecían sorprendidos de que estuviéramos contentos en el hotel y que no tuviéramos ningún episodio horroroso que reportar. No sacamos el tema del caos de la habitación. Un poco después de oscurecer, Hotbot nos acompañó de vuelta al hotel. Cansados, nos fuimos a acostar.

Alrededor de las once de la noche nos despertamos con una risa bulliciosa que venía de la habitación de al lado, la que habíamos ocupado por muy poco tiempo. Al escuchar que el escándalo crecía, nos dimos cuenta de que una enorme fiesta se estaba llevando a cabo justo al otro lado de nuestra pared. Sonaba como si les estuvieran haciendo cosquillas a unas niñas. Ni Louise ni yo podíamos dormir y nos preocupaba que las niñas se despertaran en cualquier momento, así que me levanté y me vestí para pedirles que bajaran el volumen.

Golpeé la puerta varias veces hasta que alguien me escuchó. Cuando la puerta por fin se abrió deseé que no lo hubiera hecho. No fue fácil borrar de mi mente la escena que vi ahí adentro. Era un bacanal. Lleno de lástima y vergüenza por los que estaban adentro, dirigí mi mirada hacia el pasillo y en mi mongol titubeante, le dije al hombre en la puerta, "mis hijas durmiendo, no hacer tanto escándalo...ummm...por favor dejen de... reír". Él se rió de mi petición y les dijo a los otros. Mientras ellos se reían aún más fuerte, escuché a un par de mujeres tratando de callarlos. Supongo que las chicas del hotel trataban de hacer ambos trabajos a la vez. Volví a nuestra habitación y le dije a Louise, "Ahora sé porqué no querían que nos quedáramos en este hotel. Parece que nuestras anfitrionas han recibido al capitalismo con los brazos abiertos. Ellas realmente son chicas "trabajadoras". Ésta es la ciudad burdel". Mientras tratábamos de descubrir porqué tuvieron que usar la habitación de al lado, teniendo todo el hotel, llegamos a una teoría que nunca tuvimos el coraje de confirmar, ya que era profundizar más de lo que queríamos dentro de la cultura. Concluímos que la "casa de mala reputación" estaba de oferta. La publicidad debió haber anunciado que vinieran a cierta habitación a las diez de la noche ese día. Eso explicó el pánico cuando nos pusieron en la mejor habitación y después se dieron cuenta de qué noche era. Después de todo estábamos muy agradecidos de que nos hubieran cambiado de habitación.

Al final nuestras anfitrionas se las arreglaron para calmar la situación y al parecer la fiesta fue disminuyendo más o menos dentro de la siguiente hora. La mañana siguiente las tres chicas del hotel aparecieron en nuestra puerta con un estofado de cordero, agua caliente para nuestro lavamanos (sin cañería), toallas, y muy contritas, ansiosas de agradarnos y enmendar las cosas. Incluso se disculparon muchas veces, sin mencionar el asunto por el cual se disculpaban. Era muy difícil permanecer enojados con ellas. Como solía decir uno de nuestros pastores: "No puedes demandar virtud de gente que no tiene acceso a ella". Hasta que el evangelio pudiera penetrar localidades tan remotas como Hatgal, la gente no tendría idea de Aquél que nos da Su justicia.

El resto de las vacaciones fueron más tranquilas. Hicimos un pequeño viaje en una lancha a motor por el lago, y pasamos un par de noches en un viejo campamento de la brigada de bomberos que esperaba convertirse en un resort turístico. No le veíamos mucha esperanza a menos que importaran algo más que fideos pegajosos para alimentar a sus huéspedes. La pintoresca costumbre de ponerse a negociar la cuenta antes de permitir que los visitantes se fueran también era algo desalentadora. Aún así, la grandeza de las montañas empinadas de Hatgal cayendo de forma pronunciada en las aguas celestes era inolvidable.

Cuando estábamos a punto de abordar el avión para volver a Ulán Bator desde Morön, nuestra anfitriona nos hizo unos regalos. Insistió que nos lleváramos un tazón rebosante de mermelada de bayas y un pollo frito entero en una bolsa de red. ¡Qué práctico! Sería difícil viajar con estos artículos en cualquier aerolínea, pero este vuelo de MIAT en particular era aún peor que el vuelo anterior. Cuando el avión se detuvo, la multitud que esperaba ir a la capital corrió por la pista y luchó para pasar entre los pasajeros que salían del avión. Imagínate a un equipo entero de rugby aglomerado para subir por la escalera. Metimos el tazón de mermelada en una bolsa de plástico y entramos al combate con el equipaje, las niñas y los regalos. Los mongoles se compadecieron de nosotros y levantaron en brazos a las niñas haciéndolas entrar al avión. Louise y yo no estábamos seguros de que entraríamos con ellas en este vuelo. Al final, Dios nos sonrió. La familia entera llegó a casa sana y salva. Ni la mermelada se derramó mucho. Desde entonces, siempre que me refiero a este viaje como nuestras "vacaciones" o "descanso", Louise me clava la mirada.

Melody y los vaqueros del lago

Casi dos años más tarde un avión idéntico, quizás el mismo, chocó cerca de Morön, dejando cuarenta muertos y un solo sobreviviente. Una probable causa del accidente fue el peso que añaden los pasajeros no registrados (conocidos como "conejos") que sobornan su entrada al vuelo. Los restos materiales y humanos quedaron esparcidos a lo largo de una densa ladera arbolada. La destrucción y la mezcla de restos humanos hicieron que nunca se supiera cuántas personas fallecieron en esta tragedia.

ONCE

La vergonzosa adquisición del idioma

La renombrada lingüista Betty Sue Brewster nos entrenó para aprender el lenguaje en contexto, en comunidad, como hacen los niños. Betty Sue y su esposo ya fallecido, Tom, llamaron a este estilo de aprendizaje del idioma "adquisición del lenguaje de manera práctica" o LAMP (por sus siglas en inglés). Nos habían presentado este método en nuestra clase de Perspectivas, y más tarde Betty Sue y su hijo Jed nos enseñaron por una semana en nuestra escuela de Misiones Pioneras. Habíamos optado por el método LAMP para enfrentarnos al idioma mongol. Estuve de acuerdo con Betty Sue en que lo mejor sería aprender la lengua y la cultura no a través del estudio y la investigación, sino pasando tiempo con la gente. La escasa cantidad de material disponible en el idioma y la cultura hicieron que el estudio formal en Estados Unidos fuera un ejercicio inútil, y ya habíamos aprendido con los navajo que la diferencia entre los libros y la realidad era suficiente para llevar a un misionero al éxito o al fracaso.

Fue con este entendimiento que salimos emocionados a las calles de Ulán Bator con poco más que el mandato de Betty Sue de "aprender un poco y usarlo mucho" sonando en nuestros oídos. Nuestra meta diaria era hablar unas pocas líneas que habíamos memorizado con cincuenta individuos. Esto muchas veces resultó en algo más que las risas habituales...

Los temibles vendedores de sombreros

El *zakh* era el santuario del floreciente capitalismo de Ulán Bator, el mercado libre en su máximo esplendor. El verdadero equivalente en inglés de *zakh* es bazar o mercado al aire libre, pero todas las personas que conocía lo llamaban "el mercado negro". En realidad no era ilegal, como un verdadero mercado negro, pero después de setenta años de comunismo cualquier expresión de ganancia o empresa privada era vista con una mezcla de ansiedad y deseo. Los mongoles estaban en una encrucijada y profundamente en conflicto con los estándares de moralidad pública que habían cambiado rápidamente. "Negocios" aún era una mala palabra y un hombre de negocios era comúnmente considerado como si estuviera desempleado. Sin embargo, el pasatiempo más popular era tramar planes para empresas que abrieran las compuertas de la riqueza. Los únicos que se enriquecían en esta nueva economía eran los hombres de negocios, mientras que la mayoría de las personas todavía tenía la idea de que la propiedad privada y las ganancias eran un robo. Esto dejó a la mayoría de los mongoles planeando la mejor manera de embarcarse en lo que todavía veían como una vida delictiva.

En este espacio entre lo real y lo ideal creció el *zakh*, una gran área plana que se recogía en las colinas del norte de Ulán Bator, repleta de gente que compraba y vendía. A primera vista parece un total y absoluto caos, un mar ondulante de cabello negro. Miles y miles de mongoles junto con sus mercancías se amontonan en este espacio limitado, creando uno de los lugares más densamente poblados del mundo en medio del país menos poblado de la tierra. Está dividido en secciones imprecisas en las que se encuentran bienes de un cierto tipo; hay una sección de zapatos, herramientas, alfombras, metales preciosos y antigüedades, mascotas, y hasta un "patio de comida". Los vendedores sostenían sus artículos para que los vieran o los extendían sobre una manta en el piso. La variedad de productos cambiaba constantemente y era infinitamente fascinante, al menos para mí. Me encantaba visitar el *zakh* aunque implicara tomar un taxi de ida y de vuelta. Si compraba un mueble o algo demasiado grande, tenía que contratar una carreta de caballos para transportarlo a nuestro departamento. Una vez, Lance y yo estábamos sentados en un sofá que recién habíamos comprado, posados sobre una carreta detrás del caballo y del chofer. Bromeábamos haciendo el saludo del desfile real a las multitudes mientras pasábamos en medio de ellas. De repente, la carreta se tropezó con un bache grandísimo y volamos por el aire. Los dos volvimos a caer bruscamente en mi nuevo sofá hecho en Mongolia y, con un fuerte crujido, el marco se partió en dos. Cuando llegamos a la casa, el chofer nos ayudó a subir el pobre sillón por los cinco pisos de escaleras y a meterlo al departamento. Lance y yo le dimos vuelta y analizamos lo que necesitábamos para arreglarlo y fortalecer el marco quebrado: otro viaje al *zakh* por supuesto, para comprar las herramientas que necesitábamos.

El *zakh* era el sueño de un estudiante de idiomas. Nuestra estrategia para aprender mongol era el método LAMP, que tiene como premisa principal que el aprendizaje de la lengua no es un ejercicio académico, sino social. La mejor manera de aprender es salir y hablar con hablantes nativos. El lema del LAMP es: "¡Aprende un poco y úsalo mucho!". Me memorizaba un texto corto en mongol y luego salía a las calles y mercados y lo practicaba con cincuenta personas.

"Sain bain uu? Minee nerig Brian gedig. Bi Mongol hel sorch bain. Bi baag zereg yerdag. Ta nadad tuslax uu? Bayartai" ("Hola, me llamo Brian. Estoy aprendiendo mongol. Todavía no hablo mucho. ¿Me ayudarías? Hasta luego.").

Anotaba las respuestas de las personas, para poder analizarlas con mi ayudante del idioma, Monkho. Luego aprendía una frase nueva como: "Soy estadounidense", y la añadía a mi discurso. Al día siguiente iba y lo hacía de nuevo. No había un mejor lugar en toda Asia para conocer cincuenta personas rápidamente que el *zakh* de Ulán Bator.

Un fresco día de primavera de alrededor de -10°C, estaba caminando lentamente entre las masas del *zakh* sin comprar nada en realidad, sólo para aprender. Sin darme cuenta terminé en la sección que ocupaban los "temidos vendedores de sombreros". Era mejor evitar a este particular grupo de mercaderes por completo y generalmente mantenía una gran distancia con su área. Vendían sombreros de piel, inmensos sombreros de piel suave que ninguna persona del lugar usaría ni muerta. Parecían como si un gato de pelaje largo secado con secador de pelo se hubiera subido a tu cabeza y hubiera muerto allí, y sólo se veían turistas debajo de ellos. Quizás debido al desagrado universal por este producto, los vendedores de sombreros eran famosos por perseguir a sus presas y rehusarse a aceptar un simple: "No, no estoy interesado". Era común encontrarlos rodeándote como pirañas, gritando mientras se movían al lado tuyo como una manada y encajándote enormes bolas de piel en la cara para que las inspeccionaras. Incluso la gente del lugar trataba de mantenerse alejada.

Sin embargo, no estaba prestando suficiente atención a dónde me encontraba en el gran mercado, y dos mujeres en el borde de la manada, armadas con una caja de sombreros, me pillaron. Rápidamente comencé a lanzar mis frases memorizadas en mongol mientras pretendía que examinaba sus gorros de manera desesperada, esperando contra todo pronóstico que no comenzaran a gritar su discurso de ofertas ("¡*Malgaa awarai!*", "¡Llévate este sombrero!"), y dirigieran la atención de la manada hacia mí. Su caja de sombreros peludos realmente parecía una caja de gatos muertos y eso me dio una idea para divertirme un poco. Mientras hablaba, bajé la mano hasta el fondo de la caja de sombreros y agarré uno. Justo cuando llegué al final de mi discurso, y antes de que pudieran comenzar con su venta odiosa, levanté el sombrero rápidamente e hice un sonido de gato asustado ¡MIAUUUUUUUU! La reacción me sorprendió incluso a mí. Ambas mujeres gritaron y se cayeron hacia atrás entre la multitud, tirando la caja de sombreros por el aire. Yo también salté. Una mujer terminó sentada en el suelo. Había sombreros por todos lados. En segundos la conmoción se convirtió en risas, las mujeres eran las que se reían más alto mientras las personas que estaban

En mi Dehl tradicional

alrededor y yo ayudábamos a juntar los sombreros y los poníamos de vuelta en la caja. Tuvimos que recrear la broma varias veces para la alegría contínua de todos los interesados. Ésta fue mi primera experiencia con la naturaleza física del humor mongol. Para los mongoles, uno nunca puede tener demasiada comedia circense. Los tres chiflados podrían haber tomado el país sin un solo disparo.

Hacer amigos en la pista de principiantes

Un día durante nuestro segundo invierno, regresaba a casa de un exitoso viaje al *zakh*, cargado con tesoros, el más grande de los cuales era un enorme wok eléctrico en una caja. Me costó un poco ver detrás de la pila de paquetes mientras me abría paso de manera cuidadosa por el terreno vacío al lado de nuestro complejo de departamentos. El campo estaba lleno de lomas empinadas de tierra, pedazos de cemento y protuberancias de varillas de hierro. Así que se necesitaba cierto cuidado al cruzarlo en cualquier momento, pero cubierto de nieve fresca, como esa tarde de sábado, se requería la cautela de un gato.

Llegué a la cima de la colina más cercana a nuestro edificio y vi a una anciana limpiando su *dehl* de invierno al pie de la ladera delante de mí. Supuse que eso era lo que estaba haciendo. Nunca había visto a nadie restregar nieve en el vellón de oveja que forraba el *oostei dehl* (vestido forrado de piel), pero había visto a docenas de personas que hacían algo similar con sus alfombras después de cada nevada fresca. Los campos se llenaban de niños que de manera vigorosa frotaban nieve en las grandes alfombras que se extendían en los pisos de las salas de cada mongol, y después las sacudían y las golpeaban con un palo. Aparentemente el polvo se iba con la nieve. Poco después de un nieve fresca e inmaculada, todos los terrenos baldíos se cubrían con estos cuadrados de nieve sólida semejantes a una sucia colcha gris.

En fin, la abuela levantó la mirada hacia la colina para ver a este extranjero enorme, cargado con paquetes, y elevándose sobre ella. Pareció sorprendida y dejó caer el *dehl* que acababa de terminar a sus pies en la nieve. Para sacarla de su estado de asombro, le dije hola con un saludo mongol: "¿*Sain bain uu?*" ("¿Estás bien?").

Desafortunadamente, en el preciso momento del encuentro entre dos culturas extrañas, mis botas talle 13 (47 en talles europeos) resultaron ser esquís en pendiente. Empecé a deslizarme hacia abajo de la loma, en frente de la mujer afligida de terror.

Mostrando una agilidad notable para alguien avanzado en años, ella gritó y saltó hacia un lado al menos un metro. Esto me liberó el camino para caer de cara en su *dehl* limpio y fresco, mientras mis cajas salían volando en diferentes direcciones. De manera inmediata, su *dehl* invernal comenzó a moverse, y el impulso adicional de un estadounidense bastante pesado lo convirtió en un trineo de piel de oveja. Afortunadamente la carrera se detuvo después de algunos metros. El silencio descendió.

Trataba de descubrir cómo ponerme de pie, recoger mis cosas y escapar sin mostrar más mi cara cuando escuché que comenzó la risa. Miré a la fuente de esta alegría y vi a la mujer mayor sentada en la nieve donde había aterrizado, agarrándose los costados y riéndose histéricamente. Aunque estaba mortificado, era uno de esos momentos tan vergonzosos, tan extremos que reírse era la única respuesta posible sin hacerse un haraquiri. Comencé a reírme también, y cuando ella fue capaz de suspirar una palabra dijo *"¿Sain bain uu?"*, en una muy buena imitación de mi acento en mongol. Esto nos hizo morir de risa, era difícil respirar recostados en la nieve, carcajeándome con la mujer. Estuvimos ahí cinco minutos, riéndonos a más no poder, y de vez en cuando ladrando, *"¿Sain bain uu?"*. Finalmente fui capaz de mantenerme de pie y ayudarle también. Juntos, aún riéndonos, juntamos mis cosas incluyendo mi wok severamente abollado (lo que causó más risa). Dije *"Bayartai"* y me fui a la escalera de mi entrada, su risa me siguió todo el camino. Jugué con la idea de pretender vivir en algún otro lugar, pero me di cuenta de que ella y los demás sabían exactamente quién era yo, el extranjero, y dónde vivía.

Te dicen que cuando no has dominado un idioma, es casi imposible decir una broma verdaderamente divertida en esa lengua. Por otro lado, encontré que el tipo de humor de Jerry Lewis se traduce muy bien. Es difícil contar un chiste, pero uno puede convertirse en una broma sin esfuerzo alguno. Desde ahí y por semanas, cada vez que pasaba cerca de este grupo de mujeres mayores que se sentaban en las afueras de nuestro edificio, escuchaba las palabras: *Amerik-hoon* (americano), *tsas* (nieve), y "*¿Sain bain uu?*" seguidas de risitas reprimidas. Realmente no hay nada como aprender un idioma para desarrollar humildad en el hombre o la mujer de Dios.

Matándolos en el funeral

Un poco después de mudarnos a nuestro primer departamento en Ulán Bator, conocimos a una pareja de jubilados que vivía al lado. Nos preguntábamos como nos recibirían ya que éramos los primeros no mongoles en vivir en el edificio. Era alentadora la cordialidad de esta pareja, a pesar de la barrera idiomática. Uno de nuestros amigos de la ciudad nos dijo que el hombre que vivía al lado era de la KGB mongola. Esto me preocupó un poco. ¿Nos habían permitido entrar a este preciso departamento para poder observarnos? Louise y yo decidimos no preocuparnos por eso ni esconder nuestras acciones. Dios había hecho milagros tan maravillosos para que nuestra familia llegara al país, sin duda podría mantenernos aquí. No nos expulsarían a menos que Dios determinara que habíamos terminado lo que Él nos había enviado a hacer. Entonces, continuamos desarrollando una agradable relación no verbal con nuestros vecinos.

Debido a que no muchos mongoles tenían teléfonos en sus departamentos, los que tenían la bendición de tener una línea telefónica les permitían a los vecinos entrar y hacer llamadas. Teníamos una línea y un flujo bastante regular de visitas que la usaban. A veces la gente recibía llamadas en nuestro teléfono. Tenía que descifrar el número de departamento que me gritaban desde el otro lado de la línea para luego ir al pasillo y subir o bajar las escaleras para encontrar a la persona que buscaban. Ya que no sabíamos mucho del idioma, siempre le decíamos a las personas que llamaban que éramos estadounidenses para tratar de determinar si llamaban al número correcto. Después estaban las llamadas internacionales. Por lo general, el teléfono sonaba una sola vez por un largo tiempo para hacernos saber que era una llamada del extranjero. Corríamos para atenderlo y encontrábamos silencio. Las

La vergonzosa adquisición del idioma

conexiones debían ser muy complicadas porque muchas veces tomaba tres o más intentos conectarnos. Después tenías que gritar las palabras y tener cuidado de no hablar por encima de la otra persona porque todo sonido se cortaba si lo hacías. Cuando recibimos una llamada muy temprano por la mañana de una escuela dominical en Salem, Oregón, para que los niños (todos juntos en el parlante del teléfono) pudieran entrevistar a un misionero, empezamos a dudar de tener teléfono. Mi mente estaba hecha papilla. Debo haber sonado como un completo tonto mientras tartamudeaba al responder sus preguntas. Un niño me preguntó qué hacían mis hijas en "ese momento". Cuando dije que estaban durmiendo porque era media noche en Mongolia, su profesora muy avergonzada terminó la llamada.

Una noche muy tarde, alguien empezó a tocar la puerta de manera insistente y constante. Cuando respondí, encontré a nuestra vecina que parecía muy angustiada. Por varios minutos intentó hacerme entender algo, pero mi vocabulario no pudo manejarlo. Al final se abrió camino hacia el teléfono. Mientras estaba usándolo, busqué el término que había repetido sobre su marido: "*nas barsan.*" Sabía que la primera palabra era el término para años y la segunda aprendí que significaba "perder" o "terminar". De repente entendí cuando el diccionario reveló que las dos palabras juntas querían decir "muerte". Quería llamar al 911 (en su equivalente local). Su marido acababa de morir. Después de terminar la llamada, traté de consolarla. Generalmente es difícil saber qué decir en estos momentos, pero yo ni siquiera sabía cómo decir nada. Era tan frustrante, especialmente porque me sentía muy mal por no haberla dejado usar el teléfono durante tanto tiempo cuando tocó la puerta por primera vez.

Al parecer, la impresión de amor y afecto de alguna manera traspasó toda mi torpeza lingüística. Nuestra vecina nos invitó a la recepción del funeral. Se erigió un *ger* a modo de cocina en el patio que se encontraba cinco pisos por debajo de nuestros departamentos. Ya que los amigos y familiares llenarían todo el espacio, en la cocina del departamento no podría cocinarse toda la comida requerida. La gente pasó todo el día sentada, hablando y comiendo en el departamento de nuestros vecinos. Fui a pasar una hora más o menos con ellos en la tarde. El pequeño departamento estaba lleno de personas. La conversación era apagada y lúgubre, pero la comida y la bebida se consumían a un ritmo saludable. Me senté por un rato, sintiéndome desconectado hasta que un joven vino y se acomodó al lado mío y decidí usar mis habilidades del idioma con él.

Yo: "¿Cómo estás? Mi nombre es Brian. ¿Cómo te llamas?"

Muchacho: (me mira fijo y permanece completamente en silencio)

Yo: (sin inmutarme) "¿Cómo estás?"

Muchacho: (ni un pío)

Hice una pausa en ese instante, tratando de pensar en algo a lo que él pudiera dar una respuesta al menos con un gesto. Las otras conversaciones se fueron apagando mientras la mayoría se interesaba en el estadounidense que trataba de conversar en mongol. Hubo algunas miradas fulminantes para el joven por ser tan indiferente y mal educado. Después se me ocurrió que, si él me señalaba a su papá, le podría hacer a él las preguntas sobre su hijo. Así que cambié los pronombres, una buena práctica para el aprendizaje del idioma. "¿Cómo se llama?", etc. Entonces me volteé hacia el muchacho y le pregunté:

"¿Cuál es tu padre?"

Hubo varias expresiones ahogadas de asombro en la habitación, y los ojos del muchacho se abrieron completamente. Luego de un momento de aturdido silencio, alguien dejó escapar una carcajada y después toda la asamblea explotó en una tormenta de risas. Todos, excepto el muchacho y yo, estaban prácticamente tirados en el piso de la risa. Terminé uniéndome a la diversión, aunque no tenía idea de qué era lo chistoso. Lo que sea que haya ocurrido, ahora era "popular", y cuando me fui todos me dieron la mano y algunos me besaron en la mejilla.

Al día siguiente le conté el incidente a mi asesor del idioma, Monkho. Le dije todo en inglés. El me pidió que repitiera en mongol exactamente lo que le había preguntado al muchacho. Cuando le dije la oración que había causado todas las carcajadas, Monkho se puso pálido. Le pregunté cuál podría haber sido el problema con una simple pregunta sobre quién era el papá del muchacho. Él me explicó que había usado la palabra incorrecta para "cuál". Protesté diciéndole que él me había enseñado esa palabra hacía una semana. Desafortunadamente, resultó que había cometido el descuido de no mencionar que nunca se usaba para personas, solo para cosas. Lo que en realidad dije fue: "¿Qué tipo de padre tienes?", que es el peor insulto para un mongol. Es un desafío

Mi ayudante del idioma, Monkho, con su hija Temudjin

directo para la legitimidad de la persona. Cuando le conté a Monkho cómo la conmoción había dado paso a la risa, pensó que todos se habían dado cuenta que era extranjero y que no había sido mi intención ser tan vulgar. También pensó que la mayoría pensaba que el muchacho tenía malos modales injustificables y se lo merecía. Mi cara estaba hirviendo y de color escarlata por la vergüenza tardía. Una vez más "era el alma de la fiesta".

Otra vuelta en el autobús

El transporte público en Ulán Bator debe ser una de las atracciones únicas de Mongolia. Debería ser televisado como un "deporte extremo".

Durante nuestro primer año en Mongolia, a menudo recorríamos la ciudad en la red de autobuses. Había varias razones para utilizarlo, por ejemplo, los boletos eran increíblemente baratos, el equivalente a dos centavos y medio. También nos preocupaba que el andar en taxi nos separara de la gente, haciéndonos parecer ricos o elitistas. Los autobuses repletos de gente eran perfectos para practicar nuestras frases en mongol y mantenernos calientitos, incluso en invierno.

Es difícil describir lo apretados que íbamos en estos autobuses. El equivalente occidental más cercano sería un Volkswagen o una cabina telefónica. La sensación es la de adentrarse en una masa sólida y retorcida de humanidad pesadamente vestida y acolchada...parado allí, sintiéndote aplastado, empujado y jalado de un lado a otro por las irresistibles fuerzas de la marea multitudinaria...preguntándote cómo sabrás cuando el autobús haya llegado a tu parada, ya que las ventanas están cubiertas densamente con el aliento humano congelado y condensado... dándote cuenta de que aún si adivinas correctamente dónde bajarte, en realidad, liberarte de la masa punzante requerirá de una fuerza sobrehumana. Sorprendentemente, un ser increíble parece ser capaz de abrirse camino a través de esta multitud como un cuchillo caliente cortando mantequilla: la vendedora de boletos. Esta señora se las arregla de alguna forma para abrirse paso a través del autobús y llegar a cada pasajero, recolectar su tarifa, devolver el cambio y darle un pequeño boleto de papel. Si algún holgazán se resiste a pagar de lo poco que tiene, esta inspectora se enfurece. Una vez vi cómo una vendedora de boletos sacaba por la fuerza a un hombre que la doblaba en estatura por haberse rehusado a pagar. Estas escenas eran raras ya que la mayoría se sentían intimidados por los evidentes poderes de alguien que se podía mover de esa manera dentro del autobús.

Nos tomó un tiempo, pero finalmente aprendimos de la manera más difícil lo que todo mongol sabía de forma instintiva. Cuando llevas efectivo, toma un taxi. Los robos eran desenfrenados en los autobuses. En varias ocasiones, atrapado entre la multitud de cuerpos, sentí las manos de un carterista en mis bolsillos traseros. Como mis brazos estaban inmovilizados, no pude hacer nada pero me alegré de haber guardado mi dinero en otro lugar. Muchos de los ladrones estaban aún más decididos a encontrar el efectivo escondido. Usaban una cuchilla de afeitar para cortar bolsillos o carteras, y la víctima ni se daba cuenta hasta que se bajaba del autobús y sentía una brisa o encontraba sus pertenencias cayendo por el nuevo agujero. Me habían cortado los bolsillos de mi chaqueta en varias ocasiones. Louise los cosía de nuevo cada vez y lo llamábamos "el abrigo de Frankenstein". Después de perder un montón de billetes por tercera vez, finalmente decidimos que cuando estuviéramos "cargados" pediríamos un taxi. Cuando le conté a Monkho nuestra decisión, se rió, "los mongoles nunca toman el autobús cuando andan con mucho dinero en efectivo". También me enseñó el término para "ladrón". Monkho me explicó que si gritas, "¡HOLGAICH!" en un autobús, el conductor está obligado por ley a cerrar las puertas con llave y llevarlos a todos a la estación de policía más cercana para hacer una inspección rigurosa. Pensé que podría intentarlo la próxima vez que me robaran en el autobús. En nuestra próxima clase practiqué con Monkho. Gritó de tanta risa. Me dijo que era poco probable que obtuviera el resultado deseado si gritaba, "¡refrigerador!" (*horgogch*), en un autobús lleno de gente. Las diferencias en los sonidos vocálicos mongoles son sutiles, y obviamente necesitaba más práctica antes de salir a la calle para combatir el crimen como un superhéroe.

Ir al campo facilita la preparación de la comida. La cabra está siendo sacrificada al estilo tradicional. Le hacen un corte e introducen la mano para abrirle una arteria. Parece una manera tranquila de partir, excepto por la cortada y la parte de meter la mano.

Visitando un *ger*. "¡No olvides agacharte!"

Nuestros padres mongoles, Ragchaa y Oyuun, en su banquete de *Tsagaan Sar*.

DOCE

La "madre de todas las mudanzas"

Durante el primer año de aprendizaje del idioma en Ulán Bator, experimentamos la aventura y la frustración de tratar de criar a tres hijas, mantener una casa, ir a la escuela de idiomas, establecer relaciones con los vecinos mongoles y con los compañeros misioneros, enseñar inglés a arquitectos y hacer todo esto en un país post comunista donde la infraestructura básica se estaba colapsando. A fines del año 1993, la mayor preocupación que enfrentaban los misioneros y la joven iglesia en Mongolia, era la amenaza de que se terminase la libertad religiosa a través de una enmienda constitucional. Una gran cantidad de oraciones y un poco de presión diplomática por parte de los Estados Unidos llevaron a esta medida al fracaso, pero los lamas (sacerdotes) budistas y los políticos comunistas continuaron con su alianza poco santa para detener el evangelio a toda costa. Las cosas estaban tensas.

Bebiendo airag (leche de yegua fermentada), una mezcla entre champaña y leche de manteca. Un gusto que se adquiere.

Pero nosotros en lo personal, avanzábamos a buen paso en la tarea de crear un hogar en esta tierra extraña. Algo que nos ayudó a vincularnos con la gente fueron nuestros nombres mongoles. Nuestros amigos mongoles cambiaron los nombres a cada miembro de nuestra familia. Esto resultó de gran ayuda al hablar un idioma que añade innumerables sufijos al final de los nombres. Nuestros nombres estadounidenses no funcionaban en mongol. Mi nombre fue cambiado por *Byambaa* (Sábado); Louise era *Tsetsge* (Flor); Melody se traduce directamente como *Uyanga*; Alice se convirtió en *Tuya* (Rayo o Haz de Luz) y Molly obtuvo el nombre más lindo de todos, *Sarangerel* (Luz de Luna). Cuando usábamos estos nombres los locales se derretían. Nos abrían las puertas instantáneamente.

La mayor parte del aprendizaje de una lengua transcurre mientras pasas tiempo con personas.

Nuestros planes de unirnos en septiembre a Magnus y María en Erdenet, se desvanecieron. Yo había firmado un contrato de un año para enseñar en la empresa MONAR, y nuestra relación con nuestra agencia misionera había cambiado. JUCUM se unió a un conjunto de misiones bajo el nombre de Unión Internacional de Servicios Cristianos (JCSI por sus siglas en inglés) para trabajar en Mongolia. Intentamos trabajar dentro de esta sociedad de doce asociaciones misioneras, pero nos encontramos con dificultades para definir nuestro ministerio. El director creía firmemente que el alcance del ministerio debía limitarse a realizar trabajos de asistencia social y desarrollo, por lo menos los primeros cinco años. Él continuó presionándonos para que abandonáramos nuestro plan de plantar iglesias en Erdenet y aceptáramos uno de los proyectos de ministerios de misericordia de JCSI en el desierto de Gobi. Llegamos a un callejón sin salida y, después de horas de oración y búsqueda espiritual, decidimos no continuar bajo el auspicio de JCSI. Como un zapato que no nos quedaba bien, JCSI no era el lugar correcto para nosotros. Casi inmediatamente después de tomar esta decisión nos encontramos con Rick Leatherwood en la calle. Nos invitó a unirnos a su misión, Empresas Internacionales Mongolas, y prometió enviarnos a Erdenet. Acordamos unirnos a la escuela formal de idiomas por un semestre con el propósito de mejorar el manejo de las estructuras gramaticales del mongol. Esto y el contrato con MONAR, parecía indicarnos que febrero sería nuestra fecha de mudanza más probable.

Parecía que Dios estaba poniendo todas las cosas en orden para que nos uniéramos a Magnus y María Alphonce en Erdenet en nuestro primer aniversario en Mongolia: el 22 de febrero de 1994. Magnus y María habían hecho un trabajo maravilloso como pioneros de la iglesia. Ahora había cinco casas-iglesia grandes y más creyentes se bautizaban día a día. Magnus y Bayaraa enseñaban la Palabra a los líderes mongoles en su casa cada semana, y cada uno transmitía lo que había aprendido en la casa-iglesia que dirigía. Por fin había varios hombres jóvenes y un par de mujeres mayores, pero la mayor parte del trabajo requería enfocarse en la formación de nuevos grupos. Nuestro enfoque, al unirnos al trabajo, continuaría siendo el idioma (lo cual se acelera cuando uno está lejos de la enorme comunidad de extranjeros de Ulán Bator y se puede sumergir en el idioma sin la constante tentación de funcionar en inglés) y la adaptación cultural. Todos estábamos orando que una familia mayor como la nuestra fuera la clave para atraer a otras personas más allá de las adolescentes que conformaban casi la totalidad de la congregación. Todos sabíamos que algo tenía que cambiar en la composición del grupo si queríamos que emergiera un movimiento de reproducción de iglesias sano y duradero.

Aún en medio de esta preocupación, había muchos signos saludables entre los creyentes de Erdenet. Magnus, María y Bayaraa habían discipulado a los primeros creyentes de manera cuidadosa y les habían enseñado a transmitir a sus propios discípulos cómo obedecer los mandamientos de Jesús. De hecho, cada faceta del caminar con Dios era modelada a los mongoles. Primero el misionero hacia algo mientras los creyentes observaban. Después ellos ayudaban al plantador de iglesias, haciendo lo mismo juntos. Por último, el misionero observaba mientras los creyentes llevaban a cabo la tarea solos. Varios de esos primeros creyentes llegaron a ser líderes de las casas-iglesia, y Bayaraa y Magnus demostraron con el ejemplo cómo guiar estos grupos de discipulado. Los líderes se juntaban para compartir cómo estaban las iglesias y aprender del conocimiento de la Palabra para luego enseñárselo a sus grupos. Con el tiempo desarrollamos una guía de oración para ayudar a las comunidades a orar por los grupos étnicos del imperio de la ex Unión Soviética. Todas las semanas, cada casa-iglesia intercedía por un grupo no alcanzado de este cuadernillo que incluía mapas, fotografías e historias en mongol. Desde el principio los discípulos eran sumergidos en el corazón de Dios por las naciones.

El mudarse a cualquier lugar fuera de Ulán Bator era una gran hazaña. Necesitábamos casa, muebles, provisiones y una razón convincente para estar ahí. Nuestra estrategia para entrar a Erdenet eran los negocios. Le presenté un plan a mi empleador, "MONAR" Co. Ltd., para mudar a nuestra familia a esta ciudad para proveer servicios de asesoramiento empresarial, desarrollar materiales para el aprendizaje del idioma y dar clases particulares de inglés. Estaban entusiasmados con el potencial beneficio de una expansión en esa dirección (el hecho de que eran una empresa de arquitectura parecía no tener importancia. Ellos ya poseían empresas de producción de miel y *gers*, además de contar con una boutique y una cafetería), y me contrataron por otro año con gusto.

Ahora que teníamos una empresa mongola respaldándonos, Louise y yo hicimos otro viaje a Erdenet para juntarnos con el alcalde y explorar las posibilidades de hacer negocios y conseguir alojamiento. Regresé para confirmar nuestra vivienda en enero. María tenía una amiga mongola llamada Zagdaa, y su hermana nos encontró un departamento. Aunque los extranjeros no podían comprar departamentos, pudimos comprar el derecho para alquilárselo a un pastor de ovejas viudo, a quien se le había otorgado el departamento cuando su esposa falleció.

Él no podía vivir en la ciudad y mantener sus ovejas vivas en el campo, así que tomó el efectivo que le ofrecimos, que en la moneda local equivalía a mil dólares, y desocupó el departamento de dos habitaciones en el primer piso. La ubicación era perfecta, justo en la calle principal y a sólo unas cuadras de nuestros compañeros de equipo. Al fin íbamos a llegar a Erdenet.

La "madre de todas las mudanzas" 109

A Louise le gusta mencionar que nos hemos mudado treinta veces en los treinta y tres años de matrimonio. A pesar de las estadísticas, mudarnos de casa es una actividad que ambos detestamos. Incluso mudarnos dentro de una misma ciudad en los Estados Unidos nos llena de estrés e implica mucho trabajo. Mudarse de una ciudad a otra en Mongolia es extremadamente enredado, frustrante y arduo. Así es como se desarrollaron nuestros tres días de mudanza desde Ulán Bator a Erdenet en el gélido mes de febrero:

La iglesia bebé en su primer cumpleaños, ya éramos ciento veinte. Nos mudamos a Erdenet un mes más tarde.

Día uno (17 de febrero): Dentro del departamento, Louise empacó nuestras cosas en cajas. Fui a buscar nuestros pasaportes y los boletos del tren. Necesitábamos visas nuevas y sellos de la policía para poder mudarnos de ciudad, así que nuevamente necesité los servicios de Aldar y Batjargal, los jóvenes cristianos, hombres de negocios que hacían "arreglos" para los extranjeros. Cuando llegué a la oficina, descubrí que se habían equivocado y habían comprado los boletos de tren hacia Erdenet esa misma tarde, pero el vagón de carga que llevaba nuestras cosas no salía hasta el día siguiente. Teníamos catorce personas que planeaban ir a Erdenet el viernes, y Aldar había comprado los boletos para el jueves (Rick y Laura Leatherwood y sus cuatro hijos, junto con Helen Richardson, su niñera, nos ayudaban con la mudanza y María y Magnus, la mitad sueca de nuestro equipo de plantación de iglesias, también viajaban a casa con nuestra tropa). Le dije a Aldar que los boletos debían cambiarse para el viernes, pero me dijo que era imposible. Le insistí que al menos lo intentara y me dirigí penosamente a casa a darle las malas noticias a Louise. Comenzamos a orar mientras seguíamos empacando todo el día y casi terminamos. Hicimos una cena de despedida con amigos misioneros y nos fuimos a dormir sin saber si podríamos ir con nuestras cosas a Erdenet al día siguiente.

A la mañana siguiente fui al Centro Cultural Ruso a recoger unas literas del ejército ruso que había comprado para las niñas por sólo quince dólares (¿el "dividendo de paz" de la Guerra Fría?). No pude encontrar al hombre ruso que me había vendido la cama hasta que regresé por cuarta ocasión al negocio. Mientras tanto, el camión que había ordenado nunca llegó, pero sí lo hicieron mis ayudantes, así que dos de nosotros salimos rápidamente a buscar un camión mientras todos los demás comenzaban a cargar ochenta y siete objetos, incluyendo muebles grandes, que bajaron por cinco pisos con diez angostas esquinas. Estos hombres tuvieron mucho cuidado de no dañar los muebles. Afuera en el campo donde los camiones se estacionaban esperando trabajo, contraté un camión con chofer por el equivalente a veintiún dólares. De vuelta en el edificio del departamento cargamos todo en el camión (excepto las literas que todavía faltaban y un escritorio que me había prometido mi empresa) y corrimos a la estación. Los maleteros que querían ayudar a cambio de pago, nos rodearon. Arrastraron nuestras cosas bruscamente fuera del camión y las llevaron a la caseta de la aduana. Estos hombres hicieron que el gorila del comercial de Samsonite de los años ochenta pareciera delicado. Nuestros muebles nunca fueron los mismos. El oficial de la aduana decidió que tenía cosas mejores que hacer que pesar cada objeto (la tarifa de carga del tren era más o menos cincuenta centavos por kilo). Calculó 500 kg a nuestro favor y nos dijo que volviéramos a las cinco de la tarde a supervisar cuando cargaran nuestras cosas en el tren. Así que fuimos a la oficina de la empresa MONAR y después de vuelta al Centro Cultural Ruso a buscar mi escritorio y las literas. En esta ocasión tuvimos éxito y llevamos los muebles hasta el otro lado de la ciudad para añadirlos a nuestra pila de cosas. Mientras los pesaban, nos encontramos con Aldar. Había hecho lo imposible y había logrado cambiar nuestros boletos esa mañana. Me inundó un gran gozo y alabé a Dios por evitar el desastre que hubiera sido enviar todas nuestras pertenencias a Erdenet sin nosotros. Le pagamos al chofer del camión de mudanza y tomamos un taxi a casa. Después de una corta espera, reunimos a las niñas y llamamos a un taxi para ir a la estación de tren. Louise, Laura y Helen se hicieron cargo de los siete niños, a bordo del tren y dentro de los coupés (un compartimiento con cuatro literas donde se supone que pueden dormir cuatro), mientras Rick y yo manteníamos los ojos abiertos por miedo a los ladrones mientras los porteros (que cobraban otra tarifa más) lanzaron nuestras cosas unos veinte metros adentro del vagón de carga. Mientras los miraba volvieron a maltratar nuestras pertenencias. Me preguntaba si podría haber pagado más a cambio de un "trato especial". Me sentí aún más consternado cuando vi que la única carga que había en este vagón aparte de la nuestra era carbón. Cuando cerraron la puerta del vagón de carga, el tren comenzó a moverse y Rick y yo tuvimos que correr como locos al lado del tren a lo largo de varios vagones para alcanzar el último vagón de pasajeros y saltar al tren en movimiento. Sin aliento, pero a bordo, caminamos por una docena de vagones llenos de gente para llegar a donde estaban nuestras familias. Qué experiencia más horrorosa. Mientras los niños exploraban nuestro vagón de manera ruidosa, nosotros nos acomodamos para el viaje que duraría toda la noche.

En Mongolia, los trenes hacen algo curioso, todos se juntan en Darhan, la segunda ciudad más grande, en medio de la noche, para que los pasajeros puedan hacer transbordo entre las tres rutas más grandes: Siberia, China y Erdenet. El tren de Erdenet se detiene por tres horas al lado de los otros dos, mientras los vendedores gritan ofreciendo sus mercancías del otro lado de las ventanas. Una práctica normalmente aceptada es tratar de ignorar en vano el alboroto de afuera y continuar durmiendo, pero estaba preocupado de que nuestras pertenencias cambiaran de tren y se dirigieran a Irkutsk o Beijing, así que corrí a la parte trasera del tren a hacer guardia en el vagón de carga durante el tiempo que lo tuvieron abierto. Miré cómo sacaban con palas algo de carbón, pero nada más salió de ese vagón mientras yo estuve de guardia. Cuando lo cerraron nuevamente, me dirigí somnoliento a mi litera.

En la clara y fría mañana (hacía sólo -10°C) del 19 de febrero, a las ocho cuarenta de la mañana, llegamos a Erdenet, saltamos rápidamente del tren y corrimos al vagón de carga a hacer guardia de nuevo, pero cuando llegamos había desaparecido. Entré en pánico y corrí de un lado a otro hasta que lo encontré en el otro extremo del tren. El ingeniero había revertido la dirección en Darhan en el medio de la noche. Ese era el procedimiento normal, pero nunca antes había tenido la oportunidad de notarlo. Mientras intentaba parar de respirar agitadamente para no congelar mis pulmones, noté que algunos creyentes de la iglesia habían traído un camión y ayudantes. Todos corrieron hacia el vagón al que yo estaba subiendo. Descargamos el vagón de manera cuidadosa mientras las mujeres y los niños tomaban el autobús hacia la ciudad. Después los ayudantes se amontonaron encima de nuestras cosas en la parte trasera del camión y se fueron a nuestro nuevo departamento. Rick, Magnus y yo tomamos el último vehículo para ir a la ciudad, que quedaba a unos once kilómetros de la estación de trenes. La razón por la cual la estación de trenes queda tan lejos es por la paranoia comunista. La Unión Soviética descubrió y explotó un depósito de cobre en Erdenet, y la política militar dictaba que el peligro siempre aparecía en forma de invasión mediante trenes. Los soviéticos, por lo tanto, tenían un ancho de vía diferente que el de China (para atrasar a las tropas invasoras mientras cambiaban los ejes) y protegían los preciosos recursos de Erdenet, poniendo la estación de trenes en el medio de la nada.

Cuando finalmente llegamos a nuestro departamento, encontramos que casi todas nuestras cosas ya estaban adentro. Además de los acabados de madera dañados y las puertas de los armarios sin bisagras, sólo tuvimos una baja: una taza de café quebrada. Llevamos a nuestros amigos a ver la ciudad y los ayudamos a instalarse en el hotel, y ese día más tarde desempacamos nuestras cajas.

Apenas habíamos empezado a recuperarnos de la aventura de mudar nuestra familia cuando descubrimos que íbamos a crecer en número. Una semana después de llegar a Erdenet, Louise anunció que tendríamos un bebé a principios de noviembre.

TRECE

Encuentro de poderes

El Dios Vivo se preparaba para visitar Erdenet, pero esto no iba a suceder sin la oposición del "Príncipe del poder del aire". No habíamos pensado que Satanás se fuera a sentir amenazado por la presencia de nuestra familia en la ciudad. Estábamos equivocados.

Unos dos meses después de que nos mudamos de Ulán Bator, un hombre vino a nuestra casa ya tarde un domingo por la noche y exigió que le pagáramos la cuenta de la electricidad. Parecía una persona de mala reputación y no quiso mostrar su identificación. Le dijimos que le preguntaríamos a nuestro amigo mongol sobre el tema y lo despedimos. Pensamos que era otro fraude para conseguir vodka. Luego volvió el domingo siguiente por la noche e intentó entrar a la fuerza mientras Louise sostenía la puerta y gritaba. A modo de represalia abrió nuestro medidor de electricidad y cortó la luz por tres días. Mientras toda nuestra comida se pudría y nos alimentábamos en la casa de amigos, descubrimos que la cuenta de la luz de nuestro departamento no se había pagado por un año y seis meses. Supimos que la empresa de electricidad no le había pagado su salario a este hombre, que se llamaba Dawaa. La compañía eléctrica de Erdenet estaba cerca de la bancarrota, por lo que Dawaa pensó que podía sacarle dinero a los ricos extranjeros. La confusión sobre el tema de su identidad convirtió a este hombre algo despreciable en un enemigo implacable.

Dawaa, ahora enfurecido, era imparable. Llamó a la Autoridad de la Vivienda de Erdenet, la agencia que posee y regula todos los departamentos de la ciudad, y nos acusó de comprar nuestro departamento con dólares a Zagdaa, el nombre de la amiga mongola que tontamente le habíamos mencionado. Ya que ninguno de los edificios de Erdenet había sido privatizado desde la caída del comunismo, ésta era una acusación bastante seria, pero no era verdad. Un viudo que tenía doce hijos tenía el "derecho de alquiler" de nuestro departamento, el cual se le había concedido como una indemnización por su pérdida. De todas formas, ya que él tenía rebaños que necesitaban ser pastoreados en el campo, no necesitaba un lugar en la ciudad. Zagdaa, oficiando de intermediaria, había hecho un arreglo por el cual nosotros alquilábamos el "derecho de alquiler" del pastor de ovejas. La autoridad de vivienda, sin molestarse por verificar la información de Dawaa, envió una orden de desalojo y llamó a la policía para revisar nuestro registro. Dos oficiales vinieron a buscar nuestros pasaportes, y nos dijeron que nos presentáramos en la estación de policía en dos días para recogerlos.

Cuando fuimos a buscar los pasaportes, la mujer a cargo de aprobar a los "inmigrantes" que ingresan a Erdenet me gritó por no inscribirme con ella el día que nos mudamos a la ciudad. Le expliqué que nos habían dicho que no era necesario porque ellos vendrían a inscribirnos. Después nos golpeó con una multa de 20.000 *tugrik* (50 dólares) y nos dijo que haría que nos desalojaran. Inmediatamente añadió que aceptaría lecciones de inglés en lugar de la multa. Esa noche vino Dawaa y encendió la luz. Entró a inspeccionar y contó cada enchufe, luz y electrodoméstico; luego sacó una calculadora y llegó a una cifra por el pago de la cuenta vencida. El medidor se había roto, así que usó un método estimativo. Le mostré que la mitad de los enchufes no funcionaban, pero no le importó. Después nos castigó con una multa de 57.000 *tugrik* (120 dólares). Cuando protestamos que sólo habíamos vivido ahí dos meses y que no podíamos ser responsables por los dieciocho meses de pago, nos dijo que los americanos ricos podían pagarlo. Agobiados comenzamos a orar.

El día siguiente me dispuse a dar clases de inglés en el "City Bank" donde le enseñaba a los cajeros y a otros empleados del banco. De alguna manera durante la clase salió el tema de nuestros problemas y una de mis estudiantes, una mujer mayor que pensé que era la encargada de la limpieza, se mostró más interesada que los demás. Siguió pidiéndome más detalles y nombres y finalmente le pregunté a mi traductora, Ganaa, porqué esta mujer estaba tan interesada en mis problemas. "Creo que quiere ayudarte", me respondió. Para mi sorpresa descubrí que esta mujer, que vino a nuestra clase de la tarde vistiendo una bata, era la presidenta del banco. Dijo que tenía control sobre los fondos de Dawaa y que él cesaría los ataques contra su profesor. A la mañana siguiente, hizo que retiraran la multa y habló con el jefe más importante de la oficina de la vivienda, quien dijo que estábamos bien hasta junio cuando se discutiría el tema de nuevo. Sin embargo su subalterna, Sukhbat, la mujer que había ordenado nuestro desalojo, lo desafió y envió nuestro caso a la corte de todas formas. Después ella "se fue al campo" por dos meses. Mientras tanto, Dawaa, frustrado por mi estudiante en su intento por recaudar fondos a través de multas, comenzó a llamar a la policía para calumniarnos y acusarnos. Aseguraba que teníamos una panadería funcionando en nuestra cocina y que teníamos esclavos mongoles que horneaban y vendían el pan. (La panadería cuyos dueños eran mongoles y que Magnus había comenzado quedaba al otro lado de la ciudad. Nuestra única conexión con ellos era el pan que les comprábamos). Después dijo que éramos trabajadores cristianos que no estábamos involucrados en ningún tipo de negocio, lo que era obviamente falso. Afortunadamente, cuando la policía me confrontó con estas historias, un nuevo amigo ingeniero que conocí en la mina de cobre me defendió con mucho entusiasmo y de manera articulada.

Fui a ver al vicealcalde para hablar de nuestros problemas con el departamento, y él dijo que sabía todo sobre el tema. Vivía al lado de nuestro departamento. Me dijo que no me preocupara, que él lo arreglaría todo. Creo que lo hizo porque cuando el pastor, el dueño del departamento, vino a la ciudad a presentarse a la corte con Zagdaa, la corte decretó a nuestro favor. Orgil, mi jefe de la empresa MONAR en Ulán Bator, llamó a la mujer policía y tranquilizó las cosas. Lo único que necesitábamos para que nos devolvieran los pasaportes era pagar una pequeña multa para "salvar las apariencias", y Orgil se encargó de ello.

Habíamos tenido un vistazo del lado secreto y corrupto del sistema. La avaricia y la envidia eran fortalezas poderosas en Mongolia y en todo el mundo anteriormente comunista. Años del "evangelio" Marxista y Leninista habían convencido a la gente de que nadie debía tener lo que ellos no tenían. Muchos nos aconsejaron que un soborno acabaría con nuestros problemas, pero mantuvimos nuestra integridad y no le pagamos a nadie. La gente nos ayudó por nuestra amistad, por compasión y en respuesta a la postura vulnerable que elegimos tomar. Vimos cómo Dios intervino poderosamente a nuestro favor y cómo el diablo fracasó en sus intentos por sacarnos de Erdenet. Una vez más estaba claro que nuestro Padre nos había puesto ahí y nadie podría sacarnos sin Su permiso. Se siente mucha paz al tener esa certeza. Nunca sentimos la necesidad de mantener en secreto la razón por la cual estábamos en Mongolia. Sabíamos que Dios nos había llamado a ese lugar, y ni siquiera el gobierno tenía el poder para desalojarnos hasta que Dios no hubiera cumplido sus planes a través de nosotros

Melody con mi traductora Ganaa y sus mellizos.
En el fondo se ve la municipalidad de Erdenet

CATORCE

Lluvias de abril

Nuestro equipo, que en ese momento estaba integrado solamente por Magnus y María Alphonce y por nuestra familia, había pasado los primeros meses de 1994 clamando a Dios en oración para que nos diera algún tipo de avance. Nos preocupaba que la iglesia continuara creciendo como hasta entonces, reuniendo sólo jovencitas adolescentes. Una enorme iglesia de adolescentes no era la razón por la cual habíamos venido a Mongolia, y tampoco era lo que Dios quería para los mongoles. Nuestro entrenamiento había hecho énfasis en que debíamos buscar alcanzar las cabezas de los hogares, quienes entonces podrían traer a sus familias y amigos al Reino. Era dolorosamente obvio que nuestros discípulos adolescentes no encajaban con el modelo. Me hubiese gustado estar al tanto de otro principio del Nuevo Testamento que nuestras clases no habían mencionado. Los estudiosos de los movimientos de plantación de iglesias han observado que los plantadores de iglesias exitosos "comienzan a trabajar con quien sea que responda a Dios" y "buscan unirse al Padre en lo que Él está haciendo". De acuerdo a estos principios estábamos haciéndolo mucho mejor de lo que nos parecía en ese momento.

Buscamos cualquier cosa que pudiera estar impidiendo que los mongoles adultos llegaran a conocer el evangelio. En todo el país la historia era la misma, excepto en el primer grupo de creyentes que surgió inmediatamente después que se abrió Mongolia, sólo los adolescentes estaban recibiendo el ofrecimiento de Dios. Sabíamos que no había nada malo con el mensaje del evangelio en sí. ¿Podía ser que la traducción tuviera algo que ver con esta tendencia?

En nuevos campos misioneros la gente tiende a rechazar el mensaje cuando se presenta en formas culturales extranjeras. Nos preguntábamos si esto no era lo que estaba sucediendo con todos nuestros amigos mongoles mayores de veinte.

El traductor del Nuevo Testamento en mongol tuvo que escoger una palabra para referirse a "Dios". Los mongoles tenían una palabra común para dios, pero él rechazó este término para referirse al Todopoderoso porque los tibetanos se habían apropiado de la palabra cuando trajeron el budismo tibetano a Mongolia a principios del siglo XVII. El traductor sintió que la palabra mongola, *Borkhan*, había sido ensuciada de manera irreparable por el uso budista. En un diccionario lleno de humedad y fuera de circulación encontró un término que sintió que funcionaría. Era un término que ningún mongol con vida parecía haber escuchado antes. El traductor, satisfecho por haber resuelto cualquier tipo de confusión que el nombre pudiera traer, usó *Yurtuntseen Ezen*, o "Señor del universo", de manera exclusiva a lo largo de todo el Nuevo Testamento en mongol para referirse a Dios. Por medio de extensas encuestas con mongoles que no eran adolescentes expuestos al evangelio a través de la película *Jesús* y otros medios, comenzamos a darnos cuenta que muchos reaccionaban a *Yurtuntseen Ezen* como si éste fuera un personaje de ciencia ficción. Sencillamente no les sonaba real o verdadero, y hacía que el Dios de la Biblia pareciera una importación extranjera en vez del Dios de toda la Tierra. *Borkhan*, por otra parte, era el término genérico para deidad. Parecía corresponder a la palabra que se usa en inglés para "dios", ya que se usa para cualquier cosa desde pequeños ídolos que puedes tener en casa hasta el Creador del cielo y la tierra. Sin duda este término era tan redimible para la terminología de Dios como nuestra palabra en inglés. El nuevo diccionario universitario de Webster encuentra el origen de la palabra "*god*" (en inglés "dios") en la palabra alemana "*gad*", que se pronuncia como "*gohdt*". Las antiguas tribus paganas germánicas obtuvieron la palabra de las raíces hindúes védicas. Ya que sus misioneros habían redimido el término pagano que aún usamos todos, no veíamos ningún problema en repetir el patrón en Mongolia para que los mongoles pudieran escuchar y entender a Dios. Además, en su excelente libro *Eternity in Their Hearts* ("Eternidad en sus corazones"), Don Richardson señaló que siempre que alguien habla de un Creador no creado, están hablando de Él, ya que sólo puede haber uno.

Nuestro equipo llegó a la conclusión de que teníamos que cambiar el término utilizado para Dios si queríamos ver la respuesta más amplia por la que todos estábamos orando. Por varios meses habíamos estado animando a la familia de la iglesia para que usaran una traducción más literal del Nuevo Testamento. Una versión en un antiguo dialecto mongol se había publicado recientemente después de un tortuoso proceso. Los misioneros de la Sociedad Misionera Londinense que trabajaban en la tribu mongola Buryat en la frontera con Rusia en 1846, tradujeron la Biblia en su totalidad y revisaron el Nuevo Testamento (como la "Revisión de Gunzel") que fue reimpreso en los años 50 por los misioneros de la Alianza Escandinava. En el año 1994 la secta de los Testigos de Lee imprimió nuevamente el trabajo de los misioneros, pero esta vez utilizaron el mongol moderno cirílico (La secta no cambió la Palabra en sí, sólo añadió publicidades para sus reuniones, las cuales arrancamos con gusto). A los creyentes les resultaba más difícil de leer esta Biblia color rojo de tapa dura con su dialecto antiguo, pero les encantaba cómo las palabras de Dios hablaban a sus corazones. No sólo la traducción era más exacta, la "Biblia roja" empleaba el término mongol *Borkhan*. Eso nos permitió cambiar de manera gradual a una terminología más adecuada para otros conceptos: oración, adoración, pecado, Satanás, bautismo, etc., en vez de usar palabras de la otra traducción que nunca comunicaron las ideas bíblicas de manera correcta.

A principios de abril, nos dimos cuenta de que probablemente éramos el único equipo en la nación que podía salirse con la suya al experimentar con el nombre de Dios. Estábamos muy lejos en un área rural como para atraer el tipo de respuesta negativa de otros obreros e iglesias que esta acción de seguro generaría. Sabíamos que sería controversial, pero contábamos con que los dos viajes nocturnos en tren actuarían como amortiguadores para las reprimendas que este cambio seguramente desencadenaría. Nos juntamos con los líderes de la iglesia de Erdenet y les explicamos lo que pensábamos. Ellos habían estado usando ambos términos por un tiempo en la iglesia de Erdenet, pero valientemente acordaron empezar a usar Borkhan en todas las predicaciones públicas.

Dios nos estaba hablando, y estábamos confiados de que estábamos orando de acuerdo a la voluntad de Dios cuando le pedíamos que nos ayudara a alcanzar a grupos de otras edades y a hombres. Simplemente no sabíamos cómo comenzar. Teníamos contacto con profesionales y familias, pero cuando estas personas conocían a los miembros de la iglesia, se retractaban del compromiso. Daba la impresión de que era un gran y emocionante "club de jovencitas" y esto hacía que otros se desanimaran antes de que pasaran el tiempo suficiente para experimentar la vida y el gozo que existía en ese lugar. Estábamos sumamente conscientes de que necesitábamos que Dios hiciera algo para sacarnos del pozo en el que sin querer habíamos caído.

Finalmente, junto con el deshielo de la primavera y la nueva vida que vimos en las montañas alrededor de Erdenet, obtuvimos la respuesta de Dios a nuestras súplicas. Lo que empezó en abril de 1994 normalmente lo llamaríamos "avivamiento", pero para una iglesia pequeña de un poco más de un año de vida, ese término nos parece incorrecto. Comencé a llamar a este intenso derramamiento que experimentábamos con el nombre de "vivamiento", un avivamiento por primera vez. No importa, llámalo una explosión de entendimiento y crecimiento o lo que sea, de repente las cosas se volvieron extremadamente emocionantes.

Todo empezó con un video de una iglesia de Corea del Sur orando. Arrastramos nuestra pequeña televisión con reproductor de video incorporado, la única en la iglesia, al departamento de María y Magnus para mostrar el video a los creyentes. Asignamos horarios y lo vimos por turnos. El ver a sus hermanos coreanos orando tan fervientemente electrizó a cada grupo de jovencitas. Nunca habían visto algo así. Los resultados casi nos asustaron. Un profundo espíritu de arrepentimiento sobrevino a todos los que lo vieron, y sollozos agonizantes llenaron la habitación. De manera espontánea estas jóvenes mongolas cayeron sobre sus rostros delante de Dios y lloraron. Quedamos anonadados. Dios estaba obrando en este lugar. Nos hizo entender que nuestra participación es un privilegio y una recompensa a la obediencia, no un prerrequisito para el mover de Dios.

Pero esto era sólo el precalentamiento de lo que vendría. Aquello por lo que habíamos estado orando, había comenzado. Las familias de muchas de nuestras jovencitas estaban por venir a Jesús. Así es cómo sucedió.

Unos misioneros de Suecia habían plantado una iglesia célula en Abakan, Siberia, una ciudad justo al otro lado de la frontera con Rusia al noroeste de nosotros. Ésta había crecido a más de setenta células y una escuela bíblica. Un equipo de estudiantes rusos del segundo año del instituto bíblico, cada uno de ellos líder de célula, se sintieron guiados a hacer un proyecto evangelístico ayudando a los misioneros suecos en Mongolia. El misionero sueco que estaba a cargo de la iglesia y de la escuela bíblica en Abakan, había pastoreado una iglesia en Edsbyn, el mismo pueblo sueco donde María y Magnus habían vivido y trabajado. Él le preguntó a Magnus si este equipo a corto plazo podía venir y trabajar bajo nuestra dirección. Una de nuestras oraciones había sido plantar una iglesia entre la población rusa de Erdenet. Sabíamos que el hecho de enfocarnos en más de un grupo étnico limitaría nuestra efectividad, así que le pedimos a Dios que enviara a alguien para los rusos. Así que fue fácil tomar una decisión, y le enviamos un fax con la aceptación del proyecto evangelístico de la escuela bíblica. Seis mujeres provenientes de la ex Unión Soviética llegaron en abril a la estación de tren de Erdenet. Lo más notable para nosotros era ver cómo sonreían. Eran las primeras rusas sonrientes que nosotros, o cualquiera de los mongoles, habíamos visto en nuestra vida. Compartieron en nuestras reuniones de casas-iglesia y con el liderazgo de la iglesia. Oraron y las personas fueron llenas del Espíritu Santo, liberadas de opresión demoníaca, sanadas y salvadas.

Los líderes de nuestra iglesia fueron impactados de dos importantes maneras. Se entusiasmaron grandemente con los principios de las iglesias de grupos pequeños que les enseñaron, porque en el crecimiento de las iglesias celulares rusas podían ver y experimentar un ejemplo exitoso que tenía sentido para ellos. La otra sorpresa fue la forma en la que el equipo ruso trajo una nueva experiencia del Espíritu. De inmediato, nuestros ancianos o como los llamábamos, "los que ya casi eran ancianos", Bayaraa, Odgerel y Zorigoo, comenzaron a hablar en lenguas. Para Bayaraa y Odgerel era más un re-encendido ya que habían experimentado este don el verano pasado, pero no habían continuado practicándolo. Ahora estaban muy emocionados y ansiosos por ver cómo este bautismo del Espíritu Santo se extendía a los diáconos y al resto de los creyentes. Y mientras el equipo continuó reuniéndose y orando por los creyentes, el Espíritu Santo se derramó de una nueva manera y muchos, que habían experimentado un pequeño fluir de los dones anteriormente, comenzaron a hablar en lenguas y profetizar por primera vez.

Nuestro equipo estaba perplejo con esta situación. Habíamos orado en muchas ocasiones para que los creyentes mongoles hablaran en lenguas, pero no había pasado mucho. Después, tan pronto como las chicas rusas oraron, todos empezaron a alabar a Dios en otras lenguas. Magnus y yo le preguntamos a una de las líderes de las casas-iglesia cuál era la diferencia entre nuestras oraciones y las de ellas. Nos respondió que hasta que vinieron las rusas, los creyentes mongoles no tenían idea de qué eran las lenguas, o sobre qué habíamos estado hablando cuando mencionamos este don. Cuando protestamos diciéndole que habíamos orado por ella en lenguas en varias ocasiones, ella pareció sorprendida. "Oh", exclamó, "pensé que sólo estaban hablando rápido en inglés o en sueco". Ahí nos dimos cuenta. Las rusas les mostraron a los mongoles lo que eran las lenguas con su ejemplo, de la misma manera en que lo habíamos hecho nosotros, pero su ejemplo fue recibido. Todos nuestros creyentes hablaban un poco de ruso ya que era un requisito en la escuela. Cuando las chicas rusas pasaron de orar en ruso a orar en lenguas, todos escucharon la diferencia y entendieron finalmente lo que les habíamos estado enseñando. Eso fue todo lo que necesitaron para que se soltaran y permitieran que el don de Dios fluyera a través de sus bocas.

Al no hablar mongol, el equipo ruso estaba de alguna forma limitado en sus oportunidades para ministrar efectivamente. La oración de sanidad por los enfermos parecía ser una de sus áreas fuertes, así que las enviamos con un traductor a los suburbios de *gers* para buscar gente enferma. Su primera parada fue el *ger* de la abuela de Tuvshin, que sabíamos que tenía una discapacidad. Tuvshin y su esposa, Zagdaa, habían sido los mejores amigos de Magnus y María en Erdenet por más de un año. Sus abuelos estaban divorciados, ambos se casaron de nuevo y vivían en diferentes suburbios de Erdenet. Su abuelo recientemente había creído y asistía a nuestras clases para nuevos creyentes. Las rusas comenzaron con su abuela y su nuevo marido. Ella era coja de una pierna (la arrastraba mientras usaba una muleta), y él era casi completamente sordo. Los dos fueron sanados cuando las rusas oraron. Ella lanzó su muleta al suelo y bailó una danza mongola con su esposo. Él dejó de necesitar su aparato para oír. Luego los dos ancianos rebosantes de alegría les rogaron que fueran a otro *ger* y oraran por su nieto que era mudo. El equipo pensó que era un niño pequeño, así que se sorprendieron al encontrarse con un joven de veinte años, que había perdido el habla hacía unos años. Cuando oraron, el joven comenzó a hablar en lenguas. Un no creyente que estaba entre la multitud que se había reunido, dijo en mongol el equivalente a: "Qué rayos, él ni siquiera puede hablar mongol". El joven interrumpió su eufórica alabanza y replicó, "¡Por supuesto que puedo hablar mongol!".

La multitud crecía con cada milagro. El traductor mongol siguió respondiendo a las preguntas de la multitud sobre quién estaba haciendo estas sanidades. Por primera vez escucharon que Borkhan había venido y los estaba sanando. Las Buenas Nuevas estaban cobrando sentido. Por fin la gente estaba escuchando términos mongoles que transmitían los significados de la Biblia y estaban viendo el poderoso sello de aprobación de Dios en su Palabra.

"En realidad, sólo hablaré de lo que Cristo hizo a través de mí, para lograr que los no judíos obedezcan a Dios. Y lo he logrado, no sólo por medio de mis palabras, sino también por mis hechos. Por el poder del Espíritu Santo he hecho muchos milagros y maravillas, y he anunciado las buenas noticias por todas partes, desde Jerusalén hasta la región de Iliria. Siempre he tratado de anunciar a Cristo en regiones donde nadie antes hubiera oído hablar de él. Así, al anunciar las buenas noticias, no me he aprovechado del trabajo anterior de otros apóstoles". Romanos 15:18-20 TLA

En otras viviendas, una niña con problemas de visión comenzó a ver mejor y dos niños (uno de once años) que nunca habían caminado, dieron sus primeros pasos. Una persona que tenía muchísimos problemas fue liberada de los demonios mientras las rusas oraban. El abuelo de Tuvshin escuchó testimonios sobre estos milagros en su clase de nuevos creyentes esa noche y reconoció que entre los que habían sido sanados estaban su nieto y su ex esposa. Dios había decidido llamar la atención de esta familia.

El monumento de la Amistad de Erdenet

Una mañana llevé al equipo ruso a recorrer Erdenet. Vi una faceta de los hombres mongoles que no había visto antes. Realmente actúan como lobos ante las lindas jóvenes rusas; una razón para que los rusos fruncieran el ceño, sospecho. Terminamos en la cima del monumento de la Amistad Ruso-Mongola que tiene una vista de la ciudad entera desde el este, y en el que dos enormes manos angulares le ofrecen una corona a Jesús, el Rey de Reyes.

Bueno…no exactamente. El objeto que sostienen las manos era un engranaje e intentaba simbolizar la industria y la minería, pero yo creo que Dios lo diseñó y los soviéticos nunca se dieron cuenta de que se convertiría en un símbolo de la iglesia de Erdenet.

Desde este sitio de autoridad privilegiado, las rusas y yo intercedimos por Erdenet y nos levantamos en guerra contra las fortalezas de Satanás en la ciudad. Dios me guió a orar para que se levantara una casa-iglesia en el Distrito Dos dentro de los próximos dos meses. Le expliqué a las rusas que este distrito y el Distrito Uno eran las únicas dos áreas que se habían resistido a la plantación de nuevas comunidades. Realmente se pusieron a orar por cada uno de estos distritos que se encontraban casi directamente debajo de nuestra mirada.

Después de nuestro tour y de la guerra espiritual, las rusas vinieron a nuestro departamento para diseñar un folleto en nuestra computadora. Querían anunciar una reunión evangelística para la comunidad rusa de Erdenet, que estaba compuesta de unas dos mil quinientas personas. Planificaron obras de teatro, canciones y tiempos para compartir. También orarían por los enfermos. La pasamos muy bien diseñando los panfletos en dos idiomas y publicándolos por todo el distrito ruso de la ciudad. Las chicas llevaron algunos al consulado ruso y terminaron predicándole a los que trabajaban ahí.

Cuando llegó la gran noche, superó ampliamente nuestras expectativas. El salón que alquilamos estaba repleto de rusos de todas las edades y de jóvenes creyentes mongoles. Los mongoles y los rusos actuaron juntos y representaron obras que presentaban el evangelio. Quedamos atónitos de ver cómo los rusos recibían las Buenas Nuevas del evangelio que le compartieron los mongoles. Desde el punto de vista de toda consideración estratégica, esto no habría funcionado de ninguna manera. Los mongoles habían sido los "hermanos menores" de los rusos por siete décadas, y los dos grupos étnicos ni siquiera se dirigían la palabra si podían evitarlo. También, el hecho de que los mongoles hubieran tenido acceso al evangelio por sólo tres años (sólo uno en esta ciudad), mientras que Rusia se había convertido en una "nación cristiana" durante el siglo IX, hizo que este evento fuera aún más asombroso. Dios estaba haciendo algo maravilloso ante nuestros ojos. La multitud aplaudió con una fuerza estruendosa mientras "Jesús" resucitaba de la muerte en una representación; seguida por una predicación apasionada en ruso y una invitación. Más de cuarenta rusos respondieron y aceptaron a Jesús como el Señor de sus vidas. Los evangelistas mongoles y rusos oraron con ellos y les dijeron que se quedaran después del evento. Luego los enfermos pasaron al frente. Algunos pasaron en lugar de parie']/*ntes que no habían podido asistir y les dieron bufandas para que se orara sobre ellas, y después llevarlas a casa y ponerlas sobre los enfermos. Puede sonar extraño, pero es bíblico (Hechos 19:12) y funcionó. La gente que fue sanada comenzó a testificar. Era en ruso, así que sólo me enteré de las que me tradujeron. Un chico albino ciego recibió una restauración parcial en su vista y se abrieron los ojos de otro que era casi ciego. Una mujer mayor que tenía problemas de columna se agachó y tocó los dedos de sus pies por primera vez en años. Hubo otros: problemas de estómago, dolores de cabeza, etc., pero me perdí los detalles. Lo que no me podía perder era cómo Dios se movía en medio de los rusos de Erdenet. Aquellos que fueron salvos exigieron que hubiese otra reunión la noche siguiente, que era justo cuando el equipo partiría de Erdenet. Tuvieron que traer su equipaje al salón e irse derecho a tomar el tren desde ahí.

Cuando llegó la hora, los nuevos creyentes rusos trajeron amigos que se habían perdido la primera reunión. Todos fueron bautizados en el Espíritu Santo y hablaron en lenguas. El equipo ruso se las arregló para conseguir que tres departamentos rusos se ofrecieran voluntariamente para hospedar casas-iglesia. Uno de estos fue en el Distrito Dos y muchos de los mongoles recién salvos resultaron ser de este lugar también. ¡Esto sí que es una respuesta rápida a nuestras oraciones! El tiempo se acabó para el equipo ruso, llegaba el auto que las llevaría al tren. Mientras caminaban hacia la puerta, uno de los nuevos creyentes rusos gritó: "¿Quién nos va a pastorear?". La líder del equipo señaló a Magnus, y Magnus me señaló a mí. Después de estudiar mongol por más de un año, me encontré en la difícil posición de dirigir una iglesia donde no compartía el idioma con la congregación. Luego se subieron al auto y corrieron para alcanzar el tren a Irkutsk, al que llegaron justo a tiempo. De camino a la estación, Magnus les preguntó qué deberíamos hacer a continuación, y ellas dijeron, "No sabemos. Dios se los mostrará". Así que la iglesia rusa bebé se unió a la iglesia mongola en nuestro servicio de celebración (donde las casas-iglesia se juntaban para adorar) el primero de mayo. Nos pareció muy irónico, ya que el primero de mayo era un feriado muy importante para el comunismo soviético. Lo único que sé es que el Padre disfrutó esta broma. Estábamos abrumados pero agradecidos. Es una alegría tener problemas como el nacimiento inesperado de una iglesia.

Los veranos cortos pero cálidos hicieron posibles los bautismos en el Río Selengá

QUINCE

Aguacero

Estábamos en el medio de mucha movilización. Comenzaron a suceder tantas cosas que me resulta difícil contar todo lo que Dios estaba haciendo en Erdenet. Permítanme abrir mi diario en algunos lugares para darles una idea:

Diario de Brian: domingo 1ero de mayo de 1994
Ayer todo el liderazgo de la iglesia ayunó y se reunió para un día de oración y enseñanza. Los veinticuatro fueron llenos del Espíritu Santo, y todos excepto dos hablaron en lenguas, la mayoría por primera vez. Otros de los dones que se experimentaron fueron el de profecía, interpretación de lenguas, y palabras de sabiduría. Varios líderes tuvieron visiones, y otros dos fueron liberados de demonios. La opresión demoníaca es generalizada aquí. Recién estamos empezando a tratar una herida espiritual enorme.

Hoy es primero de mayo. Hace unos pocos años atrás, toda la población de Erdenet celebraba la gloria del comunismo eterno en este feriado. No así este año. Este año el Dios Vivo condujo una celebración de Su Reino Eterno. Durante la reunión de celebración, Zorigoo enseñó sobre el poder del Espíritu Santo y cerca de treinta personas respondieron al mensaje de salvación. Muchos fueron sanados, incluyendo una joven ciega que comenzó a ver con claridad. Enfermedades de riñón y dolores de cabeza también huyeron en el nombre de Jesús. Los quince que recién se habían bautizado en agua fueron bautizados en el Espíritu mientras orábamos por ellos en la plataforma. Muchos de ellos hablaron en lenguas y tuvieron visiones y uno profetizó. Algunas personas también fueron sanadas cuando miembros de la iglesia los visitaron en sus hogares. El Espíritu de Dios claramente no se había ido en el tren con el equipo ruso.

Domingo 8 de mayo de 1994.
Hoy la enseñanza en la casa-iglesia fue sobre el Espíritu Santo de Dios. Luego durante el tiempo de oración, Él se manifestó. El primer grupo cayó al suelo ante su poder. Yo enseñé un poco sobre las diferentes formas en las que Dios trabaja y les advertí en contra de "encasillar" a Dios. Después comenzamos a orar por un segundo grupo de cinco personas. Me dijeron que el chico por el cual estaba orando era parcialmente ciego. Le pregunté qué quería de Dios y él me respondió: "mi vista". Así que oré por eso. Realmente sentí el amor del Señor por este chico, y sólo le confesé a Dios que si Él no se manifestaba nada sucedería. Después de orar, le pregunté al chico sobre su vista y él miró a su alrededor, sonrió, y anunció que se había curado. La iglesia cobró mucho ánimo, ya que todos conocían a este chico y sabían de su problema.

En el tercer grupo que recibió oración había una joven que vestía una chaqueta amarilla. Noté que no pasaba nada mientras orábamos por ella. Le pregunté a Dios porqué y recibí la palabra "esclavitud" como respuesta. Al reflexionar sobre esto, me vino a la mente que ella llevaba puesto un collar con un amuleto de un ídolo. Miré su cuello y no vi nada. Le pregunté a Ganaa que hablaba inglés, que preguntara si alguien tenía algo así en el cuello. No quería avergonzar a esta chica, en caso de comprobar que había escuchado mal. Ni bien se hizo el anuncio, la chica, que ya se había sentado, se paró y se sacó el collar. Era un pequeño morral de cuero que contenía fetiches prescritos por los lamas. La iglesia vitoreó, aplaudiendo a Dios por conocer aquello que está en secreto. Decidimos orar por ella de nuevo y le dijimos que pisoteara el fetiche mientras orábamos por su libertad completa. Después que el grupo terminó de orar, varios líderes la ayudaron a quemar el collar.

Miércoles 17 de mayo de 1994.
Hoy enseñaré la primera lección a los líderes del primer grupo en casa ruso. El domingo nos reunimos con los creyentes rusos para dividirlos

en casas-iglesia. Concurrieron suficientes personas a nuestra reunión como para hacer dos reuniones pequeñas, pero ellos prefirieron juntarse en un grupo y dividirse cuando fuera necesario. Quedó un nerviosismo de los días de la Unión Soviética que los dejó preocupados con respecto a los grupos pequeños y a ser etiquetados como una "secta". Mientras había unos cincuenta que manifestaban interés en ser parte de una iglesia, sólo catorce asistieron a la reunión organizativa. Así que hoy me encontraré con cuatro ayudantes (futuros líderes) y les enseñaré (a través de Ganaa, una traductora de mongol, inglés y ruso) una simple lección sobre la obediencia a los siete mandamientos básicos de Jesús. Necesitamos bautizar a los creyentes rusos lo antes posible ya que ha sido nuestra práctica servir la Santa Cena sólo a los creyentes bautizados. Al principio, como no tenemos canciones de adoración en ruso, es mejor centrar nuestro servicio de adoración en la Cena del Señor. Es tan fácil sentirse agobiado en esta nueva e inesperada responsabilidad, pero Dios me da la fuerza. Magnus está muy ocupado con la iglesia mongola y se prepara para ir a Suecia a pasar todo el verano así que los rusos son míos por el momento. Durante el verano estaré supervisando y ayudando a ambas iglesias, la rusa y la mongola. Le doy alabanza a Dios ya que Él ha levantado personas maravillosas y piadosas que serán líderes en la iglesia. En mongol usamos una palabra muy común para estos líderes, *achlach*, que simplemente significa "hermanos mayores" con una connotación de liderazgo, una combinación cercana a cómo Pablo llamó a los líderes de su iglesia, y sin los diecisiete siglos de carga eclesiástica apilados encima.

La última ceremonia de bautismo fue memorable. Se bautizó nuestra hija del medio, Molly Anne. Una mañana le dijo a Louise que quería ser salva y seguir a Jesús. Louise le preguntó qué significaba y ella respondió: "¡Alabaré a Dios y haré lo que Él dice!". ¡Amén! Molly fue la primera occidental que se bautizó en la iglesia mongola. En Erdenet, continuamos bautizando en las bañeras. No es fácil, ya que los baños son minúsculos, ¿pero qué podemos hacer? ¡Ésta no es la primera vez que tenemos una "oveja" en nuestra bañera! Las autoridades ni siquiera considerarían nuestra petición de alquilar la piscina municipal, y sólo se les permite la entrada a los rusos para usar el spa y la piscina de inmersión de la mina. Así que juntamos a todos los que desean bautizarse en un departamento, con sus líderes y grupos de casas. Adoramos en la sala, mientras primero las mujeres y después los hombres, hacen fila en el pasillo. Un futuro anciano y el líder de la casa-iglesia a la cual pertenece la persona que está por ser bautizada se paran frente a la bañera en el pequeño baño. La persona se sienta en la bañera llena y primero un líder la sumerge en el agua y después el otro empuja las rodillas del bautizado debajo del agua, lo que actúa como una palanca de muelle, causando que la parte superior de la persona salga del agua. Luego salen y se cambian de ropa en la habitación mientras la siguiente persona en la fila entra a la Familia de Dios. La bañera se vacía y se vuelve a llenar cada tres o cuatro personas. Mientras tanto, la iglesia adora en la sala de estar. No es lo ideal, pero funciona. Bayaraa y yo bautizamos a Molly. Ese mismo día, se bautizaron quince mongoles, incluyendo a cinco hombres y un matrimonio cuyo hijo había sido sanado el mes pasado. Por primera vez, la mayoría de aquellos que se habían bautizado eran mayores de veinte años. Un profesor tenía alrededor de cuarenta y cinco. Dios está respondiendo a nuestras oraciones de que gente mayor llegue a la fe.

En total, ya hemos bautizado a ciento cuarenta y nueve. Once de ellos se fueron de Erdenet. Treinta y cinco todavía están aquí, pero nunca los vemos. Lo tomamos en serio, pero no nos angustiamos. Tenemos que continuar, aunque evaluamos constantemente la manera en la que aceptamos a la gente que se quiere bautizar. Para abordar este problema hemos comenzado un curso para nuevos creyentes. Durante cuatro reuniones cubrimos lo básico acerca de Dios, Jesús, el Espíritu Santo y la vida cristiana. Las personas interesadas asisten a estas reuniones por la noche, en cualquier orden, antes de ser invitados a entregar sus vidas a Cristo. En vez de retrasar el bautismo o tratarlo como un ejercicio de graduación, estamos retrasando la conversión hasta que las personas tengan una idea clara de lo que están haciendo. El comentario que recibimos de nuestros "desertores" fue que solamente estaban interesados, se bautizaron, y dejaron de venir cuando aprendieron lo suficiente como para darse cuenta de que seguir a Cristo tenía un costo importante. Esperamos que una mayor comunicación por anticipado pueda abordar este problema. Su ignorancia sobre el cristianismo y sobre Cristo es impactante, y tenemos que recordarnos que no existe ningún trasfondo cristiano aquí.

Más de doscientas personas vinieron al último "servicio de celebración" donde todas las casas-iglesia se juntan para adorar, hacer dramatizaciones, orar y compartir la Palabra juntos. La escuela dominical tiene cerca de ciento cincuenta niños, y el grupo de jóvenes reúne alrededor de sesenta personas, muchos de los cuales han sido bautizados. De los creyentes bautizados, casi exactamente uno de cada cuatro son hombres y alrededor de un tercio tienen más de veintidós años de edad. Casi todos estos muchachos y personas mayores son nuevos, desde que el Espíritu Santo se derramó en abril.

En respuesta a las peticiones de otras iglesias mongolas que tienen el deseo de alejarse del formato estándar de las "grandes reuniones dominicales" para formar casas-iglesia, estamos planificando un seminario en Ulán Bator. Nuestros tres futuros ancianos enseñarán y compartirán experiencias, y hemos invitado a líderes de seis provincias donde hay iglesias o "grupos" interesados.

Sábado 18 de junio de 1994
El lapso de tiempo desde la última entrada da una idea de cuán ocupados hemos estado últimamente. Antes de ayer Louise y yo celebramos nuestro décimo aniversario de bodas y fuimos a una cita a un restaurante en el hotel Selengá de Erdenet. La única opción en el menú que realmente tenían era estofado de cordero. Nos reímos y tratamos de recordar cómo habíamos celebrado cada uno de nuestros aniversarios anteriores.

Ayer, Magnus y María se fueron a Suecia en tren. Estábamos tristes de verlos partir. También dijimos adiós a una de nuestras ayudantes de Rusia, Ludmilla, que va a visitar a su familia durante el verano. Además recibimos cinco visitas de Ulán Bator en este día de locos: cuatro compañeros de trabajo de las Empresas Mongolas Internacionales y un hombre de los Navegantes. El lunes es mi última clase de inglés antes del verano y el comienzo de todas las reuniones de liderazgo en las que estaré ayudando en la iglesia mongola. La iglesia rusa tuvo su primer bautismo el domingo pasado, y Ana, Albert, Lydia, Eugenia, Tamara, Luda y Ludmilla entraron a la familia. Estos son, por lo que sabemos, los primeros creyentes rusos en ser bautizados en Mongolia. Nuestra iglesia rusa es pequeña pero vital. Los rusos de Erdenet generalmente veranean en la Madre Rusia, así que en otoño asistirán muchos más. Nos estamos concentrando en enseñarles a estas diez ovejas lo esencial sobre la obediencia a Cristo para que cuando vengan más tengamos un grupo base preparado.

La iglesia mongola está enfrentando un verano atareado. Nuestro programa de verano en julio será el primero que hagamos solos. El año pasado compartimos un programa con una iglesia de Ulán Bator. También tenemos bautismos, celebraciones, el Día Mundial de Oración, (para el cual alquilamos el estadio al aire libre), reuniones de oración con todas las iglesias, misioneros de corto plazo de Estados Unidos, y muchos entrenamientos de liderazgo y reuniones planificadas.

Al mirar hacia atrás a este derramamiento de gracia tan inesperado y de suma importancia, podemos ver tantas cosas pequeñas, casi desapercibidas que Dios orquestó cuidadosamente para preparar el suelo para la cascada de maravillas que estaban en camino. En realidad, no fue tan repentino como nos pareció en ese momento a los que nos encontrábamos en el medio de ello. Nuestro cambio a una terminología bíblica más autóctona en realidad ocurrió en pequeños pasos: en los comienzos, Bayaraa tradujo el Génesis desde una fuente del interior de Mongolia que usaba *Borkhan* (y aunque lo cambiamos al término entonces más aceptado *Yurtuntseen Ezen*, pusimos una aclaración en la primera página explicando ambos términos); adoptamos la "Biblia Roja" tan pronto como estuvo disponible; hablamos, oramos, analizamos, nos juntamos, evaluamos e hicimos los ajustes en nuestras enseñanzas; y finalmente decidimos "cambiar el nombre de Dios". El Padre trabajó duro por muchos meses para que los mongoles pudieran responder a las sanidades, dones y liberaciones que Él derramó de manera explosiva con las nubes de abril.

DIECISÉIS

Solos al timón

Cuando por fin llegó el verano, nuestro equipo hizo una pausa de la agitada actividad en la que nos había sumergido el "milagro de abril". El 17 de junio de 1994, Magnus y María dejaron Erdenet para tomarse sus primeras vacaciones en su país. Cuando casi toda la iglesia se presentó en el andén de la estación de tren para ver cómo nuestros líderes de equipo se iban por un tiempo prolongado a Suecia, estábamos, sin darnos cuenta, sentando un patrón que se repetiría cada vez que un misionero dejara Erdenet. Hicimos un servicio de adoración justo al lado del tren mientras los demás viajeros con sus familias y amigos nos miraban boquiabiertos. Nadie en Mongolia había visto algo parecido a esta enorme multitud de mongoles que lloraban y sonreían, cantando acerca de Dios y abrazando a una pareja de rubios extranjeros, todo acompañado con la guitarra. Era toda una escena. Sin Magnus y María, ahora Louise y yo estábamos solos y a cargo de todo hasta el final del verano.

La realidad nos alcanzó pronto. Sentados en nuestra cocina esa tarde, Louise y yo oramos por mi madre que ese día celebraba su jubilación al otro lado del mundo. Nos sentimos increíblemente lejos, aislados y vulnerables. Estábamos contando ansiosamente los días para la visita de mi mamá y de mi padrastro en agosto. Durante los próximos tres meses seríamos los únicos plantadores de iglesia en cientos de kilómetros. Teníamos en nuestras manos un movimiento de la iglesia mongola que crecía rápidamente cuando apenas podíamos comunicarnos a nivel conversacional en el idioma, y un grupo ruso al que sólo podía dirigir con la ayuda de un traductor mongol que hablaba los tres idiomas. Al reunirme con varios líderes para hacer capacitaciones y discipulado, me di cuenta de cuánto me había apoyado en el dominio lingüístico de Magnus en el pasado. Sin otros que hablaran inglés a nuestro alrededor, nuestras habilidades en el idioma mejoraron rápidamente. Preparamos las lecciones de las casas-iglesia, nos juntamos con los futuros ancianos, guiamos las reuniones de líderes de casas-iglesia y lidiamos con los problemas a medida que fueron surgiendo.

La congregación rusa tuvo su primer servicio de bautismo en el sauna para mineros, al borde de la segunda mina a cielo abierto más grande de toda Asia. Había una pequeña piscina de inmersión afuera de la habitación caliente. Alex, el único hombre que se iba a bautizar, hizo los arreglos para que dispusiéramos del lugar y llenó cuidadosamente la piscina con agua caliente. No tengo nada en contra de la comodidad, y rara vez se me acusa de ser tradicional, pero me sentí obligado a insistir que la vaciaran y la volvieran a llenar con agua tibia. Sino no parecería un bautismo. Mientras él arreglaba la piscina, las mujeres se fueron a cambiar. Cuando salieron quedé atónito, sólo tenían puesta su ropa interior. Nadie había traído un traje de baño o ropa con la cual se pudieran mojar. Les dije que tenían que cubrirse. Parecían confundidas con mi muestra de pudor, pero de manera obediente se marcharon hacia el vestidor. Cuando salieron de nuevo, Alex, Ganaa y yo quedamos asombrados al ver esta aparición: seis matronas romanas envueltas completamente en togas. Habían encontrado sábanas de cama. De inmediato el bautismo tomó un sabor decididamente neotestamentario.

En camino a la mina, traté de memorizar las palabras rusas que diría mientras bautizaba a cada creyente, *"ya chrescho vas vo emeia, Oatsa, ee Seena, ee Swetova Duka"*. Por alguna razón me agarró un bloqueo mental y fui incapaz de repetir todo sin "hacer trampa" y mirar el trozo de papel en el que tenía mis anotaciones. Mientras bautizaba a la primera señorita envuelta en una toga, se me puso la mente en blanco y miré a mí alrededor en busca de mis apuntes mientras una pequeña ola los arrastraba justo al borde de la piscina. Todos se rieron bastante y me ayudaron susurrándome las palabras cuando me atascaba sin saber qué decir. Fue un momento realmente importante para la iglesia rusa y para mí. Fue mi primer bautismo misionero y mi primer bautismo múltiple.

Yesuseen Choolgan (la asamblea o reunión de Jesús), el nombre que adoptó la iglesia de Erdenet, tuvo su primer "proyecto de verano" en 1994, y resultó ser tan exitoso como complicado. El año anterior, un grupo de nuestra gente se había unido a la iglesia de Ulán Bator para hacer un retiro y lo disfrutaron tanto que planearon uno para nosotros. Nuestro liderazgo contrató un antiguo campamento para jóvenes rusos ubicado a unos 60 kilómetros al noreste de Erdenet, en el espacioso y verde valle del Río Selengá. El liderazgo de nuestra iglesia estuvo muy ocupado planeando las enseñanzas, juegos, recreación, compañerismo y diversión para una semana. No necesitábamos preocuparnos por la provisión ni la preparación de la comida, ya que eso estaba incluido en el costo de lo que pagábamos por el campamento. Nos aseguraron que el comedor y la cocina estaban preparados y listos para atender a nuestro grupo de ochenta personas. Cuando las camionetas que contratamos nos dejaron en el lugar, quedamos atónitos con la belleza natural del paisaje.

Desafortunadamente, no éramos los únicos que encontrábamos este sitio irresistible. Tan pronto como nuestra camioneta dejó de moverse, una nube de mosquitos sedientos de sangre llenó el aire que nos rodeaba. El campamento estaba algo descuidado, pero aún así su construcción era encantadoramente atractiva. Había aviones reales y tanques para que los niños jugaran, y aunque ya comenzaba a notarse el deterioro, las instalaciones eran más lindas que la mayoría. El edificio donde se quedó nuestra familia fue construido para que pareciera un barco en tierra. Teníamos un cuarto privado con ventanas, a diferencia del resto de nuestro grupo que se quedaron en cabañas. Mantuvimos las ventanas bien cerradas, escogiendo el calor considerable en lugar de las donaciones de sangre involuntarias a los insectos locales. En lo personal pensamos que la comida era terrible, pero pusimos buena cara y tratamos de dejar los platos vacíos. La cocina aparentemente había encontrado una super oferta de tripas de vaca. El plato principal de cada comida contenía estómago de vaca. La gente de la iglesia siempre nos animaba a que aprovecháramos las comidas especiales que el personal del campamento nos ofrecía. Sin embargo, como buenos misioneros, insistimos en que se nos tratara igual que a todos. Melody, Molly y Alice escogieron ayunar esa semana, y comieron principalmente yogurt y pan. El yogurt se servía todos los días como una colación a las dos de la tarde. El liderazgo de la iglesia estaba molesto con esta costumbre del campamento, pero aparentemente no pudieron hacer que el personal cambiara el horario. El problema era que los mongoles consideran que el yogurt es el equivalente a una poderosa pastilla para dormir. Estaban convencidos de que el campamento trataba de arruinar las sesiones de enseñanza de la tarde al poner a nuestro grupo a dormir. Realmente parecía tener ese efecto en los mongoles. Mi familia, sin embargo, se deleitó con las porciones diarias de yogurt.

Entonces, ¿qué fue lo maravilloso de esta semana en el "campamento de la tortura"? Nuestra familia de la iglesia. Nos acercamos tanto a nuestros hermanos y hermanas mongoles. Enseñé todos los días, pero la mejor lección fue una que compartimos Louise y yo. Las personas mayores y los padres nos pidieron que hiciéramos una sesión de preguntas y respuestas bíblicas con ellos. Terminamos hablando por tres horas, y pasamos un tiempo maravilloso. Fue muy satisfactorio responder preguntas sobre la palabra de Dios y tener a quince personas asombrándose de manera simultánea y diciendo, "*¡Aimar goy yuum bay!*" (¡Qué terriblemente bueno es esto!), al entender una verdad eterna por primera vez. Siempre supe que las misiones se trataban de esto. También tuvimos tiempos gloriosos de adoración y algunas divertidas dramatizaciones nuevas hechas por el equipo de teatro. Para la recreación tuvimos seis competencias: ajedrez, fútbol, vóleibol, básquetbol, teatro y lanzamiento de globos. Mi equipo ganó en el fútbol y en el básquetbol. Normalmente, tengo una aversión a los deportes, pero mi altura de 1,83 metros en una nación de personas con desafíos verticales, rápidamente hizo que el básquetbol fuera mi deporte favorito. El equipo de teatro de Louise ganó esa competencia. Melody ganó, sin oposición, un premio de recolección de sapos.

Cuando terminó la semana, todos estábamos cansados, hambrientos y felices. Íbamos a extrañar el compañerismo y la cercanía de vivir juntos como iglesia, pero estábamos listos para volver a nuestra relativa comodidad en Erdenet. Una de las camionetas se quedó sin combustible de camino a casa, y la mitad de la iglesia se vio estancada en medio de la nada hasta las dos de la mañana, cuando finalmente tuvieron que caminar a sus casas.

Varios días después del campamento familiar, escuché a los líderes hablando sobre la pésima comida. Les pregunté a qué comida se referían y me respondieron, "a la del campamento, por supuesto". Resulta que todos estuvieron de acuerdo en que la comida era la peor que habían probado en toda su vida, y no podían entender porqué habíamos insistido en comerla cuando nos habían ofrecido algo mejor. Todos nos reímos mucho de esta confusión.

Al principio, los creyentes de Erdenet sólo se juntaban en grupos pequeños en las salas de sus casas. A medida que el número de estos grupos aumentó, se volvió tanto atractivo como viable juntarlos periódicamente en una reunión congregacional más grande que denominamos "celebración" pero a la que generalmente llamamos "Gran Reunión". Decidimos alquilar una salón un domingo al mes y anunciamos a los grupos en casa dónde y cuándo sería la celebración. Nos vimos forzados a cambiar de lugar muchas veces ya que el gobierno era dueño de todos los edificios y nos echaba de cualquier lugar que usáramos, una vez que se daban cuenta que se lo estaban alquilando a cristianos. Era una forma benigna de persecución, que difícilmente merece ese nombre cuando la comparamos a lo que los seguidores de Cristo sufren en muchos países. Por otro lado, no nos afectó mucho porque la "iglesia" se realizaba en departamentos por toda la ciudad, y la gran reunión no era esencial. En varias ocasiones el dueño nos desalojó mientras instalábamos todo para el servicio de celebración, y apenas alcanzamos a decirle a un líder que les avisara a todos que la reunión se había cancelado. La vida y el ministerio del cuerpo de Cristo continuó casi sin dificultades.

Con el paso del tiempo, los futuros ancianos vinieron a Magnus y a mí, y nos pidieron que hiciéramos la gran reunión con más frecuencia. Nos comentaron que todos disfrutaban juntarse para la adoración, el teatro y los testimonios, y les resultaba muy alentador ver el creciente número de creyentes. También señalaron que la gente estaba dando generosamente, de acuerdo con los mandatos de Jesús que les habían enseñado, y que había suficiente dinero para alquilar el salón con mayor frecuencia. Les dimos nuestro consentimiento y la celebración pasó a realizarse un domingo sí y otro no. Esto funcionó muy bien y el nivel de entusiasmo aumentó proporcionalmente. Finalmente, hubo fondos suficientes para alquilar el lugar todos los domingos, y podíamos ver que a todos les gustaba la gran reunión a pesar de que requería de mucha más energía y recursos de los que se usaban en un grupo en casa. Las casas-iglesia continuaron los días de semana, y la reunión grande llegó a ser nuestro evento regular de los domingos.

Sin embargo, después de un par de meses, notamos que algo andaba mal. Nos reunimos con los líderes de las casas-iglesia en una reunión regular de capacitación y cuando se turnaron para compartir las estadísticas de sus grupos y darnos una idea de cómo iban las cosas, comenzó a emerger una tendencia desconcertante y alarmante en los datos. Las casas-iglesia habían dejado de crecer, y algo aún peor, habían dejado de multiplicarse. No se estaban reduciendo, pero básicamente todas se habían estancado. Sin embargo, la gran celebración continuó creciendo cada domingo. Mientras más le preguntábamos a los líderes, más claro resultaba que los creyentes más antiguos en la fe seguían en los grupos pequeños en casas, pero los nuevos estaban eligiendo la celebración como su manera de conectarse con la iglesia. No importaba cuánto enfatizáramos la participación en las casas-iglesia como la única manera real de ser parte del Cuerpo, cada domingo por la mañana estábamos dando un mensaje no verbal más fuerte y contradictorio. Dado que dedicábamos el 90% de nuestro tiempo, energía y dinero a las tres o cuatro horas de los domingos por la mañana, los nuevos creyentes asumieron que éste era nuestro evento principal, a pesar de que nuestras protestas daban a entender lo contrario. Ciertamente era más fácil venir y ser parte de una audiencia que entrar a un hogar y ser discipulado por aquellos que te conocen bien mientras aprendes a ser un participante activo como "el rey y el sacerdote" de Apocalipsis 1:6.

Los líderes mongoles y yo estábamos horrorizados. Mientras orábamos para saber qué hacer, seguimos dando vueltas en busca de una solución que ninguno de nosotros quería pero que con el tiempo demostró ser la única manera de poner a nuestra iglesia de vuelta en el camino de Dios.

Llegamos a la dolorosa decisión de cancelar las celebraciones de los domingos.

El siguiente domingo por la mañana, después del testimonio, la alabanza, las dramatizaciones y la enseñanza de la palabra de Dios, hicimos que todos los líderes de las casas-iglesia se pararan afuera alrededor de la sala de cine que alquilábamos. Anunciamos que ésta era nuestra última gran reunión por el momento, y que aquél que se considerara parte del Cuerpo debería involucrarse en una casa-iglesia, ya que desde ahora en adelante ésta era la única expresión disponible. Los líderes se distribuyeron por distritos, y los nombramos en orden geográfico. Le pedimos a todas las personas que se acercaran al líder que les quedaba más cerca de sus hogares. Casi todos pasaron. Después los líderes anotaron sus nombres y les dijeron dónde y cuándo se realizaría la siguiente reunión. Y eso fue todo.

El fruto de esta drástica acción fue impresionante. En un par de semanas todos los grupos tuvieron que multiplicarse ya que eran demasiado grandes. Por fin se les enseñó a los creyentes a obedecer a Jesús, y una nueva vida fluyó a través de las arterias del Cuerpo. Un par de meses después reanudamos las celebraciones sólo una vez al mes, y así estaba bien.

Desearía contarte que aprendimos nuestra lección, y que todo fue bueno desde ese punto en adelante pero no puedo. Con el tiempo pasamos de una celebración mensual a dos celebraciones al mes. Estas reuniones eran tan populares y entretenidas que una vez más intentamos hacerlas todos los domingos, y se repitió la misma historia con resultados similares. Las casas-iglesia simplemente no se podían mantener en el centro de la vida de la iglesia cuando las reuniones grandes eran semanales. Nunca encontramos una solución que agradara a todos en este asunto. Parecía que siempre estábamos experimentando con la frecuencia de la celebración, ¿una vez al mes, dos veces, o cada semana?

Años más tarde en un seminario de casa-iglesia en Inglaterra encontré mi respuesta a este dilema. Un pastor le preguntó al presentador, Tony Dale, con cuánta frecuencia debían hacerse las reuniones grandes. Clavé toda mi atención en él. Ésta era la pregunta crucial. La respuesta me sorprendió completamente, era una que ni siquiera había cruzado nuestras mentes. Tony respondió con una pregunta: "¿En el Nuevo Testamento, cuándo se juntaban las casas-iglesia en una reunión más grande de toda la ciudad o región?". Tony tuvo que proveer la respuesta porque nadie en la habitación llena de plantadores de iglesia y líderes pudo ofrecer una respuesta. "Cuando tenían un motivo para reunir a las casas-iglesia, por ejemplo, cuando las visitaba el apóstol Pablo". Y en ese mismo momento tuve la respuesta que habíamos buscado por mucho tiempo en Erdenet. Siempre que hubiera una razón real (la visita de un apóstol, profeta, maestro, grupo de alabanza, testimonios sobre milagros etc.), podríamos juntar a todas las iglesias en una gran celebración. La única excusa para juntarnos que no era válida o bíblica era a la que siempre le habíamos dado prioridad, ¡el calendario!

DIECISIETE

Batalla con el dios del infierno

El Occidente está obsesionado con la religión nacional de Mongolia: el budismo tibetano. El Dalai Lama es el predilecto de los medios de comunicación occidentales y el ganador del premio Nobel de la Paz. Conciertos a beneficio y películas documentales honran a la gente del Tíbet, los pilares de esta religión. Películas importantes promueven al budismo tibetano, y estrellas como Richard Gere y Steven Seagal han llegado a ser sus apóstoles en Estados Unidos. Esta religión ancestral se ha convertido en una tendencia de la fe pop del momento.

También hay un elemento de moda en el budismo tibetano que está resurgiendo en Mongolia, pero eso no es todo. Setenta años de las religiones mellizas del ateísmo científico y el comunismo soviético no fueron capaces de quebrar la fortaleza de los lamas en el alma de Mongolia. Una vez más, tal como antes de la revolución de 1921, los padres daban a sus hijos jóvenes a los monasterios para ser criados como monjes, colocaban repisas para los ídolos en sus hogares y visitaban templos para postrarse repetidas veces ante los dioses de metal y madera. Cuando la urna que contenía las cenizas de Buda fue traída a Ulán Bator desde Bihar, India de visita, multitudes permanecieron durante horas de pie sólo para echar un vistazo mientras se presentaban las cenizas.

He encontrado una discrepancia entre el budismo tibetano que se difunde en el Occidente como una religión de meditación trascendente y pacífica, y las prácticas del budismo en los templos de Nepal, Tíbet y Mongolia. El budismo tibetano es una de las religiones más abiertamente demoníacas del mundo, al menos en sus países natales. Se viste de una ropa más inocente cuando va al extranjero. En Ulán Bator hay un complejo de templos en expansión ubicado en una colina baja que sobrevivió la era del comunismo como un museo, pero se convirtió nuevamente en la capital del budismo tibetano en Mongolia. Cuando se visita el monasterio Gandan, lo que se ve dentro de los templos da una idea muy diferente a la interpretación de Richard Gere. El cuarto está lleno de ídolos, Buda parece desempeñar un rol secundario. El lugar de honor lo tiene Yama, el dios de la muerte y el infierno. Las imágenes de Yama difieren, pero ciertos temas prevalecen. Es representado con colmillos y una expresión terrorífica de una malignidad feroz y lasciva. Viste un collar de cabezas humanas cortadas, un manto de piel arrancada, y a menudo se muestra consumiendo sangre de una taza en forma de cráneo. Existe con frecuencia un elemento sexualmente gráfico en sus representaciones tanto cuando Yama está solo y visiblemente estimulado por la lujuria, o involucrado en un apareamiento gráfico con su cónyuge Chamundi, un demonio femenino desnudo. Un elemento que siempre está presente son los cuerpos de hombres, mujeres y animales, incluyendo lamas budistas, que están siendo aplastados bajo los pies de los dioses. Yama es claramente "la estrella" de la adoración del budismo tibetano, y la tortura y el terror son los eventos principales.

La ingenua versión pop del budismo tibetano en Occidente mantiene un flujo constante de "viajeros de mundo" que vienen a visitar el "fin del mundo" asiático. El típico "viajero de mundo" tiene veintitantos años, en apariencia aprecia todas las culturas (excepto la suya), es europeo o estadounidense, es ecológica y políticamente correcto, y se viste o como un hippie retro o como senderista elegante. Con frecuencia esta gente terminaba en Erdenet, ya que éste era el fin de las vías del tren, lo cual les hacía creer que finalmente habían alcanzado "el rincón más remoto del mundo". La meta es ir a algún lugar que aún no haya sido contaminado por las personas de su país de origen. Erdenet reunía todos los requisitos hasta que conocieron a una familia estadounidense de cinco integrantes haciendo las compras. Siempre les molestaba que sus ilusiones se rompieran de esta forma. De todas maneras, sus ilusiones sobre la belleza del budismo mongol eran más fuertes. Eran capaces de racionalizar o ignorar la fealdad que veían en los templos y continuar su camino hacia el Nirvana.

Dado que, en agosto del 94, Magnus y María volvieron renovados de Suecia, nuestra familia pudo hacer su primer viaje fuera de Mongolia después de dieciocho meses. Fuimos en tren hasta Beijing para encontrarnos con mis padres. Carol y Bud Hadford, mi mamá y mi padrastro, oyeron el canto de la sirena de sus nietos y fueron tentados a volver a visitarnos a Erdenet. Después de un año y medio en Mongolia, estábamos más que listos para un cambio de paisaje, cualquier lugar con verduras frescas y paisajes verdes. La experiencia favorita de todos fue el buffet de desayuno del hotel. Pero ya que no podíamos comer todo el tiempo, también fuimos a apreciar los lugares turísticos más importantes, incluyendo la Gran Muralla china. En un autobús turístico terminé sentado al lado de un joven "viajero de mundo" francés, que comenzó a compartirme sobre su viaje a través de "este lugar absolutamente fantástico, Mongolia". Había estado ahí por tres días completos y le hubiese encantado quedarse más. Curioso de lo que había visto, le hice algunas preguntas sobre los lugares a los que disfrutaba llevar a las visitas.

"¿Has estado en Mongolia?", me pregunto incrédulo.

"Bueno, en realidad, vivimos ahí". Noté que una expresión cautelosa reemplazó la sorpresa en su rostro. "En Erdenet", añadí.

"¿Qué hacen ahí?".

"Bueno, enseño inglés, realizo seminarios para pequeños negocios, y trabajo con una iglesia". Sospechaba que no le gustaría esta parte, y no me decepcioné. Parecía como si le hubiera dicho que apaleaba focas bebés para ganarme la vida. Se lanzó de lleno en un ataque verbal en contra de los misioneros, llamando la atención de la mayoría de los demás pasajeros.

"¿Cómo puedes ir ahí y destruir esa cultura hermosa? ¡No puedo creer lo arrogantes que son ustedes! ¿Por qué piensan que tienen el derecho de ir y contarles sobre su religión? Ya tienen una hermosa religión propia".

Cuando hizo una pausa para respirar, yo estaba listo. "Así que, ¿fuiste a Mongolia por tres días? ¿Por casualidad fuiste a alguno de sus templos?".

"Sí, por supuesto…una religión hermosa…la mejor del mundo…un arte y una arquitectura maravillosos".

Seguí preguntando, "¿notaste los ídolos enormes que había?".

"Sí, ¿y qué?", su guardia se elevó más aún.

"¿Entonces tienes que haber visto a Yama justo ahí en el centro de la escena?".

"¿Sí?". Admitió, comenzando a ver la trampa, pero sin poder evadirla, "pero son perfectamente felices y están en paz con sus propios dioses y su hermosa religión".

Proseguí a describir al dios tibetano del infierno en gran detalle, asegurándome de que estuviera de acuerdo con cada parte de mi representación. Luego le pregunté: "¿Crees que los mongoles aman a este dios que los pisotea y los devora en cada representación? ¿O simplemente están aterrorizados? Vine a Mongolia a traer las Buenas Nuevas, no para destruir la cultura. Les cuento a los mongoles sobre un Dios que los amó tanto que permitió ser pisoteado por ellos para que nunca tuvieran que experimentar el Infierno o a su dios malvado. Los mongoles están respondiendo a este mensaje porque saben lo que es una buena noticia cuando la escuchan. Están enfermos de vivir en este terror espiritual".

Su cara se llenó de furia, y me lanzó, "¿Crees que los mongoles necesitan a Jesús?". El nombre del Salvador salió de su boca casi como una maldición.

Batalla con el dios del infierno 147

Estaba orando por ayuda para responder cuando el hombre japonés sentado detrás de nosotros se puso bruscamente de pie y gritó, "¡Todos necesitan a Jesús!".

Quedé tan sorprendido como el chico francés con esta "carga de caballería" inesperada, pero no tuve tiempo de decir nada porque este joven hermano japonés me empezó a preguntar con mucho entusiasmo: "¿Eres un misionero de verdad? Siempre quise conocer a uno. He estado aprendiendo mucho sobre lo que dice la Palabra de Dios acerca de las misiones. Creo que Dios me está llamando a ser misionero. ¿Crees que yo lo podría hacer? ¿Dónde puedo estudiar para ser misionero? Estoy volviendo a casa después de ir a una escuela bíblica en Inglaterra. Necesito planear el siguiente paso. ¿Tienes tiempo para aconsejarme?".

Miré a nuestro "viajero de mundo". Estaba furioso, ¿pero qué podía decir? Le había respondido un asiático de una nación budista que había encontrado algo mucho mejor: las Buenas Nuevas de un Dios que realmente lo amaba. El gozo que irradiaba mi nuevo amigo japonés era la mejor respuesta posible a todos los cargos que él había presentado. Al cambiar la atención hacia él con una sensación de alivio, me reí entre dientes. "Padre, Tú le tendiste una trampa a este chico. Sin duda no fue justo poner a este entusiasmado evangelista asiático detrás mío para responder esta pregunta. Probablemente te divertiste arreglando todo esto. Oh... ¡y gracias!". El joven francés no dijo una palabra por el resto del viaje hasta la Muralla, ni cuando regresamos. Mi familia disfrutó todo el día en la Gran Muralla pasando un tiempo de compañerismo con nuestro nuevo hermano de la tierra del sol naciente. Fue un privilegio imprevisto compartir y ministrar a este discípulo de Jesús tan amoroso y apasionado. Días como éste hicieron que fuera inevitable que disfrutáramos nuestro tiempo lejos de Mongolia, pero también anhelábamos volver a Erdenet. No queríamos perdernos nada.

En el primer año desde el nacimiento de la iglesia, nuestro decrépito edificio de departamentos construido por los rusos en Erdenet, estaba listo para ser el semillero de una actividad cristiana. Bayaraa, la creyente mongola que se había mudado a Erdenet con Magnus y María para ayudar en la iglesia, también vivía en este edificio. El departamento que compartía con sus hermanas servía como un lugar de encuentro para uno de nuestros grupos en casa.

Nuestra familia comenzó a asistir a esta casa-iglesia poco después de mudarnos a Erdenet. Disfrutábamos la adoración y las canciones, y el esforzarnos por entender las enseñanzas nos ayudaba a aprender el idioma. Era maravilloso ser parte de un grupo tan unido y amoroso.

Lo que ninguno de nosotros sabía era que una familia budista que vivía en el piso de arriba escuchaba nuestras reuniones a través de los conductos. Un hermano y dos hermanas se juntaban fielmente alrededor del agujero de humo de la cocina todos los miércoles por la noche. La acústica era perfecta. La hermana mayor conoció a Bayaraa mientras estudiaban juntas en la universidad donde los Alphonce eran profesores de inglés. Poco tiempo después, Bayaraa y su hermana fueron a visitar a la familia y los guiaron a Cristo.

Qué ánimo saber que las personas estaban siendo atraídas a Jesús de sólo escuchar nuestra adoración. El grupo confirmó su salvación con entusiasmo y comenzó a discipular a la familia. La hermana mayor, Bolortuya, creció en Cristo de manera rápida. Ella y su madre evangelizaron al resto de la familia que vivía en los suburbios de *gers* afuera de la ciudad. La abuela, tíos y tías, sobrinos y sobrinas, todos alegremente respondieron al evangelio.

Los mongoles atrapados en el budismo tibetano generalmente tienen una repisa de ídolos en la parte posterior del *ger* o en la esquina de la sala. Ésta consta de una pequeña repisa con una foto o una estatua de un dios, algunas velas, y ofrendas de comida y dinero. La familia de Bolortuya no era una excepción, y sus preguntas sobre qué hacer con este altar generaron una pequeña crisis. Nuestra joven iglesia nunca había tenido que tomar una decisión sobre qué hacer con la parafernalia idólatra. Hasta el momento nunca habíamos experimentado que toda una familia llegara a la fe, y nunca animamos a nuestras jóvenes adolescentes a destruir las repisas de ídolos de sus familias. A pesar de tener ídolos en sus casas, estos objetos de adoración no eran de ellos para tirarlos, sino que le pertenecían a la familia entera. Pero en esta situación, con toda una familia que había empezado a creer, nuestro consejo fue que se deshicieran de ellos. La familia decidió invitar a algunos líderes de la iglesia y quemar la repisa de los ídolos.

Casi inmediatamente, uno de los nuevos creyentes de la familia se enfermó. Era la mayor y el miembro que recibía más honra de toda la familia, la abuela. La sociedad mongola le da a las abuelas un lugar de orgullo en la jerarquía de su estructura familiar moderadamente matriarcal. Durante los próximos días la condición de la abuela de Bolortuya empeoró, hasta que la familia comenzó a perder esperanzas por su vida. Llamaron a los parientes que vivían en el campo o en pueblos distantes y les dijeron que ella quería que la visitaran. En una cultura que tiene un fuerte tabú en contra de mencionar la muerte, incluso la muerte inminente, esto se entendía comúnmente como un código que significaba "apúrate, está muriendo". La familia lejana comenzó a juntarse y a esperar lo inevitable.

La otra abuela de Bolortuya y su tía, ambas budistas devotas, notaron que faltaba la repisa de los ídolos ni bien entraron a la casa. La repisa de los ídolos es el espacio geográfico determinante en el *ger* mongol, y su ausencia debe haber sido notoria. La desaprobación de las dos mujeres era obvia, aunque no se hizo mención del sacrilegio.

Mientras los nuevos creyentes de la familia oraban y hablaban de la situación, comenzaron a darse cuenta de que había otros objetos de adoración tibetanos en el hogar. Decidieron que estos también debían ser arrojados a las llamas. Más tarde Bolortuya nos contó que toda la familia había estado valientemente de acuerdo en llevar a cabo este plan. Llevaron la parafernalia al patio y la quemaron. La familia oró todo el tiempo para que Dios los protegiera de los espíritus malignos. Después de la fogata, oraron por la abuela y se recuperó por completo de manera asombrosa.

Bolortuya y su madre llegaron a nuestra casa con varias preguntas. Comenzamos por explicarles que Satanás, el príncipe de la oscuridad, es el poder y la autoridad detrás de los ídolos. La conversión de su familia seguida por el desmantelamiento y la quema del altar había enfurecido a los poderes de la oscuridad. El ataque a la salud de la abuela había sido un intento por reafirmar su autoridad sobre la familia. Los objetos de idolatría que habían quedado en la casa continuaron sosteniendo la puerta abierta para este tipo de ataque espiritual.

Al propagarse las buenas nuevas, toda la iglesia cobró ánimo con esta victoria sobre las fuerzas demoníacas que habían temido todas sus vidas. Jesús luchó contra Yama y sus legiones, y rescató a los mongoles del calabozo del terror.

DIECIOCHO

Propagando el evangelio de boca en boca

Nos habían entrenado para esperar que el evangelismo transcultural fuera uno de los primeros y más difíciles obstáculos que enfrentaría nuestro equipo. Sé que gran parte de la lucha de muchos equipos de plantación de iglesias que trabajan entre los grupos no alcanzados reside en poder superar la división cultural de manera contundente y efectiva al compartir las Buenas Nuevas. Estábamos listos para esta batalla, pero nunca llegó. La única tarea de plantación de iglesias que nuestro equipo no resolvió de manera interna fue el evangelismo. Nosotros delegamos este trabajo a los asiáticos.

Los mongoles tienen un don natural cuando se trata de compartir su fe. Simplemente no pueden guardarse las buenas noticias para ellos. Después que un grupo de misioneros mongoles a corto plazo ganaran un punto de apoyo para Dios en Erdenet, vimos con asombro cómo los primeros convertidos, sin que las diferencias culturales les fueran un estorbo, comenzaron rápidamente a ganar a sus amigos y vecinos para Cristo. En el primer año las adolescentes que habían formado el primer grupo ganaron a jóvenes de su edad, sin embargo, durante el verano y el otoño del 94, el evangelio se propagó como un incendio arrasador por grupos de todas las edades y de ambos géneros. Nuestras clases para nuevos creyentes estaban repletas, muchas personas mayores eran salvas, e incluso algunos de nuestros miembros más tímidos y modestos guiaban a sus vecinos a Cristo. Los creyentes derramaban sus corazones en oración por sus familias, vecinos, compatriotas e incluso por otras naciones en los encuentros de oración semanales y en nuestras reuniones de casas-iglesia. Y esas oraciones fueron contestadas.

Los plantadores de iglesia fuimos lanzados tan rápidamente a la tarea de discipular a la creciente banda de convertidos que en realidad nunca tuvimos que hacer mucho evangelismo nosotros mismos, al menos entre los mongoles. Aún así buscamos oportunidades para evangelizar, en el trabajo, en los largos viajes en tren de noche entre Ulán Bator y Erdenet, y en nuestra vida cotidiana en la comunidad. Ciertamente, con tantos creyentes mongoles, no tenía mucho sentido cruzar barreras de lenguaje y cultura para llevar el evangelio nosotros mismos cuando éramos mucho más efectivos entrenando a los mongoles para ganar a su propia gente. Durante nuestro entrenamiento habíamos aprendido que cuando las personas del lugar comienzan a compartir el evangelio con sus vecinos, era una señal para que el equipo de plantación de iglesias hiciera ajustes y concentrara sus energías en el discipulado y el entrenamiento de líderes. Pero, lo que parece tonto para los hombres es a menudo sabiduría de Dios. Como recuerdo de mi diario, el primer día de noviembre de 1994 fue uno de estos casos.

"Anoche me robaron la bicicleta. En realidad fue mi culpa. Me fui a reunir con dos australianos en Erdenet que venían en una asignación de negocios temporal. Escuché que ellos tenían algunos videos que nos podían prestar, y quería sorprender a Louise que estaba confinada de alguna manera a la casa ya que el bebé tenía como fecha de parto el día de ayer, y a Ann-Marie, la partera sueca que había venido desde Ulán Bator para atender el nacimiento. Dejé la bicicleta afuera del hotel y no me tomé el cuidado de asegurarla, pensando que sólo sería un minuto y que nunca habíamos experimentado un robo desde que salimos de la capital. Al subir las escaleras encontré que los australianos habían salido, pero un croata amistoso me invitó a su cuarto. Me encanta conocer personas de otros países, así que entré. Después de intercambiar cumplidos, cometí un error fatal. Admití mi ignorancia sobre los conflictos subyacentes a la guerra en su país y le pedí que me explicara. (Nueva regla de vida: nunca le pidas a un oriundo de la antigua Yugoslavia que te explique el conflicto de los Balcanes). Dos horas y media más tarde le insistí que me tenía que ir y le prometí que volvería, pero mi esposa que estaba por dar a luz en cualquier momento estaría preocupada por mi inexplicable desaparición. Eran ya las diez y media de la noche, y Louise me esperaba en casa desde las ocho. Fui a donde había dejado la bicicleta y ya no estaba. Comencé a caminar a casa y me encontré con Magnus y con un grupo de chicas de nuestra iglesia. Eran parte de un equipo que le ayudaba a la policía en mi búsqueda. Aparentemente Louise se había preocupado un poco. Mortificado, caminé a casa con ellos y le informé a la policía por teléfono: "estadounidense encontrado, bicicleta robada".

Esta mañana me tuve que levantar a las cinco y media de la mañana para la reunión de la escuela de discipulado de las seis. Después de la reunión, Toogee, uno de los aprendices, me pidió prestada la bicicleta, algo de todos los días. Él y su mejor amigo, Tsogoo, son los *hooligans* de nuestra iglesia. Esta palabra es una de las pocas palabras que son iguales en inglés y en mongol. Los dos habían sido líderes de una feroz pandilla en Erdenet. A los quince y dieciséis años ya tienen una temible reputación. Hace seis meses más o menos, llegaron a la fe y se bautizaron, aunque todavía tienen sus lados ásperos. Todavía pelean, fuman, toman, holgazanean y están involucrados en otros pasatiempos de *hooligan* pero en menor medida. Estoy agradecido de que siempre han sido respetuosos y amables con nosotros. Esto es bueno ya que viven en nuestro edificio. Dios nos guió a aceptarlos en la escuela de discipulado a pesar de que nos vimos obligados a hacer cambios importantes en las tareas con compañeros de oración, debido a que ellos se habían peleado a golpes con muchos de los demás discípulos. Después de tres clases, ya estamos viendo cambios reales. Cuando le dije a Toogee que mi bicicleta había sido robada la noche anterior me pidió detalles, escuchó atentamente, y luego gruñó y se fue. Lo vi hablando con Tsogtbaatar (a quien llamamos "el rey de los *hooligans*") y cuando me di vuelta, se habían ido. Supuse que se habían ido a su casa a descansar.

Cuarenta y cinco minutos después, abrí la puerta y encontré a nuestros discípulos-*hooligans* sonriendo, mi bicicleta en pedazos, y dos pequeños muchachitos muy asustados, con los cuellos de sus camisetas firmemente sujetados por las manos de los *hooligans*. Me explicaron que habían estado preguntando (aparentemente sus contactos con el bajo mundo siguen intactos) y atraparon a estos pequeños ladrones desarmando mi bicicleta en pedazos. Todavía faltaban algunas piezas y el cabecilla de la banda, así que enviaron a uno de los muchachitos (llamado Octubre) para que trajera a su jefe junto con las partes faltantes. El otro muchachito, Altansook, se quedó como rehén en nuestra sala para asegurar su regreso. Como él estaba sentado ahí solo mientras Toogee y Tsogoo armaban mi bicicleta en el pasillo, comencé a hablar con él. Tenía trece años, era pequeño para su edad y era algo patético. Le dije que él, como el resto nosotros, era '*gemtei*' o 'con pecado'. Le expliqué que Borkhan, el Dios viviente no podía tolerar el pecado y que él y todos nosotros estábamos perdidos y muriendo. Le mostré la solución de Dios a su problema por medio de la Biblia. "De tal manera amó Borkhan al mundo...", es maravilloso cómo el ser atrapado con las manos en la masa, nos despoja de nuestras excusas. Ciertamente no podía negar su necesidad de un salvador. Cuando llegué al final de mi mongol y aún quería decirle más, Dios proveyó a uno de nuestros futuros ancianos de la iglesia, Odgerel, ('Luz de estrella') para que viniera y compartiera más con él. Le dije que lo perdonaba y lo invité a recibir a Jesús, lo cual hizo con mucho gusto. Pasó el resto de su cautiverio leyendo la Biblia. Estaba fascinado. Prometió que vendrá al estudio bíblico para los alumnos de secundaria que enseñaré mañana. Nos abrazamos como nuevos hermanos y lo enviamos con Toogee y Tsogoo para encontrar a sus amigos que habían escapado. Le dije que si volvían con las partes no le daría sus nombres a las autoridades pero si no volvían, lo primero que haría al día siguiente sería darle los nombres y las direcciones de los dos a la policía.

Horas más tarde, justo en la mitad de nuestra reunión de equipo con Magnus, María y Ann-Marie (nuestra partera sueca), se presentaron los dos vándalos. Traían las partes que faltaban y a los delincuentes: Octubre y el cabecilla, Amarbat, ambos de catorce años. Magnus y yo compartimos las buenas nuevas con ellos. Cuando expresé mi perdón y amor, esos duros y enojados ojos se humedecieron repentinamente. Cuando les dije que la buena sensación que mi perdón les causó se podía magnificar mil veces con el perdón total de Dios, realmente se conmovieron. Amarbat preguntó, "¿alguien como yo puede venir a tus reuniones a escuchar de Jesús?". Fue increíble escuchar a Magnus decir, "¡Por supuesto! Jesús vino por *gemtei huumus* (pecadores) como tú". Ellos se unirán a su amigo en la reunión de mañana. No veo la hora de que me roben la bicicleta de nuevo".

Otra víctima del temible hielo mongol. Estoy bromeando, es parte de la basura que alguien tiró en el parque que está frente a nuestro edificio.

DIECINUEVE

El primer nacimiento de un extranjero en Erdenet

Nuestro cuarto hijo, y el primer varón, nació al día siguiente, el 2 de noviembre de 1994. Tengo la convicción de que el relato de los nacimientos debería pertenecerle a las que hacen el trabajo duro, entonces aquí va lo que sucedió en las propias palabras de Louise (de una carta que le escribió a una amiga en Nevada):

He estado pensando mucho en ti últimamente. Creo que es porque hay pocas personas que tienen cuatro hijos y sobreviven para contarlo. Cómo deseo poder llamarte. Tendré que conformarme con el antiguo arte de escribir cartas.

El dos de noviembre me desperté a las dos de la mañana con contracciones leves. Las ignoré y me volví a dormir. Alrededor de las cinco me levanté para ver si éste era realmente el momento. Limpié la sala y barrí el piso mientras contaba las contracciones. A las seis, volví a la cama para ver si podía dormir, porque sabía que iba a tener un largo día. Brian se despertó lo suficiente como para que le contara lo que estaba pasando y mostró tanto entusiasmo como el de una babosa. Dormimos hasta que los indios se pusieron demasiado inquietos como para ignorarlos. Me levanté y le hice el desayuno a las masas hambrientas. Comimos granola hecha en casa y Tang. ¿Quién iría a pensar que algún día consideraría al saborizante de naranja como un premio?

El primer nacimiento de un extranjero en Erdenet

Después del desayuno caminé al departamento de Magnus y María para contarle a mi matrona sueca (sí, Dios me ama lo suficiente como para enviarme lo mejor) que estábamos listas para un día ocupado. Ann-Marie, mi matrona, estaba mucho más feliz que Brian a las seis de la mañana. Magnus se asombró de que estuviera tan calmada con toda la situación. Me tomé una taza de té con los suecos y después me fui a casa a enseñarle a las niñas su lección diaria. Supuse que las clases en casa serían más esporádicas después del nacimiento del bebé, así que quería hacer una clase más. Las niñas estaban decepcionadas, asumieron que un nuevo hermano sería una excusa infalible para tener vacaciones.

María vino más tarde por la mañana para preguntar qué podía hacer y la envíe a hacer las compras. Volvió un poco más tarde con la comida que necesitábamos y luego se llevó a Alice a su casa. Alice necesitaba atención especial, y María era perfecta para ese trabajo. Alice, una experta en bañeras, le preguntó a María si se podía tomar un baño en su bañera. Estaba feliz como una perdiz. Molly y yo terminamos las clases cerca del mediodía, justo después de que Brian y Melody terminaran sus estudios, así que almorzamos juntos. Mis contracciones habían disminuido bastante. Ann-Marie había venido preparada para una larga estadía. Revisó el corazón del bebé y la cabeza; el corazón estaba bien y la cabeza todavía estaba un poco alta. Aún podía moverla un poquito. Me sugirió que saliéramos a caminar. Era exactamente lo que necesitaba. Dimos un largo y agradable paseo por las colinas detrás de la ciudad. El bebé escogió un día maravilloso para venir al mundo; el cielo tenía un color azul profundo sin nubes, y hacía una temperatura de alrededor de 7 °C, realmente hermoso. La caminata ayudó con las contracciones. Cuando volvimos al departamento, Ann-Marie me revisó y las cosas estaban progresando bastante, así que comí un poco.

Casi a la misma hora llegó Magnus apurado con todas las cosas de la cámara (se suponía que él iba a filmar los eventos del día). Había recibido una llamada agitada de la madre de nuestra buena amiga Ganaa, que traduce para la casa-iglesia rusa, diciendo que el bebé ya había nacido y pensaba que se lo había perdido. Todos quedamos desconcertados. En ese momento Melody volvió de jugar. Al parecer, había ido a ver a Ganaa para decirle lo que estaba sucediendo, pero ella estaba trabajando. Así que Melody le contó a la madre en un mongol entrecortado. Minutos después de que llegara Magnus, apareció Ganaa que había tenido que pedir permiso para salir de una reunión de profesores. María y Alice volvieron unos minutos más tarde. Ahora la casa estaba llena y mis contracciones eran cada vez más fuertes y más seguidas. Ya había quince personas en nuestro pequeño departamento cuando llegaron otros cuatro amigos mongoles a ver el show. Ann-Marie trajo el video de "Ana de las Tejas Verdes", así que todos estaban mirando la película y me echaban un vistazo cuando parecía incómoda. El concepto de privacidad no se traduce muy bien de una cultura a otra. Finalmente le pedí a Ann-Marie que despidiera a todos los que no fueran realmente parientes, a excepción de Magnus y María. Brian recordó que tenía que enseñar un estudio bíblico a los jóvenes de la secundaria. Se ofreció a encontrar a otra persona para que dirigiera la reunión, pero yo estaba más que feliz de sacármelo de encima.

Para las tres cuarenta y cinco, mis contracciones eran cada dos o tres minutos y yo cantaba para sobrellevar la situación. Mi hermana me había dicho que le había ayudado en su trabajo de parto con sus dos hijos. Sin duda es más divertido que la antigua y aburrida respiración. Brian llegó alrededor de las cinco, y María y Anne-Marie comenzaron a hacer la cena para todos. El día anterior habíamos cenado una pierna de cerdo asada, así que teníamos muchas sobras de carne. El aroma era tentador, y me habría dado mucha felicidad comerla, pero los dolores de parto me estaban matando el apetito. Intenté recostarme, pero mis contracciones y mis hijas me mantenían despierta. Las niñas continuaban entrando y saliendo de la habitación para ver si el bebé ya había llegado.

La próxima vez que Ann-Marie me examinó, a las cinco y media, las cosas habían comenzado a avanzar. Tenía ocho centímetros de dilatación. Comenzamos a preocuparnos un poco de que Carleen se perdiera el parto. Varios días atrás, le habíamos pedido a Carleen Curley, miembro del Cuerpo de Paz de la ciudad, que presenciara el

El primer nacimiento de un extranjero en Erdenet   159

nacimiento para que pudiera testificar que el bebé era ciudadano estadounidense ante la embajada de Estados Unidos. El consulado nos había dicho que no podían emitir un pasaporte sin un "certificado de nacimiento con vida en el extranjero", y esto requería la declaración de un ciudadano norteamericano no relacionado con la familia para verificar que el bebé realmente provenía de padres norteamericanos. Brian le pidió a Magnus que fuera a buscarla y la trajera para evitarnos una pesadilla burocrática.

Sólo minutos después de que Magnus cruzara la ciudad con mucha prisa para ver si Carleen estaba en su departamento, ella vino a ver cómo estábamos. Le preguntamos dónde estaba Magnus y pareció confundida. No tenía ni idea de que estaba en trabajo de parto y se preguntaba porqué Ganaa se había ido de manera tan abrupta de la reunión de profesores del Instituto de Lenguas Extranjeras. Nos reímos de todas estas confusiones y tuvimos que enviar a María a buscar a Magnus que ahora estaba en pánico al no poder encontrar a Carleen. Al final todos volvieron al lugar donde se suponía que debían estar.

Carleen también trajo de casualidad masa de panqueques para la mañana siguiente. Fue una inspiración divina. Carleen ha sido una gran bendición para nosotros. Viene de una gran familia católica y no mantiene las tontas creencias cósmicas que muchos del personal del Cuerpo de Paz parecen sostener. Tiene una muy buena moral y una ética de trabajo maravillosa.

A las 6:03 p.m. según los registros de Ann-Marie, estaba completamente dilatada y se me rompió la fuente de agua. De manera inmediata sentí que tenía que pujar. Esa parte es un poco confusa para mí, creo que pujé tres veces y nació Jedidiah. Su cabeza salió y después una mano, y luego comenzó a llorar. A continuación, pujé el resto de su cuerpo y Brian gritó "¡es un NIÑO!". Esto hizo que todos los que estaban en la casa se metieran en nuestra habitación para ver la emoción. Ann-Marie lo revisó y declaró que estaba muy saludable. Eso fue a las 6:11 p.m.; en el momento me pareció que fue mucho más tiempo.

Melody y Alice saludando a su nuevo hermano. La matrona Ann-Marie ayuda a Molly a sostener a Jedidiah.

Las niñas estaban tan felices con su nuevo hermano. El sonido de Melody sollozando, "es un niño, es un niño", ahogó las felicitaciones de los adultos. Ann-Marie midió y examinó al bebé: todas sus partes estaban donde debían estar y en el número correcto. Midió 52.6 cm y pesó cuatro kilos. Pesarlo fue difícil, como muchas cosas simples aquí. Pedimos prestada una pesa de la panadería de la iglesia pero no tenía todas las pesas, así que Magnus y Brian usaron latas de comida de un lado para hacer contrapeso con Jedidiah del otro lado. Quedó como un recuerdo divertido.

Una hora después del nacimiento, ya me había bañado (rompiendo un tabú mongol) y estaba de pie comiendo la cena de cerdo suculenta y deliciosa que había preparado María. Siento que realmente logré algo. Jed es el primer bebé no mongol nacido en los veinte años de historia de la ciudad de Erdenet. Los periódicos locales escribieron una historia sobre el nacimiento y es el tema del momento en la ciudad.

El primer nacimiento de un extranjero en Erdenet

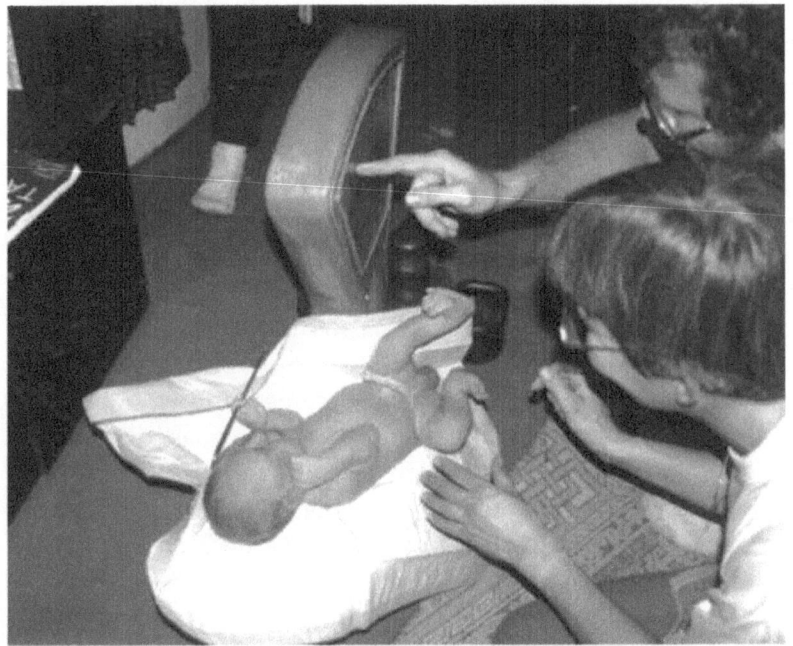

Pesando a Jedidiah

Brian fue derecho a buscar el certificado de nacimiento mongol. Fue muy gracioso oír al oficial explicar que si le daban un certificado de nacimiento a Jed, después podría reclamar su ciudadanía mongola. El miedo era que esto podría abrir la puerta para una inundación de extranjeros queriéndose mudar a Mongolia para tener a sus bebés y así obtener los maravillosos beneficios de ser ciudadano de este país. Brian intentó explicarle que él probablemente no iba a querer renunciar a la ciudadanía estadounidense para poder tener la misma nacionalidad que el resto de su familia, pero el hombre no cambió de opinión. Menos mal que hicimos todo correctamente para obtener el certificado de nacimiento norteamericano.

Odio los primeros tres meses de la infancia; me gustaría poder dormir durante todo este tiempo. ¡Ja ja!, ni siquiera cerca. La falta de sueño le hace cosas divertidas a tu mente. Es aún peor aquí en esta tierra extraña. Los mongoles poseen creencias extrañas sobre la nueva maternidad y todo eso. A la madre no se le permite salir de la casa por un mes y medio, y debe mantener sus oídos cubiertos o con tapones todo el tiempo. El pensamiento detrás de esto parece ser que el bebé deja un agujero enorme en tu cuerpo y cosas "malas" pueden entrar a través de los oídos. Uno pensaría que también pueden entrar a través de la nariz y de la boca, pero éstas no son una preocupación. La madre no debe bañarse por lo menos por un mes. El bebé necesita ser envuelto de una forma apretada, solamente con una pequeña parte del rostro al descubierto. Incluso en verano envuelven a sus bebés de una manera tan ajustada que todos terminan con un sarpullido por causa del calor. Encima, los mongoles no tienen tabús culturales en contra de dar consejos sin que se los pidan. Podría gritar de todos los consejos que he recibido. He empezado a esconderme en la habitación cuando tocan la puerta, y si es una de las personas que se siente en la libertad de dar consejos, me quedo ahí. A veces funciona, pero la mayoría de las veces van derecho a la habitación para ver al bebé. Por favor escribe. Necesito saber que queda una persona cuerda en esta tierra.

¡Uff! Se fue la electricidad. Estoy harta de esto. Gracias a Dios por las baterías, aún así, lo tomaré como señal para decir adiós.

Con cariño, Louise

VEINTE

Conmoción y asombro

En medio de nuestro gozo por el nacimiento de Jedidiah Patrick, nadie de nuestro equipo o de la iglesia notó que estábamos por cruzar las puertas del infierno. Satanás escogió este momento para desatar un contraataque violento e intenso en nuestra contra que amenazaría con destruir todo lo que Dios había hecho en Erdenet por completo.

Durante el verano habíamos hospedado a un equipo de misioneros a corto plazo de una iglesia de Minneapolis que tenía algunas creencias y prácticas extrañas, especialmente en el área de dones y liderazgo espiritual. Su visita no fue buena para la iglesia de Erdenet, y quedamos aliviados al verlos partir en la estación de trenes. No supimos nada más de ellos, así que nos sorprendimos al encontrarnos con cuatro de ellos un día después del nacimiento de Jed. Habían venido para quedarse, con las instrucciones de su pastor de comenzar una iglesia "más espiritual" en Erdenet y, de ser posible, mantener sus actividades en secreto de nuestro equipo. Al ser los únicos estadounidenses en la ciudad además de nosotros, el secreto se expandió a las pocas horas de haber llegado. Tratamos de hablar con ellos, pero tenían órdenes de trabajar separados de nosotros, y la reunión terminó con un sabor amargo. Esta primera oposición real nos sacudió, pero no teníamos idea de lo que ya se estaba poniendo en marcha.

Una semana después del nacimiento, estaba cruzando la plaza de la ciudad cuando quedé pasmado al ver a cuatro sonrientes jóvenes norteamericanos conociendo los alrededores. Aún cubiertos de abrigos gruesos sobre el distintivo blanco de sus camisas y corbatas, era obvio que eran misioneros mormones. Era bastante inusual ver extranjeros de cualquier tipo, y nosotros habíamos sido los únicos residentes *gadaad humuus* (extranjeros) en la ciudad. Enviando una oración relámpago para que fueran sólo turistas, me acerqué a ellos y me presenté. Mi corazón se hundió cuando me dijeron que ya sabían quién era, y que se habían mudado a un departamento al otro lado de la ciudad. Habían firmado contratos de enseñanza en el Instituto de Lenguas Extranjeras, donde María y Magnus también enseñaban inglés.

Magnus descubrió al hablar con la directora de la escuela, que había contratado cinco profesores de inglés nuevos de Estados Unidos. Sabíamos de los cuatro chicos mormones, pero aún no conocíamos a la quinta profesora, una mujer de San Diego, California. Resultó que ella había venido para comenzar una congregación bahá'í en Erdenet. La misma semana escuchamos que algunos mongoles que se habían convertido a una secta coreana, comúnmente llamada la iglesia de "los testigos de Lee" (también conocida como "el ministerio del río vivo" o "la iglesia local"), se habían mudado de Ulán Bator y ya habían comenzado una pequeña iglesia en el lado este de Erdenet. Parte de sus prácticas consistían en subir fatigosamente la colina antes del amanecer y recibir el día con gritos de alabanza. Esto no les hizo ganar la simpatía de los vecinos que, desafortunadamente, pensaron que eran parte de nuestra iglesia.

Parecía inconcebible que en menos de una semana pasáramos de ser la única iglesia de la ciudad y trabajar sin ninguna oposición, a competir con cuatro grupos, ¡tres de ellos, sectas! Los cuatro cultos enseguida se enfocaron en los creyentes de la Asamblea de Jesús. Envié una enseñanza sobre el mormonismo en comparación con la Biblia a todos los grupos de estudio bíblico y a las iglesias hijas afuera de Erdenet justo a tiempo. Un día después de que la iglesia escuchara las claras diferencias entre el cristianismo bíblico y los Santos de los Últimos Días, los mormones comenzaron su campaña de testificar de puerta en puerta. No les fue tan bien como esperaban, no lograron convertir ni un creyente. La iglesia mormona de alrededor de cuarenta miembros que se estableció con el tiempo, estaba conformada casi exclusivamente por estudiantes de inglés motivados por promesas de viajes a Estados Unidos y becas para la universidad de Brigham Young en Utah.

Las "mujeres estadounidenses", como llamábamos al equipo de Minneapolis, se pusieron directamente a trabajar en el establecimiento de su iglesia. Era fácil ver lo que habían encontrado como una deficiencia en nuestro enfoque de plantación de iglesias. Su método se aproximaba más a una copia del enfoque de las reuniones grandes de los domingos que caracteriza a la mayoría de las iglesias de occidente. Nuestra decisión de reunirnos en pequeñas iglesias sencillas, principalmente en hogares alrededor de la ciudad, les debe haber parecido débil y extraña. Importaron un enorme sistema de sonido, instrumentos eléctricos (lo que no sólo rompe la práctica de contextualización misionera, sino que también requiere un voltaje de 110 voltios inexistente), materiales para comenzar una escuela bíblica, y de inmediato juntaron a un grupo y comenzaron sus servicios. Trajeron a una mujer búlgara que hablaba ruso a los mongoles para que les ayudara a poner las cosas en marcha porque nadie hablaba mongol. Se conectaron con dos mujeres jóvenes que eran diáconos en la Asamblea de Jesús, la iglesia que nosotros plantamos. Un verdadero espíritu de rebelión y de independencia hizo erupción en estas líderes y se comenzó a expandir. A los pocos días parecía que la Asamblea de Jesús se dividía. Tratamos de hablar con estas diaconisas y con sus seguidores, pero la oferta de un liderazgo instantáneo sin ningún discipulado era muy atractiva.

Odgerel, cuyo nombre significa "Luz de las estrellas"

Odgerel, un anciano en entrenamiento, pasó bastante tiempo razonando con las rebeldes. Los espíritus que trabajaban en ellas hicieron que él se llenará de dudas y se desmotivara por completo.

Hizo planes para abandonar la iglesia e irse de vuelta a Ulán Bator para convertirse en niñero de la familia de su hermana. Esto fue un gran golpe emocional ya que él estaba tan apasionado por Cristo. Pasamos varias horas suplicándole que cambiara de opinión, pero era como hablarle a una pared de ladrillo. Teníamos la fuerte sensación de que tratábamos con una persona completamente diferente, que apenas se parecía a nuestro amigo. Magnus, María y yo estábamos completamente desconcertados. Estábamos casi resignados a perder a Odgerel, cuando Bayaraa dijo lo que pensaba, "No creo que hablar con Odgerel sirva de mucho. Necesitamos orar y ordenarle a este espíritu que se vaya". ¡Qué manera de ser humillados! En ese instante nos dimos cuenta de que estábamos experimentando un ataque espiritual, no una crisis humana. Rodeamos a Odgerel, y Bayaraa nos guió en oración, reprendiendo al demonio y ordenándole que dejara de oprimir a nuestro hermano. Después de unos quince minutos de oración el espíritu se fue y Odgerel comenzó a llorar. Se arrepintió y compartió cómo se había sentido obligado a irse a pesar de no querer hacerlo. La desesperanza lo había cubierto como una frazada. Se sintió purificado y quiso irse de inmediato a un retiro de dos días para ayunar y orar en el campo. Lo bendijimos y nos despedimos. (Un año y medio más tarde, Odgerel sería nombrado anciano y pastor de la iglesia de Erdenet, así que, en retrospectiva, deberíamos haber esperado una batalla como está por él). Nuestro equipo se juntó con el resto de los líderes de la iglesia y oramos intensamente, pidiéndole a Dios que abriera los ojos de aquellos en rebelión y limitara la propagación del daño en el resto del cuerpo de la iglesia. Unos tres días después todos los que se habían ido con las diaconisas rebeldes regresaron, arrepentidos y con lágrimas en los ojos. Dios sanó la división, pero todos quedamos conmocionados por lo cerca que habíamos estado de dividirnos.

Al mismo tiempo, tanto nuestra familia como la de los Alphonce, llegamos a estar bajo la amenaza de ser desalojados de nuestros departamentos. Nuestra vieja "amiga" Sukhbat, ahora a cargo de la Autoridad de la Vivienda, tenía fama de ser muy malvada y de recibir sobornos. Se le podía pagar para arrebatarle la casa a una familia y concedérsela a aquél que le diera el soborno. Por lo visto tenía "compradores" para ambos departamentos de nuestro equipo. Sukhbat nos mandó a avisar que debíamos entregar nuestros "registros de la casa" e irnos. Nos rehusamos y más tarde recibimos una nota de que nos estaba desalojando. Descubrimos una ley mongola que establecía que era ilegal desalojar a alguien entre septiembre y mayo debido a la dureza del invierno mongol. Nuestra esperanza aumentó, pero después disminuyó de nuevo cuando descubrimos que la policía era parte de este trato sucio. Sukhbat había sobornado a la policía para hacer el trabajo de desalojo. Algunos de nuestros amigos fueron y pelearon contra esta notificación en la municipalidad, pero nadie quería contradecir a esta mujer. Se fue de la ciudad de vacaciones y nos dijeron que los desalojos se llevarían a cabo cuando regresara. Vivir bajo la presión de un inminente desalojo es estresante en cualquier lugar, pero en el congelamiento asiático con cuatro niños, y uno de ellos recién nacido, la palabra estresante ni siquiera comienza a describirlo. Las batallas diarias con la burocracia para tratar de frustrar los planes de esta mujer también nos estaban desgastando. Todos los demás ataques a la iglesia hicieron que la situación en su conjunto pareciera imposible.

A mediados de diciembre regresó la *"Tsarina* de la Vivienda" y puso las cosas en marcha. Realmente parecía que íbamos a pasar la Navidad en un hotel con nuestras pertenencias en la calle, cuando Magnus tuvo una idea mordazmente brillante. Le enviamos un mensaje a la policía diciendo que podían venir a desalojarnos cuando quisieran. Íbamos a grabar el proceso y cooperar en todo lo posible. Exigieron saber porqué íbamos a grabarlos y les informamos que a CNN probablemente le parecería muy interesante la grabación, y harían una historia sobre cómo los mongoles rompen sus propias leyes y maltratan a sus visitantes extranjeros. La policía decidió de inmediato que las consecuencias de esto eran mayores que los sobornos que habían recibido, y se retiraron del trato. Sukhbat tenía los papeles pero no la fuerza, así que sus "compradores" se quedaron sin departamentos. Después de un mes de tensión y burocracia, todo llegó a su fin.

Sentí como si nuestro equipo estuviera jugando a "Pégale al Topo", el videojuego en el que tienes que pegarle a los topos que salen sin parar de los agujeros. Ni bien resolvíamos una crisis, otra surgía de repente. Justo después de salvar nuestros departamentos, Oyuun (no es su nombre verdadero), una chica que había servido como líder del equipo de alabanza, tuvo que ser confrontada sobre un pecado sexual con uno de los jóvenes *hooligans* que había sido parte de la iglesia. Este joven nunca había hecho ningún esfuerzo para entrar en la vida de la iglesia pero nos habíamos acostumbrado a verlo rondando por un tiempo. Como un lobo entre una manada de ovejas. Al principio Oyuun se resistió, pero finalmente se ablandó y confesó. Bayaraa y María oraron con ella en su arrepentimiento y le extendieron su gracia, pero era claro que teníamos que pensar qué debería suceder cuando los líderes cayeran en pecado. Mientras, buscamos a Dios y su Palabra, compartimos entre nosotros y con los ancianos en entrenamiento, y elaboramos un plan de restauración para estas situaciones. El líder que cayera y se arrepintiera sería apartado del ministerio público por un período de varios meses. Éste sería un tiempo para acercarse a Dios y ser discipulado por el liderazgo de la iglesia. También había un requisito para aquellos en liderazgo, debían confesar públicamente en el nivel que fuera apropiado. Por ejemplo, un creyente regular confesaría a su grupo de casa, un diácono compartiría su arrepentimiento en la reunión de diáconos, y el anciano lo haría ante toda la congregación. Oyuun estaba feliz de hacer lo posible para corregir la situación tanto con Dios como con sus hermanos y hermanas. Todos vimos de inmediato cómo el pecado individual puede lastimar a toda la iglesia al ver cómo sus compañeros diáconos lloraban mientras ella compartía con ellos y más tarde al ver cómo nos faltaba algo durante la alabanza en la reunión de celebración sin las habilidades musicales de Oyuun. Esperábamos que fuera restaurada lo suficiente antes de Semana Santa para dirigir la adoración de la celebración de Pascua.

Los ataques apenas habían comenzado. No es posible contar la gran cantidad de cosas horribles que le sucedieron a nuestro equipo y a la Asamblea de Jesús durante los meses de noviembre y diciembre. Una de las más desalentadoras fue descubrir que dos de nuestros líderes principales habían ido a una fiesta y habían permitido que unos viejos amigos los engatusaran para que bebieran demasiado. Varios miembros de la iglesia habían sido testigos de su borrachera, así que ahora teníamos más mongoles arrepentidos y llorosos bajo la disciplina y la restauración de la iglesia.

En el hogar se añadió el estrés de un recién nacido. Jed, un bebé difícil y quisquilloso, no nos había dejado dormir ninguna noche. Tenía el sueño demasiado liviano y se despertaba gritando tantas veces que perdimos la cuenta.

Además del agotamiento mental por falta de sueño, todos sufríamos por el frío. Afuera, el termómetro nunca marcó arriba de los -28°C, mientras que adentro, nuestro departamento en la planta baja era un cubo de hielo. La escarcha se juntaba del lado de adentro de nuestra puerta en diciembre y no dejaría de hacerlo hasta marzo. En una ocasión Louise se arrodilló para limpiar el agua que se había derramado en el suelo de la cocina mientras lavaba los platos. Pero en vez de encontrar agua, ¡tuvo que recoger los pedazos de hielo sólidos! Un día noté que la puerta exterior del sótano debajo de nuestro departamento había quedado abierta. Fui a cerrarla para aumentar las propiedades aislantes de este cuarto justo debajo de nuestro departamento. Lo que vi me habría hecho llorar, sino fuera porque me reí. Una cañería había estado goteando y el hielo resultante había llenado la habitación desde el piso hasta el techo con una enorme estalagmita. Era tan grande que la base de hielo llenaba el cuarto. Con razón estábamos congelándonos arriba. Estábamos acampando sobre un glaciar.

Como resultado, tuvimos que usar chalecos y abrigos dentro de la casa y pedir prestados varios calefactores que estaban prendidos las veinticuatro horas del día. Cuando fui a pagar la cuenta de la electricidad, el hombre se negó a creer que un solo departamento pudiera consumir tanta energía. "Tanta como una escuela", me gruñó. Sólo Alice parecía inmune a los efectos del frío. Bailaba en el departamento en traje de baño y se quitaba cualquier otra prenda de ropa que le pusiéramos. Las visitas mongolas se horrorizaban y la perseguían con frazadas. Los constantes ataques espirituales y el frío entumecedor nos desgastaron.

Justo después de mediados de diciembre, Louise y Jedidiah de seis semanas y media, se fueron de la ciudad para descansar un poco de todo esto. Se fueron en tren a Ulán Bator con María y Magnus. Louise aprovechó la oportunidad para llevar al bebé a un doctor misionero que vivía allí. El doctor David Meece nos animó con la noticia de que el bebé

Jed estaba perfectamente saludable y por encima del promedio en todas las medidas.

Otro rayo de luz apareció para animarnos. La escuela bíblica de Abakan, Siberia, había enviado a una joven pareja rusa para trabajar en nuestro equipo. Ruslan y Svetlana estaban llenos de fe y pasión, y los amamos desde el comienzo. Svetlana había sido la líder del equipo que había iniciado el derramamiento del Espíritu Santo en el "milagro de abril" y ahora estaba de vuelta con un marido, un bebé en el vientre, y un llamado a largo plazo en Mongolia.

A pesar de lo maravilloso que eran estos refuerzos, no podían ocultar las duras situaciones que estábamos enfrentando. Habíamos sido golpeados durante dos meses que sacudieron a nuestro equipo y a la iglesia. Los ataques a Odgerel, a Oyuun y la división de la iglesia sólo habían sido la ráfaga inicial. Muchos otros comenzaron a caer en pecado, a apartarse, a caer bajo la opresión, o a dejarse llevar por la amargura y la ira. Había tantas cosas que estaban saliendo mal que no estábamos seguros de que la iglesia sobreviviría. Hacia finales de diciembre, nuestro equipo se reunió en lágrimas y consideramos seriamente si acaso retirarnos no era la mejor opción. Realmente parecía que no había recuperación de las profundas heridas que había recibido el Cuerpo. No podíamos tomar una decisión sobre irnos o quedarnos, así que no tuvimos otra opción que seguir luchando hasta que supiéramos qué era lo mejor, pero todos estábamos cansados hasta los huesos y casi sin esperanza. No parecía que las cosas pudieran empeorar más, pero eso era lo que estaba a punto de suceder.

VEINTIUNO

La peor Navidad de todas

"La historia nos ha enseñado a través de los tiempos que cada vez que el Reino avanzó, alguien primero tuvo que pagar un precio terrible."

Phil Butler

El Instituto de Idiomas Extranjeros donde Magnus, María y yo enseñábamos clases de inglés, tuvo su primera celebración de Navidad la tarde del 23 de diciembre. Todos fuimos a la cena para celebrar las festividades con nuestros estudiantes. El ambiente había sido feliz y festivo y las conversaciones proveyeron muchas oportunidades para compartir la verdadera razón para celebrar la Navidad. Nuestra amiga Carleen, cuyo trabajo en el Cuerpo de Paz era enseñar inglés en esta escuela, había trabajado arduamente en la preparación del programa especial de la fiesta. Los estudiantes de idiomas interpretaron una versión cantada y bailada de la canción en inglés "Bailando alrededor del árbol de Navidad" con tanta energía, que casi nos hizo caer de nuestras sillas de tanta risa.

Sin embargo, Jedidiah fue quien realmente se robó el espectáculo. Los mongoles aman a los bebés y él había pasado de mano en mano por todo el salón repleto de gente. Lo observábamos de cerca desde donde estábamos sentados, ya que no queríamos que se sintiera agobiado. Era fácil identificar su *dehl* mongol azul brillante. Una mujer de mi empresa de arquitectura lo había hecho para Jed como regalo de nacimiento y le quedaba perfecto. El buen gusto de Jed al elegir una elegante vestimenta nativa había sido extremadamente popular en la alta sociedad de Erdenet, al menos entre los estudiantes de inglés y los profesores. Con toda la atención y el paseo alrededor de la sala, Jed se había quedado maravillosamente tranquilo. No había llorado ni una vez, y muchos comentaron qué buen bebé era. Por supuesto, lo hicieron de la manera aceptada para halagar a un bebé o niño en Mongolia: *"Mohai hoohid"*, que se traduce como "niño feo", y en realidad es una alabanza que se utiliza para evitar la atención demoníaca.

Cuando terminó la fiesta, nuestro equipo caminó a casa a través de la gélida noche de diciembre. Louise traía a Jed durmiendo en el portabebé que le colgaba del pecho dentro de su abrigo calentito. La ciudad estaba muy silenciosa. La Navidad no era ampliamente celebrada en Mongolia. El instituto quiso celebrar la fiesta solamente como una experiencia cultural. Los únicos en toda la ciudad que planeaban celebrar la venida del Salvador a la Tierra eran los miembros de nuestra iglesia. Mientras caminábamos a casa por la desértica avenida principal hablamos de la celebración de Navidad de la iglesia, la cual iba a ser la noche siguiente. Louise había escrito una canción llamada "Canción de cuna para el Bebé Rey", la cual nuestra familia había planeado cantar en la celebración, muy emocionados por lo que significaba sostener a un recién nacido mientras cantábamos la letra de esta canción. Mientras discutíamos los planes de la celebración, Louise se resbaló en la acera cubierta de hielo y cayó sobre su trasero. Asombrosamente, Jed no se despertó y Louise, más allá de la sensación de frío, no se lastimó.

Nuestro departamento fue el primero al que llegamos, así que nos dimos un abrazo de buenas noches y entramos al edificio, mientras Magnus y María caminaron cinco minutos más a su departamento. Acosté a nuestras somnolientas hijas mientras Louise alimentaba a Jed en la sala cerca de su cama, calentito con una gruesa alfombra de lana, una cobija de piel de oveja, frazadas, colcha, y un pijama que lo cubría por completo. Estábamos tratando de que se acostumbrara a dormir toda la noche. Sería la segunda noche que lo dejaríamos llorar hasta quedarse dormido por sí mismo. Teníamos la esperanza de que sus protestas por no estar en la cama con nosotros y no ser cargado en brazos ni alimentado cada vez que se despertara, serían menos esta vez comparado con la primera noche que lo intentamos. Sin embargo, después de que Jed terminó de comer, estaba muy feliz, y cuando lo pusimos en su cama, nos dio una sonrisa gigante. Su primera sonrisa. Incluso continuó sonriendo mientras buscaba la cámara y le sacaba una foto. Queríamos tomar más fotos pero como no queríamos perder su buen ánimo, lo besamos para darle las buenas noches, apagamos las luces y nos deslizamos suavemente a nuestra habitación. Louise me dijo que dejara la cámara afuera para recordarnos de tomar más fotos en la mañana. "Ahora que puede sonreír, debe ser más fácil tomar fotos grandiosas", dijo.

Por primera vez en dos meses, Louise y yo dormimos como troncos.

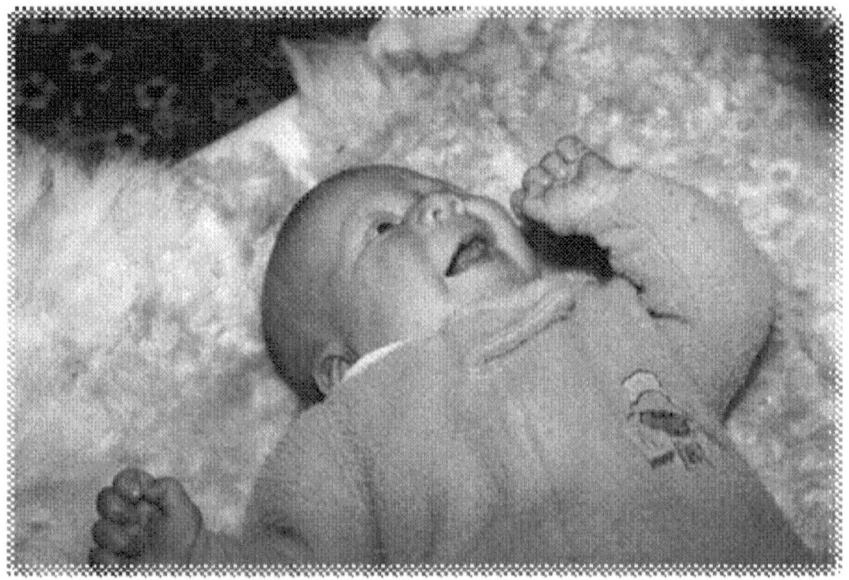

Alrededor de las seis de la mañana, Louise se despertó de manera repentina. Inmediatamente supo que algo terrible había sucedido.

Apresurándose para ir a la sala, Louise prende las luces. No hay movimiento debajo de las cobijas en el suelo. Louise las quita y ve a Jed tendido boca abajo, tal y como lo habíamos dejado, pero algo en su cabeza parece raro. Lo toca, y no siente calor en absoluto. Lleva su cuerpo rígido hacia su pecho y se da cuenta. El tiempo se detiene. Louise se escucha a sí misma gritando, pero no puede sentir nada de lo que hace.

Me sobresalto en la cama por el sonido. Corro hacia la sala y encuentro a Louise en el pasillo. Escucho "Jed está muerto", y mi mundo se viene abajo. Al principio no puedo respirar, pero escucho a las niñas llamándome desde su habitación y les digo que se queden allí. Voy donde está el cuerpo de mi hijo y lo levanto, mientras Louise se arrastra hasta nuestra cama y se enrosca en posición fetal, gimiendo. Ella canta una y otra vez un pensamiento en su cabeza, "Dios es bueno, Dios es bueno, Dios es bueno".

Sostengo el cuerpo de mi hijo y sé que se ha ido. Comienzo a pedirle a Dios que lo devuelva a la vida. Mis hijas lloran y tienen miedo, pero obedientemente se quedan en su habitación. Sus sollozos me arrancan del borde del pozo donde estoy tambaleándome. Llegó a la habitación que comparten mis tres hijas vivas y me siento en la cama de abajo. Abrazo a las tres y les cuento que Jed nos dejó durante la noche y se ha ido a vivir con Jesús. "¿Quieres decir que está muerto?", pregunta Melody. Su cara ya inundada de lágrimas. Mi corazón se quiebra por segunda vez en menos de diez minutos. Asiento con la cabeza. Melody y Molly estallan en lágrimas y yo me uno a ellas. Alice, muy pequeña para entender, llora por temor y empatía. Éste es, lo decido, el peor momento de mi vida. Louise aparece en la puerta y anuncia que va a ir a buscar a María y a Magnus. Las niñas y yo nos juntamos y lloramos y oramos y esperamos a que regrese. Siento como si debería estar haciendo algo, cualquier cosa, con el cuerpo de Jed, pero no puedo pensar en nada más útil que abrazar a mis hijas y llorar con ellas.

Louise entró en estado de conmoción. No puede sentir el frío de los treinta grados bajo cero de la mañana del invierno mongol. Está adormecida por dentro, y se tropieza a través de la nieve y del hielo. Cuando llega a la puerta de los Alphonce en el quinto piso, tiene que apoyarse en el timbre de la puerta por lo que parece una eternidad para obtener una respuesta. Magnus y María piensan que es un borracho que se equivocó de piso y están reacios a salir de su cama tibia. Cuando finalmente abren la puerta, ellos también entran en nuestra pesadilla.

Louise vuelve con nuestros compañeros profundamente afligidos y conmocionados. Viendo sus caras tengo un pensamiento perverso. '¡Vaya! No soy el único que piensa que esto es horroroso. Alguien más lo siente también'. Me siento culpable por pensar así, pero después entiendo que es precisamente por esto que se nos dijo "sufran con los que sufren".

Llevo el cuerpo de Jed a nuestra habitación y Magnus y yo comenzamos a orar de manera agonizante sobre él. Clamamos a Jesús con todo lo que tenemos para que levante a mi hijo de la muerte. Mientras oramos tengo los ojos abiertos. No puedo seguir mirando el cuerpo sin vida de mi hijo y continuar orando con fe, así que miro por la ventana de nuestra habitación a la avenida principal de Erdenet. El sol ya está saliendo, y me sorprendo al ver que la gente comienza a moverse afuera, siguiendo con sus asuntos, como si nada hubiera pasado. ¡El apestoso mundo ha llegado a su fin y estas personas ni siquiera se dan cuenta! Me resulta imposible concebir que la vida siga como antes. Cierro las cortinas y continuó aullando súplicas a Dios.

Mientras Magnus y yo oramos, Molly entra silenciosamente a la habitación. La miró y no puedo creer cómo tanto dolor la ha cambiado. Sus ojos están rojos e hinchados, sus cabellos rubios desarreglados y enredados, y las lágrimas aún corren por sus mejillas. Sufre por su hermano tan profundamente como cualquier niña de seis años puede sufrir. No ha parado de sollozar desde que le conté lo que sucedió. Me preocupa que el mirar el cuerpo de Jed como lo hace pueda trastornarla. No puedo imaginar lo que esto ha hecho a su joven fe y a la imagen de Dios como su Padre celestial. Le pregunto, "Molly, ¿aún puedes creer que Dios es bueno?", y me responde inmediatamente, "¡Oh sí, papi!, y Él está aquí en esta habitación con nosotros ahora mismo". Mientras dice esto, Magnus y yo sentimos la presencia de Cristo de una manera muy poderosa. ¡Jesús está en la habitación! Jesús sufre con nosotros. Nunca he sentido la presencia del Señor tan poderosamente ni antes ni después de esto. A pesar de que el milagro que buscábamos no vino, comenzamos a sentir una gran esperanza que humanamente no tenía sentido en nuestras circunstancias.

María consuela a Louise en la cocina. Le lee el capítulo ocho de Romanos y la insta a aferrarse al hecho de que Dios de alguna forma usa las cosas para nuestro bien. Parece estar escrito para nosotros, ya que lo amamos y somos llamados de acuerdo a Sus propósitos. Magnus, las niñas y yo nos unimos a María y Louise en la cocina para comer algo y hablar sobre lo que necesitamos hacer a continuación. Decidimos que Magnus debe contarle a los ancianos en entrenamiento y al resto de nuestro equipo. Nos preocupa la iglesia. Dos meses completos de ataques espirituales han debilitado a la comunidad al extremo. ¿Cómo saldrán adelante al ver a sus apóstoles derribados también? Ya que esta tarde iba ser la primera celebración de Navidad para la mayoría de la iglesia, sentimos que a pesar de lo que pasó, teníamos que retrasar el anuncio general hasta después de la fiesta.

Magnus se va para reunir con los líderes y también con Ruslan y Svetlana, nuestros nuevos compañeros de trabajo rusos. Después que se va, decido ir rápidamente a buscar a nuestra amiga Ganaa. Necesitaremos su dominio fluido del mongol, ruso e inglés para lidiar con los oficiales más tarde. Cuando Ganaa llega a la puerta y le cuento las tristes noticias, reacciona con una ira violenta. Grita y patea una silla por el pasillo. No sé si está enojada con este último asalto de Satanás o si es una reacción mongola hacia la muerte. Cuando recupera su compostura, quiere ayudar de cualquier manera posible. La envío a la municipalidad para averiguar qué procedimiento legal necesitamos realizar.

Cuando llego a casa, los líderes mongoles comienzan a llegar. Ruslan y Svetlana ya están ahí. Todos han estado llorando y abrazando a la familia. Nos amontonamos en nuestra habitación y oramos. Me siento en la cama con el cuerpo de Jed en mi regazo, y los demás ponen sus manos sobre mí o sobre el cuerpo. Oran intensamente. Se siente maravilloso escuchar voces clamando en sueco, ruso, mongol e inglés, implorando a Dios que le dé vida al cuerpo de Jed. Pienso que si alguna oración resultaría en un milagro de resurrección, sería una de éstas.

Ruslan está particularmente ferviente. No puedo entender mucho ruso, pero por el tono sé que Dios va a necesitar una muy buena razón para no contestar la oración de Ruslan. El tiempo de oración continúa. Después de un rato escucho algo muy distintivo en mi espíritu. "Él no va a volver. Es momento de despedirse". Miro a Louise y de una forma no verbal, como sólo las parejas casadas pueden hacerlo, me comunica que escuchó lo mismo. A medida que comienzo a tratar de aceptar la pérdida como Dios me instruyó, continúo sintiendo Su presencia, intensa y real. Quiero que las oraciones se detengan para que pueda ponerme de pie y comenzar a tomar los pasos siguientes, pero no me imagino cómo puedo hacer para que todos retiren sus manos y dejen de orar. Me siento sofocado, pero no quiero ser grosero. Entonces espero.

Cuando finalmente dejan de orar, comparto lo que Dios me dijo, y Louise confirma que escuchó lo mismo. Magnus comparte una visión de Jed y Jesús jugando con una pelota en el césped al lado de una cascada en el cielo. Estamos tremendamente animados. Y después todos comenzamos a llorar de nuevo.

Bayaraa llama a una ambulancia, pero le dicen que un doctor acaba de morir y por lo tanto no podrán venir enseguida. "¿Hay una sola ambulancia en Erdenet?", pregunto. Los líderes mongoles envuelven el cuerpo de Jed en un largo pedazo de tela para su sepultura. Después Louise y yo lo envolvemos en una cobija que tiene un significado especial, fue tejida a mano por una amiga de Estados Unidos. Nos acomodamos para esperar. Hablamos, oramos, compartimos y tomamos té con nuestros hermanos mongoles. Olas de lágrimas nos sobrepasan periódicamente. Se vuelve el día más largo de nuestras vidas.

Magnus vuelve a su departamento y llama por teléfono a David Andrianoff, el director de *JCS International,* su agencia misionera. David tiene mejor acceso a llamadas internacionales en Ulán Bator, y lleva a cabo la tarea de informarles a nuestras familias en Estados Unidos. Es muy amable y considerado. Para evitar que nuestros padres escuchen la noticia de la muerte de su nieto por teléfono, llama al pastor de una de las iglesias que nos apoya. El pastor no responde, así que David deja un mensaje en su contestadora: "Por favor, llámeme a Mongolia lo antes posible a este número. Es urgente". Milagrosamente este pastor llama a David, un completo desconocido, en Ulán Bator. David le cuenta lo sucedido y le pide que vaya a la casa de mi madre y le cuente en persona. Él les ofrece apoyo a mis padres cuando lo necesiten. Mi mamá llama a los padres de Louise y les cuenta la noticia a ellos y a las iglesias que nos apoyan. Más tarde, por la noche, recibimos llamadas en el departamento de Magnus de dos de nuestros pastores y de nuestros padres.

David nos bendice aún más y nos consuela al enviarnos su automóvil y su chofer para traer a dos queridas amigas a Erdenet. Joy McConnell, una enfermera de Nueva Zelanda y Helen Richardson, la profesora de los hijos de los Leatherwood. Ellos desafían el camino cubierto de hielo para llegar a Erdenet en un momento en el que pocos lo harían (¡nosotros nunca lo habíamos hecho!), y lo hacen en tiempo récord, llegando esa noche para estar con nosotros. Nos sentimos maravillosamente mimados en reemplazo de la presencia de nuestros propios padres. David continúa sirviéndonos al poner todos los pasos en acción con la Embajada de Estados Unidos y el doctor estadounidense de Jedidiah en Ulán Bator para la emisión del certificado de defunción.

En esa larga tarde recibimos una visita sorpresa que es al mismo tiempo difícil y extrañamente útil. Uno de los trabajadores del Cuerpo de Paz es un joven abogado muy alto llamado Roger. Lo hemos conocido un poco y nos cayó muy bien, a pesar de que su horario de enseñanza haga que no nos veamos con frecuencia. Roger hizo un plan para embellecer la Navidad para los únicos niños estadounidenses en doscientos kilómetros a la redonda: los nuestros. Suena el timbre y cuando abrimos la puerta encontramos que ha llegado Santa. "¡Jo, Jo, Jo!", retumba. Roger llega con regalos para las niñas. Cuando ve sus lágrimas y escucha la razón, se horroriza por ser tan inoportuno. Pasamos un buen tiempo tranquilizándolo y diciéndole que no había forma de que él lo supiera. Lo que hizo es muy dulce, y levanta los espíritus de las niñas como nada más lo ha hecho en todo el día. Algunas campanas suenan mientras Roger respetuosamente se quita su gorro rojo y blanco. Santa está en casa, llorando con nosotros.

Mientras estamos consolando a "Santa Claus", Bolortuya y Bayaraa callada y amorosamente van a preparar el cuerpo de Jed para que se lo lleven a la morgue. No sé lo que están haciendo, con exactitud, pero cuando vamos de nuevo a la habitación encontramos su cuerpo envuelto como lo estaría cualquier bebé mongol, y todo a su vez arropado en una cobija de Plaza Sésamo. Estamos muy agradecidos por estos regalos de servicio amorosos y silenciosos.

Nos dijeron que esperáramos a la ambulancia y que no saliéramos de la casa. Llamadas frecuentes al hospital nos hacen saber que tendremos un largo tiempo de espera ya que la muerte del doctor ha causado un desorden en el sistema. Finalmente, cuando empieza a caer la noche, la ambulancia llega al frente de nuestra escalera. La ley mongola estipula que uno de los padres debe acompañar el cuerpo de su hijo hasta que lo lleven a la morgue y se firme el ingreso. Llevo el cuerpo de Jed y entro a la ambulancia con nuestras amigas, Ganaa, Bortoluya y Bayaraa. La ida al hospital es escalofriantemente silenciosa. ¿De qué hablas cuando estás yendo hacia la morgue? Estacionamos frente a un pequeño edificio de ladrillo detrás del hospital. Ésta es la morgue.

El conductor abre la puerta de metal y explica que debo llevar el cuerpo de mi hijo y ponerlo en algún lugar adentro. Pienso que estas instrucciones son muy extrañas y poco claras hasta que entro. Hay docenas de cuerpos inertes por todos lados en cada plataforma disponible. Es un vertedero de cadáveres. Estoy rodeado de muerte. Mi corazón se hunde aún más mientras contemplo la idea de dejar a mi precioso hijo en un lugar como ese. Siento que lo estoy abandonando. Busco un lugar y encuentro una pequeña mesa de metal vacía. Sollozando, dejo a mi pequeño ahí. Su cobija de Plaza Sésamo es el único color que hay en la habitación. El contraste es extremo, y siento que puede que no sobreviva este cuarto de muerte. Salgo de ese lugar con una expresión en mi cara que hace que mis tres amigas me abracen y lloren conmigo. Mientras vamos en el taxi a través de Erdenet, les pregunto porqué están apilados todos esos cuerpos ahí. Mis tres amigas se sorprenden de que no supiera que los entierros en invierno son casi imposibles en Mongolia debido a que el suelo está congelado. Simplemente no se puede tomar una pala y remover la tierra. Nunca lo había pensado. Cómo podrían las autoridades cavar una tumba para mi hijo, me pregunto. ¿O tendría que hacerlo yo? Este pensamiento me agobia. En silencio le digo a Dios que Él tiene que averiguar esto por mí. Yo no puedo hacerlo.

El taxi se detiene en frente de la escuela primaria más grande de nuestro distrito. Las tres chicas se bajan, y me acuerdo que la celebración de Navidad de la iglesia está comenzando y que tienen que secar sus lágrimas y llegar como si todo estuviera bien. Oro para que cada una de ellas tenga valor mientras el taxi me lleva al departamento de los Alphonce donde nuestra familia pasará la noche. Ninguno de nosotros quería pasar la noche en nuestra casa. Cuando llego Louise, las niñas, María, Joy y Helen están ahí. Magnus recién se ha ido a la fiesta de Navidad. El plan es decirle a la iglesia la mala noticia después que termine la fiesta.

Mientras nos sentamos, compartimos y damos mordiscos a las golosinas de Navidad suecas, sigo sintiendo que estoy en el lugar equivocado. Trato de alejar ese pensamiento, pero permanece ahí, entrometiéndose en mi dolor y mi tiempo con mi familia y amigos. A medida que pienso dónde "debo estar", le digo a todos donde desearía estar. "Esto sería mucho más fácil si sólo pudiéramos estar con nuestros padres en California". Realmente parece como si la parte más difícil es sobrellevar esta experiencia horrorosa en el fin del mundo, tan lejos del hogar y la familia. Pienso en como mi madre siempre sabe qué hacer con las niñas y cuán maravillosa sería su presencia para ellas, para Louise y para mí. Louise tiene el mismo anhelo de estar con su familia también. Estamos agobiados de nostalgia. En medio de estos pensamientos, viene de nuevo . . . una sensación de que hago falta en algún otro lugar. De pronto soy incapaz de hacer a un lado el pensamiento por más tiempo. Sé que Dios desea que deje el cálido departamento y camine a la fiesta de Navidad.

"¡De ninguna manera!", le dije a Dios. "Padre, eso es mucho pedir. No puedo ir a una fiesta esta noche. No estoy seguro de cuándo me darán ganas de ir a una fiesta de nuevo. ¡Ni siquiera quiero que sea Navidad!

No puedo creer que desees que haga eso, considerando lo que acabo de perder, ¡era mi único hijo varón!"

Apenas había formado este pensamiento cuando me doy cuenta con horror la respuesta que Dios podría darme pero que en su gracia no lo hace. "Conozco algo acerca de perder un hijo único, Brian. Y para mí todo comenzó también en Navidad". Él no necesita decir nada. Le digo a todos, "Hay un lugar donde necesito estar. Por favor oren por mí". Voy al hall recibidor y me pongo el equipo de supervivencia de invierno: suéter, saco, abrigo grueso, guantes, bufanda, calcetines extras, botas y gorro. Con desgano salgo al frío penetrante.

Cuando llego al salón multiusos de la escuela, veo que todos se han reunido en el otro extremo del salón. Justo en ese momento rompen en un sollozo colectivo. Todos lloran y cuando alguien me ve me encuentro repentinamente rodeado de hermanos y hermanas mongoles llorando. Magnus recién había hecho el anuncio cuando entré por la puerta. Mientras permanecemos juntos, llorando y abrazándonos, me doy cuenta de que Dios respondió a mi queja. Había anhelado estar con mi familia. Él había creado una familia para mi aquí, en este salón, ¡en los confines de la tierra!

Llorando con los que lloran, Joy y Helen

VEINTIDÓS

La carta

El sol desafió todas mis expectativas y salió esa mañana de Navidad.

Sólo 24 horas antes nos habíamos despertado ante un horror que ni la víspera de Navidad ni el mismo día de Navidad pudo ponerle fin. Salí de la cama y fui directamente al escritorio, sabiendo que de alguna manera debía comunicarle lo que sucedía a nuestros amigos y familiares.

25 de diciembre, 1994, Erdenet, Mongolia

Querida familia:

Hoy es navidad. Ayer falleció nuestro hijo. Esta carta será muy difícil de escribir. Generalmente disfruto de escribirles y las palabras fluyen fácilmente. No hay palabras para esto. Ayer por la mañana, Louise se despertó y encontró un bebé perfecto, recostado sin vida en su cama. Jedidiah tenía 52 días de vida.

Deseo que hubieran podido conocer a mi hijo. Desearía que lo hubiesen cargado y visto cuán hermosas eran sus manos, pestañas, labios, todo. Aprendió a sonreír en su última semana. Tenía una sonrisa más preciosa que un amanecer. Jed solía mirarnos tan fijamente, como si estuviera memorizando cada detalle.

No entiendo este "Síndrome de muerte súbita del lactante". Sé que quien sea que lo bautizó con ese nombre, nunca perdió un bebé por esta causa. El nombre debe reflejar que algo en los padres muere repentinamente. He escuchado algunos datos que proporcionan un poco de consuelo frío. Nuestra vida en Mongolia no tuvo nada que ver con lo sucedido. La mayor prevalencia de este síndrome (SMSL) es en Nueva Zelanda, un país occidental. Generalmente ataca a niños sanos, menores de 6 meses, durante el invierno. Jed había tenido una revisión exhaustiva hecha por un doctor estadounidense sólo una semana antes de fallecer. Estaba en perfecto estado de salud.

Ayer fue el día más largo de nuestras vidas. Louise despertó y notó que eran las 6 a.m. y Jed no la había despertado en toda la noche. Ella lo supo. Su grito me despertó a una pesadilla de la cual aún no despierto. Corrí hacia donde él estaba durmiendo y cargué a mi único hijo varón. Jed no estaba ahí. Oré a Dios que lo resucitara de la muerte. No lo hizo. Louise y yo lloramos en estado de conmoción e incredulidad. Las niñas se despertaron con el grito de Louise, pero obedecieron a mi orden de quedarse en la cama. Me preguntaban qué era lo que había ocurrido. Tuve que ir a abrazarlas y contarles que su hermanito estaba muerto. Ni siquiera intentaré describirlo.

Louise fue a buscar a María y a Magnus. Llegaron casi inmediatamente. Alabo a Dios por nuestro equipo. No hay forma de que hubiésemos pasado por esto sin ellos. Magnus y yo oramos angustiosamente sobre el cuerpo de Jed. Sabía (y sé) que Dios podía darle vida nuevamente, pero comencé a darme cuenta que la respuesta esta vez era que este cuerpo ya no era más una vasija para la vida de Jedidiah. Más tarde algunos creyentes mongoles y un hombre ruso, Ruslan, que apenas había llegado para unirse a nuestro equipo y ayudarnos con la iglesia rusa, vino a orar de nuevo sobre el cuerpo. Mientras oraban, Dios me dijo que me despidiera de mi hijo. Al mismo tiempo, Él le dio una visión a Magnus:

"Hay un río con una cascada junto a un extenso césped verde. Jedidiah, de unos cinco años, estaba pateando una gran pelota de colores. Magnus miró para ver a quién se la estaba pasando y vio a Jesús. Jesús estaba jugando con Jed. Jed giró, deslumbrante con su hermosa sonrisa, y dijo hola con la mano. Después corrió hacia Jesús".

Esperamos casi todo el día que llegara la ambulancia. El hospital insistió en que uno de los padres acompañara el cuerpo todo el tiempo, así que cuando llegó, fui a la morgue sosteniendo al que había sido mi hijo. Aún sabiendo sin la menor duda que Jed estaba con Jesús, dejarlo en esa camilla en ese horrible lugar, fue quizás lo más difícil que he hecho en toda mi vida. No había ningún doctor disponible, así que todavía estamos esperando el certificado de defunción antes de que podamos sepultarlo. No sabemos dónde nos permitirán hacerlo. Nos dijeron que no preguntáramos. Sólo que vayamos de manera secreta a las montañas con algunos amigos. A veces es más fácil pedir perdón que pedir permiso.

Más tarde ese mismo día, teníamos la cena de víspera de Navidad de la iglesia mongola. Decidimos que sólo unos pocos de nuestros amigos más cercanos y líderes supieran lo que había sucedido. Al final de la celebración Magnus hizo el anuncio y comenzó a explicar. Todos estábamos en la casa de María y Magnus, y el Espíritu me instó a ir a la celebración. Entré al salón justo cuando Magnus terminaba de contarle a la iglesia que Jed se había ido a casa. Todos se pusieron a llorar mientras compartía nuestro dolor, nuestra esperanza y fe. ¡Tenemos una familia aquí en Mongolia!

Llamamos al jefe de Magnus en Ulán Bator y él le informó a todos nuestros amigos ahí. Él y Rick Leatherwood inmediatamente enviaron un jeep a Erdenet con dos amigas cercanas para estar con nosotros. Helen y Joy han sido una tremenda bendición, como también Carleen, nuestra amiga del Cuerpo de Paz de Erdenet.

Los amamos y apreciamos profundamente.

Brian, Louise, Melody, Molly y Alice Hogan

VEINTITRÉS

La esperanza no se puede congelar

El día de Navidad vino y se fue de manera borrosa. Además de levantarnos temprano, volver al departamento y escribir la carta, no puedo acordarme mucho de lo que sucedió ese día. Sé que las niñas abrieron regalos, pero no tengo una imagen muy clara de ello. Mis amigos misioneros fueron el único regalo memorable de Navidad. Rick y Laura Leatherwood y sus cuatro hijos vinieron en tren. Lance Reinhart y Dawne Caldwell llegaron en el mismo tren. Dawne era una cara familiar de nuestro país. De hecho, fuimos enviados desde la Comunidad Cristiana de Los Osos. Nosotros la movilizamos a través del curso de Perspectivas en el 89, y trabajaba con los niños en situación de calle en Ulán Bator. Dawne nos había visitado antes y era una de las favoritas de los creyentes de Erdenet ya que entrenaba y animaba al equipo de teatro. De joven había sido actriz en películas y obras de teatro. Tuvo un papel (como Dawne Damon) la película de comedia *M.A.S.H.* de 1970. La "tía Dawne" era como de la familia y su presencia quitó un poco del dolor de pasar por esta situación tan lejos de casa. Estos hermanos y hermanas pusieron sus vidas en pausa para rodearnos de amor, consuelo y ayuda práctica más allá del funeral.

Los detalles prácticos seguían demandando nuestra atención. El dilema sobre qué hacer con el entierro resultó ser particularmente irritante. Ninguna de las opciones parecía consoladora o siquiera aceptable. Comenzamos a darnos cuenta de que, por más que estábamos comprometidos a adaptarnos a nuestra cultura adoptiva y a hacer las cosas a la manera mongola tanto como fuera posible, a veces teníamos que poner un límite. En tres áreas no pudimos (o no deseábamos) renunciar a las formas de nuestra cultura: nacimientos, muertes y desayunos. Cada cultura establece una manera distintiva de cómo las personas deben llegar al mundo: sugerirle nuevas y misteriosas prácticas a una mujer que está en trabajo de parto no es recomendable; cada cultura establece una manera distintiva de cómo las personas deben dejar el mundo, como pronto lo descubriríamos; y ninguna cultura, además de la mongola, te ofrece una cabeza de oveja para comer antes del mediodía.

Sabíamos que deseábamos enterrar a Jedidiah en Mongolia. Había vivido toda su vida ahí. Lo más lejos que estuvo de Erdenet fue un breve viaje a Ulán Bator para una revisión médica con un doctor misionero. Todo el sentido y la conexión que tuvo su corta vida fue con Mongolia. A pesar de que nuestra embajada ofreció ayuda con los detalles, la dura tarea de transportar su cuerpo a Estados Unidos parecía innecesaria e inapropiada. El cuerpo de Jed pertenecía al suelo de Mongolia, su país.

Había una ciudad-cementerio justo al oeste de los límites de Erdenet, y se nos aseguró que tendríamos un lote disponible para nosotros. Mientras hablábamos con los creyentes, quedó claro que no estaríamos en control del funeral ni de lo que seguía. Los sacerdotes budistas se habían hecho cargo del cuidado del lugar, y llevaban a cabo los rituales para todos aquellos que eran enterrados en el cementerio. Louise y yo realmente no queríamos que hicieran esos rituales en su tumba y que esto estableciera un ejemplo para los demás.

Una pareja de creyentes de mayor edad vino y compartió nuestro luto. Ellos también habían perdido un hijo a causa de lo que probablemente haya sido el SMSL no diagnosticado. Fuimos bendecidos por su visita y consolados al compartir nuestro dolor, antiguo y nuevo. Después, tratando de ayudar nos ofrecieron una sugerencia para el dilema del entierro. Comenzaron a describir la práctica tradicional mongola del "entierro al aire libre". Antes de la revolución de 1921, el cuerpo desnudo del difunto se colocaba en una carreta tirada por un caballo o vaca y era llevado a un área deshabitada que ni los nómadas usaban. Estos lugares son sagrados y sólo se los visita durante los funerales. En otras áreas, especialmente en el sur de Mongolia, el cuerpo se ponía en el lomo del caballo y cuando llegaba a un lugar solitario de la estepa, se hacía galopar al caballo hasta que el cuerpo se cayera. De esta forma el espíritu se queda incapacitado para seguir a los dolientes a su casa. En ambas prácticas, el cuerpo es devuelto a la naturaleza al ser devorado por animales y pájaros hambrientos.

Al no ver nuestras crecientes miradas de horror, con entusiasmo prosiguieron a describir la síntesis moderna de estas prácticas ancestrales. "Tienen suerte de que la ley cambió recientemente", dijeron. En estos días, el cuerpo se lleva en un automóvil a un área remota y solitaria. Al llegar, el cuerpo se coloca en el techo del auto y los asistentes al funeral vuelven a entrar al mismo. Luego todos se cubren los ojos (incluyendo el conductor) mientras el chofer "pisa el pedal" y el vehículo se va tambaleando por la estepa. El cuerpo cae y nadie sabe exactamente dónde. Después los perros, buitres y lobos lo hacen tiras y se lo comen.

Nos las arreglamos para agradecer a nuestros amigos por compartir esta "opción" con nosotros, pero tratamos de explicarles con mucho tacto que no podríamos utilizar esta "nueva libertad" debido a nuestras propias creencias. De ninguna manera podría dejar que lanzaran a mi hijo del techo de un auto y lo dejaran en la estepa para ser devorado por los lobos. Estaba muy seguro de que tan sólo el haber escuchado esa opción me daría pesadillas.

Me fui a la cama el martes por la noche y no pude dormir. Sólo podía pensar en el cuerpo de mi hijo que aún estaba en esa morgue, y en que no había opciones decentes para un funeral. Comencé a considerar seriamente si existía la posibilidad de forzar la entrada esa noche, sacar el cuerpo de Jed, y subir a las colinas para enterrarlo yo mismo. Continué pensando, "es más fácil pedir perdón que pedir permiso". Después de pasar la mayor parte de la noche sin dormir, al final me convencí de que no era una buena idea. Me di cuenta de que el frío extremo probablemente me mataría antes de que pudiera hacer un agujero lo suficientemente profundo en el suelo rocoso y congelado. Estaba tan frustrado por mi inhabilidad para siquiera cumplir con esto:

como su padre, le debía a Jedidiah un entierro apropiado. Finalmente, se lo entregué a Dios, mi Padre, y al fin pude dormir.

La mañana siguiente llegó y después del desayuno, Magnus y María habían arreglado todo. Habían pasado muchas horas en el hospital asegurándose de obtener un certificado de defunción, sin el cual el cuerpo no sería entregado. El doctor inicialmente se había rehusado a completar el papeleo porque el SMSL no es una causa de muerte reconocida en Mongolia, y él simplemente no quería señalar la opción de "causa de muerte desconocida". Había insistido en atribuir la muerte a una "neumonía doble" en vez de admitir que no conocía la causa. Afortunadamente nuestra amiga Zagdaa había ido con Magnus y María. Sus hijos precisamente habían sobrevivido una neumonía doble y sabía cómo era. Habíamos asistido con Jed a una fiesta de Navidad en su casa el último día de su vida. Ella se puso directamente frente al doctor y en su cara le dijo que este niño estaba perfectamente saludable y que de ninguna manera podía decir que Jed tenía neumonía. Después de discutir con él por unos momentos, Zagdaa notó que el certificado de defunción estaba completo excepto por "la causa de muerte". Lo agarró del escritorio y le dijo al sorprendido doctor que ya habían terminado la conversación y salió, seguida de Magnus y María. Cuando nos dieron el certificado, la opción "desconocida" estaba seleccionada. (Más tarde la Embajada de Estados Unidos se las arregló para darnos un "certificado de defunción en el extranjero" que utilizó información provista por el doctor misionero que examinó a Jed una semana antes de su muerte. La causa oficial de muerte se registró como: síndrome de muerte súbita del lactante).

Los Alphonce y los líderes de la iglesia ya habían arreglado con la morgue para que nos entregaran el cuerpo. Y, lo mejor de todo, habían creado un plan de cómo y dónde enterrar a Jed. Un anciano en entrenamiento, un hombre mayor llamado Lhagva, era un funcionario electo de la ciudad en uno de los suburbios *ger*. Él pudo, por medio de su puesto, otorgarnos un permiso para viajar con restos humanos en un vehículo. El propósito común de este permiso era para transportar restos humanos al cementerio de la ciudad, pero el destino no se indicaba por escrito. Lhagva sugirió que manejáramos a una ladera solitaria donde ni siquiera los nómadas acamparan. Nos sentimos tan aliviados. Todas las preocupaciones de la noche anterior desaparecieron. Llamé al banco donde enseñaba inglés y la presidenta del banco inmediatamente puso a nuestra disposición su camioneta y a su marido que era conductor.

A mitad del día, el 28 de diciembre, Louise, Molly, Magnus, María, Lance Reinhart, Rick Leatherwood, Lhagva, Tuvshiin (el marido de Zagdaa), y yo nos amontonamos en una camioneta gris rusa y manejamos a las afueras de Erdenet con el cuerpo de mi hijo. Jed estaba aún envuelto en una cobija tejida a mano de Plaza Sésamo, recuerdos punzantes de nuestra propia cultura, familia y amigos de casa. Manejamos al este de la ciudad, a varios kilómetros de la estación de tren. Salimos del camino y avanzamos algunos kilómetros en medio del campo hasta unos cerros al norte. Cuando Lhagva encontró un lugar que no violaba ninguna creencia y que no ofendería a los locales, nos detuvimos y comenzamos a cavar la tumba. Era un lugar que sería realmente hermoso después de que pasara el invierno. Había algunos árboles y en cuatro meses la ladera estaría cubierta de pasto y flores silvestres.

Comencé con una pala, pero descubrí de inmediato que sin un serio trabajo con el pico esa tierra no se movería. Estaba completamente congelada. ¡Estaba cavando una roca! Me había imaginado que yo haría el trabajo de cavar. Parecía la responsabilidad de un padre. Pero la realidad es que me cansé rápidamente y agradecido le pasé el trabajo a las muchas manos dispuestas de nuestros amigos. Esta labor parecía tan imposible como la había imaginado frenéticamente la noche anterior. El viento soplaba al menos a 24 km/h, y la temperatura era de -26°C. Esto hizo que la sensación térmica nos congelara los huesos a -39° en Fahrenheit o Celsius. Lance estaba filmando para que pudiéramos incluir a nuestros seres queridos que estaban lejos. El viento hacía un sonido de rugido que casi ahogaba nuestras voces en el video. Hacía un frío tan extremo que Molly, que había insistido en venir con nosotros a despedirse de su hermano que tanto amaba, volvió a la camioneta con su madre y María. No hubiese sobrevivido afuera. Los hombres luchaban por cavar lo suficientemente profundo para hacer una tumba decente antes de perder alguna de sus extremidades por congelamiento.

Pareció una eternidad, pero finalmente estuvimos listos para lo que tendría que ser un rápido servicio al pie de la sepultura. Fui a la camioneta a buscar a Louise, Molly y María y cargué el cuerpo de mi hijo por última vez. Mientras permanecíamos acurrucados alrededor de ese agujero vacío en la tierra mongola, me arrodillé y dejé el caparazón de Jed en su tumba. Lo definitivo de esta acción me sobrecogió y comencé a llorar mientras estaba arrodillado sobre su tumba. Pude escuchar a los otros llorando a mi alrededor. Nuestras lágrimas se congelaron en nuestros rostros y cayeron a la tierra en la tumba de Jed, congeladas como piedras preciosas. Cuando me puse de pie Tuvshiin y Lhagva cubrieron la tumba rápidamente, paleando de vuelta la tierra que habíamos arrancado a gran costo.

Nuestro querido amigo y director de misiones, Rick, compartió las palabras de Jesús en Juan 6:40: "Porque la voluntad de mi Padre es que todo el que reconozca al Hijo y crea en él tenga vida eterna, y yo lo resucitaré en el día final" (NVI). Cantamos una canción que habíamos escogido, "Hay un redentor" de Melody Green. Pude recordar cuando, unos años atrás, escuché que ella había perdido a sus pequeños y a su marido, Keith, en un accidente de avión, y cómo en ese entonces pensé"

¿Cómo alguien podría superar la pérdida de un hijo?". Parecía apropiado que adoráramos con una canción escrita por alguien "familiarizado con el dolor".

Una preciosa semilla plantada

Después de cantar, oramos para que esta semilla que plantamos y regamos con lágrimas resultara en mucho fruto para el reino de Dios en Mongolia. Cuando terminamos el servicio, comencé a caminar por los alrededores juntando piedras para delinear la pila de tierra. Se veía muy sola y carente de amor. Los demás entendieron sin necesidad de palabras y me ayudaron. En poco tiempo la tumba estaba rodeada de piedras y tenía una cruz de piedra encima. Encontramos una roca grande cubierta con liquen naranja y varios de nosotros nos las arreglamos para hacerla rodar hasta la tumba para que tuviera una lápida. En este momento, dado el congelamiento de nuestros cuerpos, nos apuramos para volver a la camioneta y regresar a Erdenet. Al mirar atrás mientras nos alejábamos, pude ver la tumba hasta que fue encubierta por la vasta ladera. Pensé, "probablemente ésta sea la primera tumba cristiana en Mongolia desde que los nestorianos estuvieron aquí en el siglo XIII". También me conmovió que Jedidiah fuera el primer estadounidense nacido en Erdenet, y por lo que sabemos el primer estadounidense en morir en Mongolia. Cualquiera que fuera el significado histórico, un pedazo de nuestro corazón ahora estaba enterrado para siempre en suelo mongol.

Cuando regresamos y nos dejaron en nuestro departamento, entramos al bullicio y los aromas de un banquete en preparación. Los líderes de la iglesia habían llegado temprano durante el día y nos habían dicho que era costumbre servir una comida en el hogar de la familia de luto a todos los parientes lejanos y amigos. Les dijimos que no había forma de que hiciéramos un banquete en nuestro estado actual; incluso preparar la comida para nuestra pequeña familia nos era extremadamente difícil en este momento. Rápidamente nos aseguraron que no esperaban nada de nosotros. Las familias mongolas contaban con la ayuda de familiares, que venían después de una muerte, y la iglesia era nuestra familia en Mongolia. Ellos se harían cargo del banquete. Aliviados, estuvimos de acuerdo. Durante el entierro, se nos olvidó que esto sucedería y fuimos extrañamente animados y consolados por un departamento cálido lleno de amigos y el aroma de una buena comida.

En poco tiempo un flujo constante de invitados comenzó a llegar y, a medida que entraban, cada persona me entregaba dinero de regalo. Me horroricé al principio. Sabíamos que, a pesar de nuestra pobreza, teníamos más riqueza que casi todas las personas de Erdenet. Era muy difícil recibir dinero de gente que no tenía de sobra. Bayaraa vio mi consternación y rápidamente me susurró que tenía que aceptarlo. Era una costumbre y no había una manera educada de rechazar los regalos. Permanecí de pie ahí en nuestra entrada sintiéndome humilde y asombrado por la generosidad de los mongoles.

El departamento estaba desbordado de gente, pero de alguna manera todos pudieron comer. Amigos del trabajo y de la ciudad pasaron y se fueron después de saludarnos y comer algo, pero muchos de la iglesia se quedaron. A medida que la cantidad de invitados por fin disminuyó, aquellos que no estaban limpiando la cocina se juntaron en la sala con Louise y conmigo. Compartimos nuestra esperanza con ellos mientras les contábamos palabras y escrituras que nos habían animado durante los últimos días. Louise y yo cantamos a dúo en inglés y otra persona nos guió a todos en adoración en mongol con la guitarra. El tiempo voló y poco después todos se estaban yendo para arreglar el "Palacio de las Mujeres" para la reunión de la tarde. Era el tiempo que teníamos programado de manera regular en la iglesia para contar historias del Antiguo Testamento, pero hoy también tendríamos un servicio en memoria de Jed.

El día anterior, Magnus había mencionado que a pesar de que era mi turno de contar la historia en la iglesia, él estaba dispuesto a hacerlo hasta que me sintiera mejor. Habíamos estado haciéndolo una semana él y otra yo, contando la historia del Antiguo Testamento. Cada miércoles, revisábamos cuán lejos había llegado el otro en la "Historia de Dios" y continuábamos desde ahí. Le pregunté hasta dónde había llegado la semana pasada, y él se quedó callado. Le pregunté de nuevo y me respondió en voz baja, "Abraham está a punto de ofrecer a su único hijo". Me quedé sin palabras, me impactó darme cuenta de cómo Dios estaba a cargo de detalles como estos incluso en nuestros días más sombríos. Le dije a Magnus, "Gracias, pero creo que debo contar esta historia".

Cuando se fue el último invitado, nos fuimos con ellos al lugar que alquilábamos, el cual en muchas ocasiones funcionaba como la discoteca de Erdenet. Entramos a un lugar colmado de gente. Pasé al frente y conté la historia de lo que Dios le había pedido a Abraham. No habíamos avanzado mucho en la historia cuando se me hizo un nudo en la garganta y muchos de los asistentes comenzaron a llorar. Lloramos a lo largo de la historia, y se sintió como si todos hubiéramos experimentado la verdadera historia de aquel antiguo dolor, pérdida y redención por primera vez. Lo uní con la Navidad y entendimos que el Padre había enviado a ese bebé dulce y santo a este mundo sabiendo que moriría aquí. Ése era el verdadero significado y el sentido oculto de la celebración que habíamos realizado con tanta alegría en el pasado. Pérdida y sacrificio son el precio que se tuvo que pagar por el gozo y la salvación. Nunca experimentaremos la Navidad de la misma manera.

Tomé asiento con Louise y las niñas. Estábamos sentados adelante junto a la "tía Dawne" y nuestra amiga del Cuerpo de Paz, Carleen. Rick Leatherwood invitó a sus cuatro hijos y a nuestras tres niñas a cantar varias canciones de niños. A los mongoles les encantan las canciones con coreografía y esto fue un gran éxito. El ánimo cambió y se levantó. Parecía extrañamente apropiado que la partida de Jed a su hogar en el cielo se celebrara con alabanzas de niños que pronto le habrían

Servicio en memoria de Jed con Dawne Caldwell

encantado. Después de que Rick terminó, Magnus y María nos sorprendieron a todos con una canción que habían estado practicando como regalo para nosotros, un dueto hermoso de "*Graverobber*" ("el ladrón de tumbas") de la banda cristiana de rock, Petra. La letra reflejaba perfectamente dónde habíamos encontrado nuestra esperanza desde que Jed nos dejó.

Luego, adoramos en mongol con "La casa del Señor", la canción de la Iglesia de la Viña que Louise cantó cuando estaba en trabajo de parto hacía apenas dos meses. Pasé al frente y compartí mi corazón con la iglesia. Era claro que no estábamos pasando por esto solos. La iglesia había estado bajo ataque por casi dos meses, y nuestro equipo había tenido serias dudas de si la joven iglesia sobrevivía.

La muerte de Jed no había sido la única. Todavía nos sentíamos conmovidos por una segunda muerte que siguió a la de Jed dos días más tarde. El día anterior, una adolescente sorda de nuestra casa-iglesia había fallecido sin causa aparente. Los doctores aseguraron que había sido una falla en el riñón, pero se veía perfectamente saludable. Era una joven especial que siempre parecía vencer sus desafíos mentales con una libertad espiritual que hacía que los demás quisieran experimentar al Padre como ella. La conmoción y el dolor que esto causó parecía abrumador encima de todo lo que ya habíamos sufrido. La muerte parecía rodearnos. Sentí que tenía que decir algo para animar a los golpeados creyentes. Les dije que habíamos estado pasando por mucho, y que no estaba seguro de cómo terminaría, sin embargo, deseaba que supieran que Satanás había llegado muy lejos. Había cruzado una línea con estas muertes.

"No sé lo que van a ser, pero ¡yo y mi hogar serviremos el Señor! ¡Vamos a destruir el reino del enemigo por el resto de nuestras vidas, y si a Satanás no le gusta, mejor que nos maté todos!".

El ánimo cambió notablemente a partir de ese momento, la iglesia comenzó a volver a la pelea. Me senté de nuevo y Magnus compartió de la Biblia. Después todos se juntaron alrededor nuestro y oraron por nuestra familia. Fue a la vez hermoso y difícil. El hecho de que casi todo el servicio en memoria de nuestro hijo fuera en un idioma con el que aún luchábamos por aprender, pareció aumentar nuestro doloroso sentimiento de separación de nuestros padres y hogar. Louise y yo oramos internamente para que pudiéramos volver a nuestro país muy pronto.

No sería así.

VEINTICUATRO

Algo se quiebra

Los líderes de la iglesia se sintieron animados con lo que compartí en el servicio en memoria de Jed e hicieron un llamado para hacer veinticuatro horas de ayuno y oración en contra de los ataques que habíamos estado sufriendo desde el comienzo de noviembre. Todo el liderazgo se juntó para adorar y orar en el departamento de los Alphonce en un servicio que duraría toda la noche. Mientras clamábamos a Dios en unidad, algo sucedió. A las tres de la mañana, de manera simultánea, escuchamos un crujido estruendoso. Todos en la habitación levantaron la vista al mismo tiempo. No era audible, no creo, pero todos lo "escuchamos". Era como una pequeña rama quebrándose en un bosque silencioso. Todos miramos alrededor, sin estar seguros de qué hacer, y un creyente nuevo que se había unido a la reunión preguntó, "¿Esto significa que ya nos podemos ir a casa?". Todos nerviosos nos reímos un poco con esta pregunta tan directa. Magnus sugirió que cantáramos una canción primero y después nos fuéramos a casa, y eso hicimos. El ataque se había terminado. Lo sentimos en ese momento, pero lo vimos en las semanas que vinieron. Todavía quedaban batallas espirituales, pero el ataque fulminante de noviembre y diciembre había llegado a su fin. Todos los golpes serios que habíamos recibido fueron sanados y restaurados en las semanas posteriores. La chica sorda y mi primer hijo varón fueron las únicas pérdidas permanentes.

Louise y yo compartimos un fuerte deseo de irnos a California a pasar el luto con nuestros padres y familiares, y permitir que las niñas se reconectaran con sus abuelos. Todo parecía indicar que éste era el mejor

Algo se quiebra 197

momento para tomar nuestra primer "licencia", que ya habíamos pospuesto varias veces, para salir de Mongolia.

Nuestra familia había roto un récord entre la comunidad misionera mongola, y nadie nos envidiaba. Sin que nos lo propusiéramos, nos habíamos vuelto la familia que había servido por más tiempo en el campo misionero sin una visita a nuestro país natal. Sin más que un viaje corto a Beijing, no habíamos dejado Mongolia desde que llegamos hacía dos años. La mayoría de las agencias misioneras clasificaba a Mongolia como un "campo adverso" y ordenaba que sus trabajadores hicieran viajes regulares a otros lugares. Ninguna de nuestras organizaciones, JUCUM o Empresas Mongolas Internacionales (MEI por sus siglas en inglés), tenía políticas o pautas establecidas en cuanto al tema, por lo que hicimos nuestros propios planes. A principios del 94, teníamos vacaciones planificadas antes de mudarnos a Erdenet. Habíamos concluido que si no teníamos los medios para ir hasta California, al menos podríamos ir a algún lugar cálido y cómodo. Habíamos escuchado de un paraíso bastante económico en Tailandia que muchos amigos misioneros frecuentaban y habíamos hecho una solicitud durante una reunión del personal de MEI. A pesar de que no había ninguna política sobre las vacaciones, se creó una nueva en ese momento. Nos dijeron que, para ayudarnos a conectar con la cultura, no se permitían viajes fuera del país en los primeros dos años. Louise huyó de la reunión hecha un mar de lágrimas, y yo comencé a darme de topes con el liderazgo. En pocos días me las arreglé para que casi nos echaran de la misión. Dios intervino a último momento dándole una revelación a Louise sobre lo que realmente estaba pasando, "un espíritu de oposición" había estado siguiendo nuestros pasos por años y se manifestaba de nuevo. Tan pronto como el Espíritu Santo reveló esta entidad, lo contraatacamos fácilmente. Después de orar, fui a la reunión donde me iban a despedir. Había pedido hablar primero y compartir lo que Dios nos había mostrado. Dios había confirmado mis palabras a los líderes y todos nos perdonamos mutuamente. De hecho, Rick Leatherwood había sido tan firme al decir que el enemigo no ganaría, que inmediatamente se puso en marcha a todo vapor para ayudarnos a mudarnos a Erdenet. Dios había triunfado, pero con todo el entusiasmo la causa original quedó completamente olvidada y nos mudamos sin tomar un descanso. En una nota graciosa para terminar la historia, más tarde nos enteramos que todo el personal de MEI (excepto la familia Hogan) había tomado un descanso fuera del país. Richard había cambiado la política y descubrió que todos necesitaban unas vacaciones así que les ordenó que tomaran un viaje al extranjero.

No habíamos tenido otra oportunidad de ir a ningún lado después de llegar a Erdenet. Magnus y María tuvieron una gran necesidad de visitar su hogar en Suecia, así que nos dejaron a cargo por la mayor parte del verano del 94. No habíamos querido viajar durante el avanzado estado de embarazo de Louise, por lo que se descartó el viaje en el otoño, y después estuvimos ocupados con un recién nacido cuando llegó el invierno.

Ahora con la pérdida de Jedidiah, tomar un descanso parecía lo más sensato y lógico. Nosotros y todos los demás dimos por sentado que nos iríamos a casa para tener un tiempo de luto y recuperación tan pronto como fuese posible. Durante todo el periodo que siguió a esa espantosa Navidad, ambos estábamos conscientes del deseo abrumador de estar con nuestros padres y familias. Desde el punto de vista del ministerio también tiene mucho sentido. Irrumpir en lágrimas cuando las personas venían a ser discipuladas, no era muy edificante.

Teníamos las finanzas. Nuestros donantes nos habían dado generosamente y los obreros Bautistas del Sur en Ulán Bator habían hecho una colecta. Nos sentimos honrados, humildes y bendecidos por el regalo tan grande. A medida que comenzamos a hacer planes y hablar acerca de cómo comprar los boletos, una palabra inesperada vino de parte de Dios. Comencé a poner atención a una persistente y creciente impresión de que no debíamos dejar Erdenet en ese momento. No parecía posible que el Padre nos pidiera que nos quedáramos después de perder a Jed, pero aún así comencé a sentir que esto era lo que Él nos estaba pidiendo. Me acuerdo que incluso le recordé a Dios que estábamos experimentando un dolor profundo y éramos incapaces de ser testigos gozosos. Si tan sólo pudiéramos ir a "casa" le prometí que nos "sanaríamos" y volveríamos más fuertes para Su Reino en Mongolia. Estaba tan decidido a continuar planeando nuestro descanso,

Algo se quiebra

que casi "gané" el debate interno que estaba librando. No tenía idea del arma secreta que Dios tenía reservada. Mientras tomábamos un delicioso café auténtico una mañana, Louise casualmente mencionó que estaba sintiendo que teníamos que quedarnos en Erdenet y vivir nuestro duelo frente a los creyentes mongoles. Quedé pasmado. Ella se moría por un respiro de la vida tan dura que llevábamos en Mongolia aún antes de que nos mudáramos a Erdenet. Ni bien mencionó lo que había escuchado, supe que venía de Dios. No había forma que esto viniera de la carne de Louise o de sus deseos humanos. Mientras lo hablamos, lloramos, sabiendo que pasarían varios meses increíblemente duros antes de que pudiéramos ver nuestro "hogar". Compartimos lo que sentíamos con Magnus y María, y ellos confirmaron que también habían estado escuchando lo mismo, pero que no habían podido pedirnos que nos quedáramos. Necesitábamos escucharlo de Dios nosotros mismos.

Así que pasamos la primera y más pesada etapa del duelo en Erdenet. Lloramos enfrente de nuestros invitados y visitas, en las reuniones de la iglesia, y solos en nuestro hogar. Era raro y vergonzoso ya que la cultura mongola no incentiva la demostración de emociones. A menudo me preguntaba porqué Dios quería que pasáramos por esto aquí. No parecía estar ayudando a Su causa. No recibí ninguna revelación acerca de esto por algún tiempo.

El día después de Navidad envié un fax como respuesta a las llamadas y correos que habíamos recibido de muchos lugares:

> "Así que, ¿cómo estamos? Es como lo que dijo el personaje de *Sintonía de Amor...*', te levantas, te recuerdas que tienes que inhalar y exhalar'... Todos pasamos por algún dolor, de maneras diferentes y en etapas distintas. Alice no entiende la muerte completamente, pero extraña a Jed. Melody ha llorado, negado, se ha comportado de manera impertinente, salvaje y estable dependiendo del momento. Molly es la más afectada. Te rompe el corazón escuchar su llanto. Está experimentando los brazos vacíos de una manera terrible. Ella y Jed compartían un lazo especial desde el día en que nació. Con frecuencia podía sostenerlo y calmarlo cuando incluso Louise no podía. Está lidiando con su

duelo, sin llenarlo con otras cosas. Louise se las ha arreglado para mantener a raya la culpa y la acusación, y llorar profundamente la pérdida. Estamos vendando sus pechos, los cuales, pesados y llenos de leche materna, son un recordatorio constante. Las lágrimas vienen de a montones. A veces casi te olvidas por un momento, y después te sientes culpable por no llorar. Estoy haciendo el duelo por el bebé que tuvimos y que quiero abrazar, por el niño con el que nunca jugaré, y el hombre al que nunca tendré de amigo. Anoche todos fuimos al servicio de Navidad. Más de setecientos mongoles llenaron el salón más grande de la ciudad. La obra de Navidad hizo que ambos lloráramos. Mi madre apenas había preguntado en su carta si Jed sería el bebé Jesús en la dramatización. En vez de eso Jesús está sosteniendo a nuestro hijo".

Unas semanas más tarde escribí a nuestros amigos y a nuestro equipo de apoyo:

"Estamos bien. Nuestra fe está intacta, y estamos testificando del tierno cuidado de Dios. Él siempre hace lo más amoroso y adecuado por y para nosotros. 'Sí, aunque Él me mate ¡aún yo lo alabaré!'.

Estamos pasando por las etapas del duelo, y Dios en su misericordia parece coordinar los tiempos más difíciles de uno con los más fuertes del otro. Nos hemos unido mucho como familia a través de esta pérdida. Nos han animado grandemente dos visiones: la visión de Magnus en la que Jed de unos cinco años está jugando con Jesús; y la visión de Rick Leatherwood de Jed como un buen hombre en la flor de la vida, fuerte y saludable, sumamente hermoso.

'¿Dónde está tu victoria, oh muerte? ¿Dónde está tu aguijón?'"

VEINTICINCO

Los rostros del duelo

El año 1995 comenzó de la misma manera que el año anterior, y aún así todo parecía tan diferente de un año a otro. Una vez más recibimos el Año Nuevo alrededor de la mesa de la cocina con Lance Reinhart. Creamos una tradición que sería un ritual anual durante nuestra estadía en Mongolia. La víspera de Año Nuevo siempre la pasábamos con Lance, con quien hacíamos una marca en el techo de la cocina con el corcho de una botella de champaña rusa al llegar la medianoche. De tal modo que hay una creciente variedad de abolladuras esparcidas en el techo con el año en el que se hicieron escrito al lado de cada una. Era triste y extraño a la vez reflexionar en que hacía sólo un año atrás habíamos estado felizmente hablando sobre nuestros planes de mudarnos a Erdenet y no estábamos ni siquiera embarazados, y ahora, un año más tarde, los tres estábamos juntos otra vez más tristes y más sabios. Teníamos una visión mucho más clara del costo que conlleva nuestro llamado. Ese Brian de un año atrás parecía un completo extraño en comparación con el papá en duelo que era hoy.

A medida que pasamos enero y febrero, comenzamos a descubrir que el duelo era una fuerza de la que no sabíamos nada, y nadie a nuestro alrededor parecía tener algo útil que aportar. Comenzaron a aparecer efectos secundarios extraños e inesperados. Louise había notado que su sentido del gusto había disminuido al punto de que toda la comida tenía sabor a aserrín. Emocionalmente, el pozo parecía haberse secado al mismo tiempo. Estaba profundamente triste pero no podía llorar. Sentía como si tuviera algo atorado adentro de ella y perdió la habilidad de apasionarse por las cosas. Noté que ya no opinaba sobre los planes que hacía. Esto me conmovió. Louise nunca había sido una mujer que dijera que sí a todo o que fuera tímida en sus opiniones. Esta nueva Louise me preocupó, incluso cuando esto hiciera que mi vida fuera más fácil.

Yo también continué haciendo el duelo. Rompía en llanto en momentos inesperados. No era porque los demás restregaran mi herida. Era algo interno. Pensaba en Jed y algo que nunca podría hacer con él y comenzaba a llorar por lo que había perdido. Cada niña llevaba el duelo a su manera. Nuestros amigos nos enviaron algunos libros sobre el duelo y sabíamos que todos lo vivían de manera diferente, así que intentamos apoyar a cada una de las niñas de la mejor manera posible. Molly lo vivía casi como yo. Lloraba cuando le dolía, y después se recuperaba y seguía adelante. Alice parecía no entender la muerte en absoluto. Hacía comentarios de vez en cuando, pero básicamente volvió a ser la hija menor. En cierto sentido nos preguntábamos si estaba aliviada de que ese desplazamiento raro e inoportuno de su posición como la bebé de la familia hubiera terminado tan rápido.

Melody iba de un extremo a otro. No había un orden en su duelo. En un momento se negaba a aceptarlo, luego pasaba al llanto desenfrenado y después corría por la casa como si nada hubiese sucedido. Nos preocupaba que no pareciera estar lidiando con sus sentimientos, sino que intentaba deshacerse de ellos tan pronto como podía. Louise y yo tratamos de acompañar a cada una de la mejor manera que pudimos, compartiendo nuestra confianza de que su hermano estaba con Aquél con quien todos queríamos estar y asegurándoles que algún día volveríamos a estar juntos. También nos aseguramos de hablar en familia sobre las maravillosas maneras en las que Dios suplía nuestras necesidades y nos cuidaba. Estábamos sintiendo Su presencia y ayuda de maneras que no habíamos experimentado antes.

Con un servicio de teléfono y fax muy limitado y sin correo electrónico en Erdenet, teníamos que confiar en la oficina mongola de correo para comunicarnos con nuestra red de apoyo. Esto resultó ser una bendición y una maldición. A lo largo del invierno y la primavera, cada viaje para revisar nuestro casillero en la oficina de correos era como negociar con un campo emocional minado. Fuimos animados y consolados por el diluvio de cartas y tarjetas que recibimos en respuesta a la carta que había escrito en Navidad. El impacto que tuvo en las personas alrededor del mundo fue impresionante. A medida que la gente compartía su dolor y sus sentimientos con nosotros, nos sentimos animados de una manera sorprendente. Una familia leyó la carta mientras manejaba y tuvieron que detener el automóvil para llorar desconsoladamente en familia. A pesar de lo terrible que esto era, Louise y yo fuimos bendecidos por su respuesta. Saber que otras personas lo sintieron tan profundamente llenó una necesidad en nosotros. Era horrible. Ameritaba gritar, ameritaba una reacción. La cultura mongola no permite que se hable del muerto después del funeral, y nuestros amigos mongoles se habían llamado al silencio justo cuando nosotros sentíamos la necesidad de hablar sobre lo que estábamos pasando. Escuchar las reacciones y emociones compartidas por nuestros amigos en el extranjero nos ayudó a procesar lo que sentíamos. Comenzamos a entender el poder de "llorar con los que lloran".

Al mismo tiempo, muchos de los paquetes y tarjetas que recibimos, volvieron a abrir nuestras heridas. Descubrimos una prueba inesperada de vivir en uno de los lugares más remotos de la tierra. Debido a que la correspondencia era lenta y poco confiable, junto con las tarjetas de pésame que todavía recibíamos, también llegaban otras felicitándonos por el "bebé recién nacido", e incluso regalos de Navidad para Jed. Muchos de mis regalos y tarjetas de cumpleaños contenían buenos deseos para "el padre del nuevo hijo". Nuestras emociones eran arrastradas de un extremo al otro cada vez que recibíamos correspondencia. Si hubiésemos pasado por esto en nuestro país, nunca hubiésemos tenido que abrir y leer tarjetas de Navidad y "Felicidades, finalmente tuvieron un varón" y tarjetas de condolencias al mismo tiempo. De hecho, esperábamos algunos días hasta que viniera María antes de abrir las cartas, ya que éramos incapaces de hacerlo. Tratábamos de ordenarlas por su sello postal para poder obtener alguna pista de sus contenidos y deshacernos de las sorpresas para las cuales no estábamos preparados.

Encontramos algo de consuelo en retomar la mayoría de nuestras actividades de la iglesia y responsabilidades de equipo rápidamente.

Les entregué la congregación rusa a Ruslan y Svetlana. Había estado dirigiéndola con la ayuda de Ganaa, nuestra amiga y traductora que hablaba ruso e inglés, desde abril del año pasado. No podía suplir las necesidades de esta pequeña comunidad. Los rusos eran muy diferentes a los mongoles. Los creyentes mongoles eran muy receptivos y estaban dispuestos a recibir cualquier cosa que se les enseñara con los brazos abiertos, a diferencia de los rusos que tendían a procesar todo intelectualmente. Necesitaban discutirlo de manera grupal antes de aceptar una sencilla verdad bíblica. Casi no hablaba ruso, lo que me dejaba afuera de estas sesiones de debate. Ganaa se ofendía tanto cuando parecía que los rusos estaban en desacuerdo conmigo, que saltaba y los reprendía en un ruso fluido. Me quedaba en el lugar escuchando los balbuceos de voces elevadas por unos cinco o diez minutos. Cuando finalmente se resolvía, Ganaa y la iglesia me miraban para que continuara. Le preguntaba a Ganaa, "¿Ganamos?", "Oh, sí", respondía sonriendo, y continuábamos con la enseñanza. Aún cuando esto parecía funcionar de alguna extraña manera, creía que una persona de la misma cultura podría liderar mejor a esta pequeña iglesia. No sabía si lo que hacían, en cuanto a cuestiones religiosas, eran convencionalismos meramente culturales o si tenían algún significado que no era bíblico. Trataba de ser sensible a una cultura que no habíamos aprendido, en un idioma que no hablaba, y sabía que esto me sobrepasaba.

En vez de añadir negligencia a esta mezcla ya de por sí complicada, le pasé el grupo a Ruslan sin ninguna transición. El tiempo de su llegada un par de semanas antes de la muerte de Jed vino ¡directamente de Jesús! Y el traspaso funcionó como un sueño. Ruslan corrigió de inmediato unas cuantas cosas que yo había sido renuente a abordar y ya que él hablaba ruso, tuvo el conocimiento y la autoridad para hacerlo con éxito. Él y Svetlana también trajeron una experiencia de fe y triunfo en la provisión de las finanzas que animó a los creyentes. Y como líder de alabanza, Ruslan ofrecía mucho más que yo.

Ruslan venía a nuestro departamento de manera regular para tomar lecciones de inglés con Louise. Svetlana ya lo hablaba casi con fluidez. Estaba embarazada de siete meses de su primer hijo. Acababan de cumplir su séptimo mes de casados. La iglesia rusa se triplicó en número bajo la dirección de Svetlana y Ruslan, y abrieron una escuela dominical para veinte niños rusos a la que Melody disfrutaba asistir. Ruslan nos informó, "¡Amo niños!".

Svetlana, bebé Reuben y Ruslan

Había pasado ocho meses concentrado en el entrenamiento de los creyentes rusos para que simplemente obedecieran los mandamientos básicos de Jesús, y eso estableció el fundamento para sus vidas junto a Él. También los había bautizado y eso, en las mentes de estos discípulos, me daba un rol permanente de padre en la vida de su iglesia.

VEINTISÉIS

La flexibilidad es demasiado rígida

Otro tipo de sorpresa poco grata llegó con nuestro correo. Una revista cristiana de alcance internacional publicó una nota sobre la iglesia de Erdenet y sobre nuestro equipo en su edición de enero. El reportaje vinculó el nombre "Brian Hogan" con la palabra "misionero". Aún cuando la constitución garantizara la libertad religiosa, la situación en Mongolia todavía requería de mayor discreción. Esta publicidad bien intencionada ponía en riesgo las visas de todos los miembros de nuestro equipo en Erdenet. Lo único que podíamos hacer era pedirle a nuestro equipo de apoyo en Estados Unidos que orara para que Dios protegiera la obra y cegara algunos ojos para que no vieran esta publicación.

Nuestro contrato anual con la firma de arquitectura MONAR estaba llegando a su fin y el señor Orgil, el jefe, estaba ansioso por renovarlo por un tercer año. Las clases de inglés que enseñaba en Erdenet habían resultado ser muy lucrativas para la firma. También habíamos estado analizando la posibilidad de abrir otras pequeñas empresas, pero nuestros planes chocaron con un inesperado obstáculo cuando el Ministerio de Trabajo nos negó las solicitudes para la renovación de las visas. Dijeron que MONAR no tenía ninguna razón para colocar extranjeros en Erdenet, ya que no tenían empleados mongoles para supervisarme en dicho lugar. El ministerio canceló nuestro contrato cuando MONAR lo presentó, dejándonos sólo un mes para obtener una nueva visa. Sospechamos que la publicidad de la revista nos había puesto en esta posición. Así que de repente nos encontramos sin

La flexibilidad es demasiado rígida   207

ninguna alternativa para obtener nuestras visas, y por consiguiente no teníamos una razón comprobable para quedarnos en Mongolia.

No éramos los únicos en el equipo que estábamos experimentando problemas con la visa. Svetlana y Ruslan estaban por obtener un permiso de trabajo y lidiaban con un primogénito que estaba determinado a venir al mundo, sin importar que los padres estuviesen listos o no. El bebé Reuben terminó llegando el 6 de marzo, antes de que obtuvieran la visa. Magnus y María habían recibido un milagro el año anterior cuando el Instituto de Idiomas Extranjeros sacara de la manga una visa "imposible" para que los suecos enseñaran inglés. Se les había informado en ese entonces que la visa del año siguiente sería "completamente imposible, no hay manera de que puedan quedarse otro año". Y aún así, después de que todos clamáramos en oración por este asunto en nuestras reuniones de equipo, Dios hizo lo imposible y el Ministerio de Trabajo les otorgó las visas ante el total desconcierto de la escuela y de la policía local.

Después de agotar todas las posibilidades para continuar con la empresa con la que había estado trabajando desde mi llegada a Mongolia, me di cuenta de que era tiempo de salir a buscar un nuevo empleador. Si no podía arreglármelas para asegurarnos un nuevo contrato, nuestras vacaciones serían mucho más largas de lo que queríamos. Teníamos amigos orando alrededor de todo el mundo. Nos quedaba menos de una semana en Mongolia cuando conseguí una entrevista con un alto ejecutivo de la todopoderosa "Erdenet Concern", la mina de cobre más grande de Asia y la razón de la existencia de Erdenet. Comenzó la entrevista explicándome que la compañía era una empresa ruso-mongola, y que no había otras nacionalidades trabajando en ella. "Esto me convertiría en su primer estadounidense", contesté. Me preguntó qué sabía hacer y dije, "Lo que necesites". Le mencioné algunas ideas tales como revisar sus contratos en inglés, arreglar computadoras, entrenar a sus usuarios, enseñar inglés, etc. Tuvimos una buena discusión sobre si debía trabajar a tiempo completo (como todos los demás empleados) o media jornada, como yo insistía. Lo convencí de que no había forma de que pudiera darle clases a mis hijas en casa, comprar comida por toda la ciudad y trabajar a tiempo completo. No era práctico siendo yo un inmigrante sin el apoyo de una red familiar. Terminó contratándome como gerente del departamento comercial de la mina. No tenía ni idea de lo que implicaba el puesto, pero el contrato vino con una carta de invitación. ¡Podríamos obtener nuestras visas para volver a entrar a Mongolia! Ya habíamos visto una y otra vez que no había manera de quedarse en esta tierra si no éramos tan flexibles con nuestros planes como una medusa.

Con todo el entusiasmo de obtener un empleo secular para el futuro, continué con mi tarea de enseñar y dirigir la Escuela de Discipulado de Erdenet. Nuestro primer grupo de estudiantes se abrió paso con gran entusiasmo a través de las clases y los materiales que habíamos preparado. En las primeras semanas les enseñé las bases bíblicas de las misiones y la historia del movimiento cristiano global, después durante varias semanas presencié las clases en las que enseñaron misioneros invitados de Ulán Bator y Suecia, y finalmente enseñé las clases sobre cultura en nuestra última semana en Erdenet. Los estudiantes estaban contentos de terminar la parte teórica y pasar el verano en viajes de evangelismo por todo Mongolia. ¡Eran los primeros misioneros mongoles a corto plazo!

Lance Reinhart

Antes de mudarnos a Erdenet, Louise y yo nos hicimos muy amigos de Lance Reinhart. Lance había hecho su entrenamiento misionero de JUCUM con nosotros en Oregón, pero no fue hasta que todos estuvimos luchando por adaptarnos a un nuevo país que realmente profundizamos nuestra relación.

Lance se hospedaba en la casa de una maternal mujer mongola que trabajaba para el director de la escuela donde él enseñaba

La flexibilidad es demasiado rígida 209

inglés. Su hijo también vivía en casa, y él y Lance tenían veintipocos años. En este ambiente de inmersión total, el dominio del idioma de Lance pronto sobrepasó al de la mayoría de los extranjeros. A pesar de esto, a menudo anhelaba ver caras conocidas y comer comida de su país natal, así que aparecía en nuestro departamento en busca de mantequilla de maní y galletas con chips de chocolate.

Estas visitas eran divertidas para todos nosotros. Jugábamos, teníamos todo tipo de discusiones desde lo sublime hasta lo ridículo, y después de que adquirimos la tostadora, comíamos pan tostado, lo cual era un lujo en una tierra que carecía del concepto de tostar el pan. Lance generalmente pasaba por "unos minutos", luego, varias horas más tarde, aceptaba nuestra invitación para cenar, y finalmente perdía el último autobús de las once de la noche y se veía "forzado" a quedarse para el desayuno. Todos disfrutábamos estos campamentos improvisados y siempre nos asegurábamos de que Lance llamara a su "mamá mongola" para que no se preocupara.

Cuando nos mudamos a Erdenet, logramos tentarlo para que viniera de Ulán Bator con bastante frecuencia. Magnus y María vieron en él lo que nosotros ya habíamos reconocido, una determinación total para terminar lo que comenzaba, una maravillosa habilidad para entrenar y equipar a otros detrás de cámaras y un ingenioso sentido del humor que hacía que la vida en Mongolia fuera mucho más llevadera. Los cuatro estuvimos de acuerdo en que Lance debía formar parte de nuestro grupo de plantación de iglesias. Lance, sin embargo, no estaba seguro. Ya nos habíamos dado cuenta de que mientras más tratábamos de persuadirlo para que hiciera algo, más se resistía. Yo, por otra parte, me inclino más por la persuasión astuta como mi arma principal. Fue un enfrentamiento interesante, y después de un año de intentar convencerlo, tentarlo y rogarle para que se mudara a Erdenet, finalmente me rendí.

Un par de meses más tarde Lance anunció que se uniría a nuestro equipo.

El momento fue perfecto. Lance se mudó a nuestro departamento justo cuando estábamos saliendo para tomar nuestras primeras vacaciones en Estados Unidos. Él pudo terminar mis clases de inglés y otros proyectos, lo contrataron en el Instituto de Idiomas Extranjeros y encontró un departamento amueblado elegantemente con un alquiler increíblemente barato en el que se podía mudar cuando llegáramos. Un ejecutivo de la mina de Erdenet que se iba a estudiar a Colorado quería que un occidental cuidara de su lujoso departamento por un año, y había conocido a Lance cuando estaba dejando la ciudad. Dios obró en cada detalle tan pronto como Lance dio el primer paso.

Como el primer "soltero" del equipo, Lance iba a experimentar un lado diferente de la vida misionera en Erdenet que el resto de nosotros. Una tarde, poco después de mudarse a su propia casa, abrió la puerta después de que tocaran persistentemente como es usual en Mongolia. En la puerta se encontró con tres lindas jóvenes de su clase de inglés, todas sonrientes y nerviosas. Su "madre" mongola lo había entrenado bien, por lo que amablemente las invitó a pasar, les ofreció un asiento en la sala, y se dispuso a preparar el té en la cocina, preguntándose cuál sería la razón de su visita. Después de servir el té, y de cumplir con todas las gentilezas sobre la salud, las manadas de ovejas y los familiares, la líder de la delegación, como respuesta a los codazos de las otras dos, se sentó al borde de la silla, se aclaró la garganta y sacó un pedazo de papel. En un inglés lento y titubeante le leyó a Lance la razón de su visita mientras las otra dos le sonreían.

Lance se atragantó y casi escupió el té por toda la habitación, "¡¿Qué?!".

Y la hermosa joven repitió con mayor seguridad, "Desde tiempos antiguos hemos deseado venir y tener intimidad contigo".

Después de un horrorizado silencio, Lance se recobró lo suficiente como para decirles que estaba seguro de que ellas no querían decir lo que habían dicho. "No", protestó ella en mongol, "hemos buscado cuidadosamente cada palabra en el diccionario inglés-mongol". Lance le dijo que le dijera en mongol lo que no estaban logrando comunicar en inglés.

"Durante semanas hemos deseado conocerlo más, profesor".

El profesor se sintió aliviado, pero mucho más avergonzado de explicarle a las desconcertadas jóvenes lo que en realidad habían dicho en inglés. Como todos ya habíamos experimentado lo erróneas que pueden ser las traducciones, especialmente aquellas que sólo usan el diccionario como referencia con su desconcertante variedad de opciones para cada palabra, nos reímos hasta llorar cuando Lance nos compartió su historia en la reunión de equipo.

La gran contribución de Lance, más allá de la renovación y las risas que trajo, fue su habilidad para preparar y entrenar a los creyentes para hacerse cargo de lo que Magnus y yo habíamos estado haciendo. La escuela de discipulado era una de ellas.

La idea de tener un programa de entrenamiento de discípulos se me ocurrió durante el mes de octubre de 1994. Sentí que el mayor riesgo de nuestra iglesia era caer en una superficialidad que el rápido crecimiento numérico y la novedad de la fe de todos había hecho difícil de abordar. Mientras pensaba qué era lo que había creado los altos niveles de intensidad y compromiso que Louise y yo siempre habíamos conocido como algo normal dentro del cristianismo, me di cuenta de que la Escuela de Discipulado de la Iglesia de la Viña donde nos habíamos conocido era una incubadora perfecta para estas cualidades. De seguro sería posible traducir lo que había funcionado en ese programa en algo que se adaptara a la cultura de Erdenet. Durante nuestra reunión de equipo, comencé a compartirle mis pensamientos en voz alta a Magnus. Necesitábamos una estructura que les brindara un entrenamiento más profundo a aquellos que quisieran más, un entrenamiento que fuera práctico y basado en hacer y no solo en escuchar. También necesitábamos un mayor nivel de compromiso de los estudiantes del que se requería para asistir a la iglesia. Esperábamos que un nivel más alto de interacción con nuestros discípulos les ayudara a captar la intensidad y el compromiso de manera directa en la medida en que les modeláramos lo que la Palabra nos enseña. La relación entre los estudiantes también sería una prioridad para que pudieran aprender a usar sus talentos juntos en amor.

Sabíamos que teníamos el respaldo de Dios desde el comienzo. Esa misma noche, Magnus y yo planeamos y organizamos con gran entusiasmo hasta muy entrada la noche, y en menos de dos semanas estábamos revisando cincuenta solicitudes para la primera escuela. Entrevistamos a cada uno de los cincuenta candidatos de manera personal, y el último día de octubre empezamos con los primeros veinte estudiantes. No todo lo que sucede en el Día de Brujas es "del diablo". Nos habíamos contactado con algunos misioneros de Ulán Bator para que vinieran a enseñar una semana cada uno en un programa que tenía una duración de seis meses. La mayoría respondió de manera positiva y con entusiasmo, ya que lo que hacíamos era necesario en todas las iglesias de Mongolia.

Había una sola escuela bíblica en la capital. Sin embargo, los estudiantes se alejaban de su involucramiento con la iglesia, se los llenaba de información con la visita de profesores y pastores que sabían muy poco o nada sobre el contexto local, y se les daba muy pocas oportunidades de poner en práctica lo que aprendían sobre el ministerio. Se les pagaba un salario para asistir, y esta práctica atraía a muchos jóvenes que tenían motivos cuestionables. El "fruto" que habíamos visto de este "árbol" en particular estaba podrido.

Queríamos un buen fruto, así que de manera deliberada diseñamos nuestra "Escuela de Discipulado" para desanimar la mentalidad del "estudiante profesional". No se le pagaba a ningún estudiante, más bien cobrábamos una cuota. No era mucho según los estándares occidentales, pero para la gente de nuestra iglesia era un sacrificio. Nuestro objetivo era generar un ingreso para la escuela desde el principio, para que continuara sin depender de fondos extranjeros (y sin las ataduras que dichos fondos suelen implicar). También quería asegurarme de entrenar a los jefes de los hogares. En nuestro entrenamiento habíamos aprendido que éste es el mejor grupo del cual se puede extraer el liderazgo de la iglesia en casi todas las sociedades. Nuestro problema era que por lo general estas personas tenían un empleo. Desde luego que no queríamos que renunciaran a sus trabajos para asistir a la escuela. Ya había demasiadas personas desempleadas en la iglesia. Decidimos tener clases bien temprano a las seis de la mañana para que los estudiantes pudieran ir a trabajar después de clase. Para la mayoría esto implicaba una larga y ardua caminata antes del amanecer, bajo las estrellas esparcidas como diamantes a lo largo del negro cielo aterciopelado, con temperaturas invernales que promediaban los -20°C durante el día. Esto mantendría alejados a todos menos a los que estaban extremadamente comprometidos.

No sabíamos que en Mongolia era completamente inaudito juntarse por cualquier motivo antes de las ocho de la mañana. Nos enteramos el primer día de clases. Todos llegaron al "Palacio de las Mujeres" (es sólo un salón comunista de reuniones, que suena mucho más lujoso de lo que es) que habíamos alquilado, sólo para encontrarlo oscuro y bien cerrado con llave. Los estudiantes golpearon, gritaron y al final tiraron pequeñas piedras en las ventanas del segundo piso para intentar despertar al *jijuur* (el guardia). Después de cuarenta y cinco minutos en el intenso frío que precede al alba, una mujer muy enojada abrió la puerta y procedió a atacarnos verbalmente. Entramos de manera sumisa y sin ánimo de discutir mientras nos seguía regañando. Tuvimos nuestra primera clase. Más tarde me enteré que Odgerel regresó esa tarde para ver a esta *jijuur*. Ella ya se había calmado e incluso estaba un poco apenada, pero Odgerel estaba furioso. Le preguntó qué pensó que estaba haciendo esa mañana. ¿Por qué no había estado despierta para dejarnos entrar como habían acordado el día anterior? Ella respondió que claramente había pensado que él estaba bromeando cuando le dijo que necesitaban el salón para las seis de la mañana. Ningún mongol dejaría la cama tan temprano para ningún tipo de reunión. Odgerel le recordó que había veinte mongoles esperando afuera del salón esa mañana. Ella le preguntó con un sincero asombro, "¿qué tipo de mongoles se levantan tan temprano?". Él le respondió, "Los mongoles que creen que Jesús resucitó de la muerte."

La primera Escuela de Discipulado de Erdenet superó nuestros sueños. La mayoría de los estudiantes empezaron a ministrar en puestos de liderazgo antes que llegáramos a la mitad del curso. Fue un trabajo arduo para nuestro equipo. Empezamos de cero con la preparación. Magnus y yo enseñamos una buena parte del contenido, Louise o María presenciaban las clases de cada maestro que nos visitaba y los

Discípulos de la Escuela de Discipulado de Erdenet

hospedábamos en nuestros hogares. Seis meses de mañanas de huesos entumecidos nos habían cobrado su precio, y fue una ocasión tanto de gozo como de alivio cuando llegó a su fin y presentamos los certificados de graduación ante el aliento de la iglesia. Pensamos que podríamos estar listos para hacerlo de nuevo dentro de seis meses.

Los ancianos en entrenamiento tenían otros planes. Se nos acercaron y nos preguntaron cuándo comenzaría la próxima escuela de discipulado. Cuando les dijimos que no teníamos planes inmediatos para otra escuela, quedaron asombrados. Resultó que ya tenían estudiantes en lista de espera. La iglesia había sido tan bendecida y entusiasmada por la primera escuela que deseaban tener otra de inmediato. Casi me desmayé de sólo considerarlo. Se rehusaron a aceptar un no por respuesta y terminamos negociando una segunda escuela. Pensamos que sería más llevadero que las clases fueran por la tarde. Cuando mencionamos el nuevo horario, los ancianos en entrenamiento se resistieron. "Todos piensan que debe ser bien temprano para separar a los verdaderos discípulos de aquellos cuya fe es débil", insistieron.

Nos las arreglamos para mantener a nuestros ansiosos líderes mongoles alejados de este asunto hasta septiembre cuando les prometimos

La flexibilidad es demasiado rígida 215

entrenar al grupo de discípulos que habían seleccionado. Ya podíamos ver que este curso se convertiría en una estructura permanente de discipulado dentro de la iglesia, y que no había manera de que los plantadores de iglesias lo siguieran llevando a cabo. Necesitábamos delegar la tarea, y rápido.

Lance nos salvó. Tomó el liderazgo de la segunda escuela de discipulado dando por entendido que esta escuela tendría líderes mongoles en entrenamiento. Los dones espirituales de Lance eran perfectos para esta tarea. Cuidadosamente les mostró cada paso a sus ayudantes y después de finalizar un curso que igualó el impacto del primero, le entregó la administración de la Escuela de Discipulado de Erdenet a los líderes que él había entrenado. Ellos comenzaron la tercera escuela de inmediato, y éstas han continuado equipando creyentes y líderes comprometidos hasta convertirse en una Escuela de Entrenamiento de Discípulos JUCUM en Erdenet (YWAM DTS por sus siglas en inglés).

Aún cuando Lance se estaba acomodando a los ritmos de vida de nuestro equipo de plantación de iglesias en Erdenet, nos preparábamos para crecer aún más. Un panadero sueco, Mats Berbres intentaba abrirse camino para obtener su visa y unirse a nuestro equipo. Su llegada, junto con el bebé de Svetlana, Reuben, llevaría a nuestro equipo a un total de doce integrantes: tres suecos, seis estadounidenses y tres rusos. Probablemente podríamos contar a nuestros cuatro ancianos mongoles en entrenamiento, aunque teníamos reuniones de liderazgo separadas. Uno de nuestros principios de plantación de iglesias era mantener a los líderes locales separados del equipo apostólico ya que éste era sólo temporal, como un andamio, que se desmantelaba a medida que la iglesia local nativa tomaba forma. El liderazgo mongol se quedaría, mientras que nosotros nos iríamos. Nuestro equipo deseaba que los miembros de la iglesia se identificarán con líderes de su propia cultura, no con nosotros. Era igual de importante que los ancianos en entrenamiento continuaran encontrando pertenencia e identificación con su propia gente, y no con nuestro equipo de plantación de iglesias.

Durante nuestro entrenamiento se nos había advertido que los equipos multiculturales eran mucho más estresantes que aquellos que son homogéneos. Nos sorprendió descubrir que no experimentamos ninguna tensión o conflicto en nuestro equipo. Nunca había experimentado algo así hasta el momento ni lo volví a experimentar desde entonces, incluso entre estadounidenses. Dios es más grande incluso que los libros de estrategia de misiones.

En el sentido de las agujas del reloj desde la izquierda: Lance, Brian, Louise, Ruslan sosteniendo a Reuben, Sveta, Mats, Magnus, Molly, María, Melody, Alice.

VEINTISIETE

Se merecen un descanso

Dejar Erdenet, aún por tres meses y medio, resultó ser agridulce. La tarde del Domingo de Resurrección, los diáconos, ancianos en entrenamiento, nuestro equipo y amigos de otras iglesias nos acompañaron a la estación de tren. Hicimos un gran círculo en el andén y cantamos alabanzas, oramos, nos abrazamos, lloramos, recibimos regalos, y confirmamos nuestro amor mutuo. Los mongoles que estaban en el tren se quedaron boquiabiertos. Aquellos que viajaban ese día nunca antes habían visto algo como la hermandad que trae el Espíritu. Melody y Molly sollozaban, "¡No me quiero ir de aquí!".

Apenas logramos abordar el tren después de abrazar a la multitud que nos había venido a ver. Lance filmó el evento en nuestra cámara de video que dejábamos en Erdenet. Habíamos planeado, sin embargo, llevarnos la cinta a casa con nosotros. De repente mientras el tren comenzaba a avanzar por el andén, Lance se dio cuenta de que sin prestar atención se había dejado llevar por la emoción del momento mientras miraba a través del visor de la cámara. También descubrió que la apretujada multitud de los que nos estaban despidiendo había ido empujándolo fuera del andén a un área de césped cerrada. Una cerca de metal alta y varios metros separaban a Lance de mi brazo extendido mientras me inclinaba afuera de la ventana. En una angustiante escena lo vi saltar la cerca y correr junto al tren mientras intentaba sacar la cinta de la videocámara al mismo tiempo. Desafortunadamente, la escena terminó pareciéndose a *La creación de Adán* de Miguel Ángel en la Capilla Sixtina, con mi brazo extendido desde la ventana hacia el casete que se encontraba en los dedos de Lance. Mientras el tren me alejaba con las manos vacías, todos los que estaban en la plataforma, los miembros de la iglesia y los inconversos por igual soltaron un suspiro de decepción al unísono.

Despedida en el aeropuerto: Helen Richardson, Laura y Rick Leatherwood con sus hijos: Jessica, David, Daniel, y Jonathon

Al día siguiente en Ulán Bator, tuvimos una despedida más pequeña pero igual de amorosa en el aeropuerto. La familia Leatherwood y Helen Richardson nos despidieron cantando con estilo. Pronto ya estábamos camino a Beijing. Pasamos una noche en un hotel de lujo donde pasamos un lindo tiempo de compañerismo con una amiga que trabajaba en el hotel y nos consiguió la habitación al costo que se la dejaban a ella.

Nuestro vuelo de Beijing a Tokio tuvo más en común con una montaña rusa de un parque de diversiones que con cualquier otro vuelo que jamás he tomado. Melody y Alice estaban extremadamente pálidas. Molly tenía puestos sus audífonos mientras se llenaba la boca con la comida del avión. Exclamó: ¡Me encanta volar!", ante los fuertes quejidos de protesta de sus dos hermanas. Después de ver luchas de sumo por una hora en los monitores del aeropuerto de Narita en Tokio (y de comprar medicamentos para el mareo a precios usualmente reservados para los narcóticos ilegales), nos pusimos en la fila para abordar nuestro vuelo a Los Ángeles. Alice, que recién había cumplido cuatro, preguntó si podíamos tomar un autobús en vez del avión. "¿Qué tal un barco?", preguntó Melody, mostrando un mayor conocimiento de geografía. Este trayecto del viaje fue mucho más tranquilo, pero la pobre de Melody nunca pudo disfrutar por completo el volar por los aires.

Mis padres y la familia de la hermana de Louise nos encontraron en la puerta de arribos dentro del Aeropuerto Internacional de Los Ángeles. Tuvimos un emotivo encuentro en la terminal (uno de los placeres perdidos de viajar por aire antes del 11 de septiembre) antes de tener que despedirnos para continuar nuestro viaje a Seattle donde nos esperaban los padres de Louise.

Tuvimos un maravilloso y relajante viaje en auto por la costa oeste. Una corta estancia en Salem, Oregón, en la base de JUCUM donde habíamos recibido entrenamiento, dio lugar a otra reunión renovadora y una oportunidad de compartir lo que Dios estaba haciendo. La audiencia de la reunión de compañerismo y adoración abierta a la comunidad respondió de una forma que nos hizo entender cuán extraordinario era lo que estaba ocurriendo en Erdenet. Al continuar nuestro camino, disfrutamos de las majestuosas secuoyas rojas, los refrigerios, la excursión a la prisión de la isla de Alcatraz, las estupendas comidas en restaurantes. Estados Unidos, ¡qué lugar tan maravilloso!

La gente siempre nos preguntaba si habíamos experimentado el choque cultural inverso. Louise siempre responde, "No hay problema, crecí aquí". Alice, por supuesto, no recordaba nada de Estados Unidos. Las señales y sonidos la agobiaban. Incluso Melody tuvo algunas sorpresas. Al ver una manguera en el jardín de un pastor, llamó a sus hermanas: "Vengan a ver esto. Es genial". Noté una completa falta de deseo por las cosas materiales cuando caminaba por Walmart. Ninguno de nosotros supo qué hacer con todo lo que había en el supermercado. Pero en general, nos adaptamos sin ninguna dificultad.

La pasamos muy bien visitando nuestro hogar en la costa central de California, pero nuestra agenda estaba excesivamente llena y a menudo era agotador. Hablamos en una iglesia diferente todos los domingos, y cenamos y almorzamos (y a veces desayunamos) con diferentes familias en casi todas las comidas. De alguna manera nos las arreglamos para ir a Arizona, a Los Ángeles, y yo a una conferencia de Misiones Pioneras de JUCUM en Seúl, Corea. Además todos fuimos al dentista y al oculista, y tuve una cirugía correctiva de la vista para poder deshacerme de los lentes ya que en los fríos inviernos mongoles se me congelaban o empañaban todo el tiempo. Teníamos que mordernos la lengua cuando la gente comentaba lo bueno que era que nos tomáramos un descanso, ya que Erdenet era mucho más relajado que aquí.

Después de pasar por los bosques de secuoyas en el norte de California, uno de mis objetivos principales era conocer y conectar con un líder de JUCUM con el que me había estado escribiendo sobre la plantación de iglesias. Kevin y Laura Sutter lideraban un ministerio en Arcata, California, llamado Entrenadores de Plantadores de Iglesias de JUCUM. Su misión era "entrenar y sostener a los equipos de plantación de iglesias de JUCUM entre los no alcanzados". Estando en Mongolia, encontré un artículo de Kevin que era un reflejo perfecto de los principios que nuestro equipo había adoptado. Le escribí y resultó que habíamos sido entrenados por el mismo hombre, George Patterson. En fin, cuando pasamos por su área, nos encontramos para comer. Nos sentimos identificados y prometimos que encontraríamos maneras de trabajar juntos en el futuro. Kevin también nos invitó a asistir a una conferencia de JUCUM en Corea. Nos habíamos sentido un poco separados de JUCUM de alguna manera debido a nuestra experiencia con JCS Internacional durante los primeros meses que pasamos en el campo misionero. El director de JCS había equiparado el dejar la cobertura de esa organización con renunciar a JUCUM (que había acordado estar bajo la cobertura de JCS). Kevin nos aseguró que éramos bienvenidos, y de hecho necesarios, en la conferencia de Misiones Pioneras cerca de Seúl.

Louise no pudo ir, pero yo pude unirme a los plantadores de iglesias de JUCUM y a los líderes internacionales en una semana de compañerismo, establecimiento de relaciones, informes y estrategia, en un gran centro de conferencias a las afueras de la capital de Corea del Sur. Resultó que Magnus y María y otros amigos de Mongolia también fueron, habían llegado una semana antes para estar en la conferencia de misión mundial de GCOWE (Consulta Mundial sobre Evangelización). De hecho, nuestro equipo de Erdenet fue la atracción principal de toda la conferencia.

Mi espíritu fue especialmente animado a medida que compartía con los líderes principales de JUCUM, incluyendo al nuevo presidente internacional, Jim Stier. Jim apartó un tiempo para escucharme y asegurarme una y otra vez que aún éramos parte de JUCUM, más allá de nuestra posición con JCS. Hice amistades nuevas, me puse al día con viejos amigos, hablé sobre nuestro futuro después de Mongolia, y profundicé nuestra relación con la familia de JUCUM. Se nos animó a que consideráramos trabajar con JUCUM a nivel internacional y dentro de Mongolia con Empresas Internacionales Mongolas. Todo estuvo perfecto después de que mi boca se recuperará del primer bocado de *kimchee* (repollo en escabeche extremadamente picante que se sirve con cada comida).

Louise también recibió sanidad mediante un viaje que pudo hacer sola. Una de las iglesias que nos había enviado, la Viña de Ciudades Gemelas llevaba un grupo para hablar y ministrar a la Comunidad Cristiana de la Viña en Toronto, Canadá. Un mover de Dios había empezado ahí un año atrás y nos habíamos enterado incluso en la lejana Mongolia. Invitaron a Louise para que se uniera al grupo. Trató de decirles que sentía que no tenía nada para dar. Su duelo por Jed se había convertido en una insensibilidad que le sacaba el sabor a la vida. "Todo me sabe a aserrín todavía", me dijo una noche. No sentía que pudiera orar por los demás cuando ella misma tenía tanta necesidad. El equipo de ministerio descartó sus objeciones. Aquí les comparto su relato:

"La segunda noche oramos por muchas personas, luego uno de mis compañeros oró por mí. La presencia del Espíritu Santo era tan pesada que me fue difícil permanecer de pie. El Señor me habló y me dijo que había guardado todas las lágrimas que había llorado en los últimos dos años y que iba a derramarlas sobre mí en risas. Reí desde lo más profundo de mi ser. Luego pensé en momentos específicos en los que había llorado en Mongolia y reí. Recordé las lágrimas congeladas del día que sepultamos a Jed y seguí riendo más y más. Me dije a mí misma, "esto no es gracioso" y me reí nuevamente. Al día siguiente otro miembro del equipo volvió a orar por mí y esta vez el Señor me mostró que Él estaba levantando un ejército que se reiría en la cara del enemigo. Me acordé de todas las batallas que habíamos peleado el año pasado y me reí de nuevo. Dios realmente había cambiado mi lamento en baile, y su gozo en mi fuerza. La última noche del viaje tuve la oportunidad de compartir lo que el Señor había hecho por mí en frente de toda la asamblea de unas miles de personas. Les conté cómo Dios se estaba moviendo en Mongolia. Tengo muchas ganas de regresar a Mongolia con la bendición almacenada en mi vasija terrenal".

Durante nuestro tiempo en Estados Unidos, realmente extrañamos al equipo en Erdenet. Nuestras relaciones se habían hecho tan estrechas y se habían convertido en nuestra familia de una manera muy real. El saber que regresaríamos hizo la ausencia más llevadera, pero comenzamos a anticipar el dolor de una futura despedida cuando dejáramos Mongolia para siempre. Cuando los ví en Corea, María me contó cómo le estaba yendo a la iglesia en nuestra ausencia. La congregación madre de Erdenet ahora tenía más de trescientas cincuenta personas que asistían al gran "servicio de celebración". El año anterior, nuestra iglesia había plantado su primera iglesia hija en un municipio que quedaba a 60 km de Erdenet. Ahora esa congregación hija en Bulgan había plantado una iglesia hija en otro pueblo aún más remoto (una iglesia nieta).

Nuestra estadía en Estados Unidos fue más de lo que esperábamos. El Padre se había hecho presente y había cumplido los deseos y necesidades que ni siquiera nosotros sabíamos que teníamos. Claro que nunca puedes ver a todos los que desearías ver o hacer todo lo que te gustaría hacer, pero lo intentamos. De todas formas, después de extender el viaje por un mes, nos sentimos renovados y listos para volver a Erdenet, llenos de una sensación de expectativa. Louise y yo nos preguntábamos, "¿Qué hará Dios este año?". Nuestro equipo ya había comenzado a analizar el plan para entregarle el mando a los mongoles y marcharnos. Nuestra fecha tentativa de salida era en un año. La meta era pasarle la iglesia a los ancianos mongoles totalmente entrenados y desvincular al equipo de la iglesia en ese momento.

Volvimos a Mongolia el 15 de julio de 1995, después de un viaje de tres días en el que pasamos por Tokio y Beijing. Todos estábamos ansiosos por llegar a Erdenet y ver a nuestro equipo y a nuestra iglesia

El hogar está donde sea que estés. La familia de Bayaraa con mis padres

nuevamente. También estaba intrigado por mi nuevo trabajo en la mina de cobre que comenzaría poco después de que nos volviéramos a instalar.

VEINTIOCHO

De vuelta en nuestra pequeña casa en la estepa

Desperté sabiendo que los autobuses no pasarían. El viernes por la mañana, en el último día del programa de verano de la iglesia, el viaje de vuelta a Erdenet estaba programado para el mediodía y supe que eso no sucedería.

Más allá de esta molesta sensación, éste era el día perfecto para el final de nuestra estadía de fin de semana largo en el campamento de verano en el río Selengá, a unas dos horas al norte de Erdenet. El "campamento familiar", como lo llamaban los creyentes, fue la manera ideal para regresar a la vida en Mongolia, y comenzó poco después de que volviéramos a la ciudad. El clima era perfecto en el verano de Mongolia: una temperatura de entre veinticinco y treinta grados, brisa suave, pocos insectos, nubes distantes. Nuestra reunión matutina fue la más poderosa de la semana. La gente se paró en los bancos y se puso a danzar en adoración. Ruslan dio un mensaje apasionado acerca de compartir las buenas nuevas, y la gente recibió sanidad. Una mujer mayor había entrado con muletas y cuando oramos por ella, colapsó bajo el poder de Dios. Dios me dijo: "Voy a usar a esta mujer como una vasija para mi gloria". Cuando le ayudamos a ponerse de pie no había señales de sanidad, excepto por su cara. Dudé de la palabra que Dios me había dado, así que Él me la repitió. La susurré a Magnus y dejé que el servicio continuara. Más tarde, durante los testimonios, esta mujer vino caminando y bailando. Dios había sanado sus piernas. La iglesia enloqueció. Después Magnus compartió la palabra que Dios me había declarado, y ella comenzó a llorar con gozo. Resulta que ella había sido una de las bailarinas nacionales más importantes durante la época del comunismo. Había sido parte de un programa cultural de intercambio con Corea del Norte y la habían escogido para traer la danza coreana de vuelta a Mongolia. La mina de Erdenet la había contratado y habían traído a su familia para actuar en el Palacio Cultural de la ciudad. Luego una lesión terminó con su carrera, su salario, su habilidad de danzar, caminar, todo. Como consecuencia, sus ex-patrones la habían abandonado y estaba sumergida en la pobreza y la desesperanza. Había conocido a Jesús unas pocas semanas atrás y ahora tenía piernas nuevas. Ahora glorificaba al Kan de Kanes como una vasija para su gloria.

Cuando finalmente terminó la reunión (y nadie quería que terminara), nos dimos cuenta de que los autobuses no habían llegado. Cuando enviamos a alguien a llamarlos y averiguar qué había ocurrido, descubrimos que el hombre que había recibido nuestro dinero nunca se lo había dado a la empresa de autobuses, así que no nos iban a enviar a nadie hasta que no les pagáramos. Quizás mañana, nos aseguraron los encargados.

Decidí caminar hasta el pueblo más cercano para conseguir un auto para las tres familias con niños: la mía, la de Svetlana, Ruslan y Reuben, su bebé recién nacido, y una mamá soltera con dos hijos. Lance vino para hacerme compañía en la caminata de cinco kilómetros. Era un día cálido de verano y no llevábamos nada con nosotros. Nos detuvimos en algunos *gers* que estaban en el camino para pedir instrucciones, quizás conseguir un caballo prestado, y comer. Alimentar a las visitas es obligatorio en los *gers* así que nos dieron *tarag* (yogurt), grosellas, *aaruul* y *urum* (leche cuajada deshidratada y nata), y agua con ecosistemas enteros incluidos.

El episodio más absurdo ocurrió mientras caminábamos por una parte del campo particularmente desierta. Un hombre mongol vestido con un *dehl* (el traje típico) venía andando a caballo. Le pregunté (en mongol) a qué distancia quedaba la ciudad de Hyalganat, y la conversación fue algo así:

Brian: ¿Estás bien? ¿A cuánto queda Hyalganat?

Jinete: (Saluda y responde a mi pregunta en ruso)

Brian: No somos rusos.

Jinete: (Habla en un ruso menos entendible)

Lance: No entendemos ruso.

Brian: Hablamos mongol.

Jinete: (Finalmente cambiando a mongol): ¿Cómo se llaman?

Brian: Mi nombre es Brian.

Lance: Mi nombre es Lance. ¿A cuánto queda Hyalganat desde aquí?

Jinete: Queda a 5 kilómetros. Estoy buscando pintura. ¿Ustedes tienen?

Brian: (en inglés) ¿Dijo que es pintor?

Lance: (en inglés) Creo que sí. (en mongol) ¿Qué?

Jinete: ¿Tienen pintura?

Brian: No, ninguna.

Lance y yo intercambiamos miradas desconcertadas, ¿Dónde tendríamos escondida la pintura?

Jinete: ¿Quieren pescado?

Lance: No, en este momento no.

Brian: Necesitamos un automóvil o caballos.

Jinete: No tengo ninguno.

Brian: Ok, hasta luego.

Jinete (cabalgando por el camino de tierra): Hasta luego.

Brian: (en inglés) ¿Qué fue eso?

Lance: No sé. Supongo que estamos en una ruta de comercio.

De todas formas, finalmente llegamos al pequeño pueblo molinero y encontramos que un conocido mío que tenía auto recién había llegado para la celebración del vigésimo aniversario de Hyalganat (convenientemente la festividad comenzaba esa tarde). El conductor era el guardia nocturno del banco donde había enseñado inglés el año pasado. Una vez llegué a la clase y lo encontré con la camiseta rota y el piso del banco manchado de sangre. Sin un arma, él había hecho volar a dos ladrones de bancos de manera violenta. Este tipo era enorme.

El guardia nocturno del banco

Gracias a Dios él era uno de los buenos. Accedió a llevarnos al campamento y a recoger a las familias que necesitaban volver a la ciudad. Mientras volvíamos a Erdenet en este "taxi" repleto de personas, vimos que los autobuses avanzaban lentamente en la dirección opuesta para buscar a las ciento cincuenta personas que aún se encontraban en el campamento. Por la gracia de Dios todos llegaron a sus hogares poco después de la medianoche.

De vuelta en la ciudad, Magnus compartió una conversación que escuchó en el campamento a través de las delgadas paredes de la cabaña. Molly (seis años) y Alice (casi cuatro) se estaban peleando en la habitación de al lado. Magnus estaba tratando de preparar una lección de la Biblia cuando sus oídos sintonizaron el siguiente intercambio:

Molly: ¿Entonces qué vas hacer al respecto?

Alice: Voy a orar.

Un silencio largo continuó. Magnus pegó el oído a la pared.

Molly (rompiendo el silencio): Entonces, ¿qué dijo Dios?

Alice: Dios me dijo que te dijera ¡que te callaras!

Magnus pasó un buen rato luchando para contener la risa.

Apenas habíamos regresado a la ciudad de Erdenet cuando el "Festival de Jesús" se nos vino encima. El ímpetu por este evento había venido desde afuera. Un equipo de alemanes de un ministerio de misericordia hacia los pobres venía a la ciudad por un mes y le pidió a nuestra iglesia que los ayudara a concluir ese tiempo con una gran reunión evangelística. Su director de HELP International (Programa Internacional de Salud, Educación y Alfabetización) iba a viajar desde Alemania para hablar en la reunión. Nos habíamos quedado impresionados con este grupo en otras experiencias ministeriales que compartimos y estuvimos felizmente de acuerdo.

Mientras tanto, el Señor estaba obrando una maravillosa reconciliación entre nuestro equipo y las "mujeres estadounidenses" que habían sido enviadas desde Minnesota a Erdenet, hacía ya casi un año para empezar una iglesia y una escuela bíblica. Nuestra relación no había tenido un buen comienzo. Desde el momento en el que llegaron e inmediatamente intentaron engañarnos en cuanto a sus verdaderas intenciones, los dos equipos nos habíamos mirado con desconfianza los unos a los otros. Pero Dios estaba obrando. Ruslan y Svetlana silenciosamente se esforzaron por entablar una relación con el otro equipo. Finalmente informaron a nuestro equipo que las "mujeres estadounidenses" querían invitarnos a cenar y arreglar las cosas. Estaban muy solas y habían pasado por enormes choques culturales. Mongolia estaba operando su magia, no...el Espíritu Santo estaba obrando para traer unidad a su pueblo, usando a Mongolia como herramienta. No estoy seguro si Ruslan estaba confundido o era muy inteligente, pero quedó claro cuando todo nuestro equipo se presentó en el departamento de las señoritas ¡que no tenían ni idea de la invitación que nos habían hecho! Se apresuraron para buscar comida mientras nosotros mirábamos con enojo a Ruslan. Aún así, de alguna manera compartimos una comida, abrimos nuestros corazones y fluyó el perdón y el arrepentimiento de ambos lados. Al crecer una relación verdadera entre los dos equipos de misioneros, todos acordamos que era imperativo que las dos iglesias trabajaran por alcanzar nuestra ciudad, juntas y sin competir. Mientras hablábamos nos enteramos que su pastora de Minneapolis iba a recibir un equipo de evangelismo de Estados Unidos en la misma semana en la que vendrían los alemanes. La ciudad no era tan grande para ambos, ¿o sí...?

Dios nos hizo saber a todos que Su nombre sería más glorificado en un esfuerzo conjunto. Organizamos un enorme festival al aire libre de dos días. El líder alemán enseñaría un día y la pastora de Estados Unidos lo haría el siguiente. Antes y después habría tres días de enseñanza en varios salones. Se lo contamos a los alemanes y a los estadounidenses, y estuvieron de acuerdo en cooperar. Los líderes de la iglesia mongola se pusieron a trabajar en el trámite de los permisos.

Esta parte fue espantosa. Para usar cualquier lugar público se necesitaba el permiso de casi todos los funcionarios en la ciudad, y el 90% de ellos eran abiertamente hostiles hacia los cristianos. Muchas oraciones y visitas diarias finalmente nos concedieron el permiso del Estadio Naadam, un salón casi sagrado por la importancia cultural que tiene el festival de verano de Naadam. Nos regocijamos hasta que el encargado del estadio nos dijo que no podíamos pisar el césped. El estadio estaba completamente cubierto de césped. Así que comenzamos de nuevo ...

Al final nos dieron luz verde para usar el estadio de fútbol, que tenía más asientos y estaba ubicado detrás del Palacio del Deporte en el centro de la ciudad. Un día antes del festival descubrimos que la empresa minera (mi empleador) era la dueña de este lugar. Habíamos pasado por alto obtener su permiso. Estaban furiosos. Ni la policía ni la municipalidad nos lo mencionó cuando nos dieron el permiso. Con gran dificultad pudimos resolver este nuevo obstáculo. El equipo estadounidense llegó a la ciudad la mañana del festival y todavía no teníamos el permiso de la policía para utilizar el estadio. Magnus les dijo que sin este permiso no podrían hacer ninguna reunión al aire libre, ya que esto pondría en riesgo a los creyentes con la ya enfurecida policía, que pensaba que nuestra iglesia había invitado a "todos estos extranjeros" a la ciudad.

Su pastora le aseguró a Magnus que ella podría obtener el permiso de la policía para que ministraran ya que había entablado una relación con ellos el verano pasado. Así que fue a la policía y le informaron que su equipo debía dejar la ciudad en el tren de la tarde. Serían bienvenidos a regresar una vez que tuviesen los permisos de viaje. Esta mujer tenía problemas de temperamento y explotó: "¡Me puedes arrestar, pero el Espíritu Santo me envió a Erdenet y no me voy a ningún lado!". La policía respondió cancelando de inmediato el festival que estaba programado para empezar en tres horas.

Nuestros líderes fueron de nuevo a la policía y al final los convencieron de que estos estadounidenses no eran de nuestra iglesia, no habían sido invitados por nosotros, no estarían en el festival, y estaban ahí por cuenta propia. A regañadientes permitieron que el festival se llevara a cabo, pero sin el involucramiento de extranjeros en absoluto.

Así que, una hora antes de que comenzara el festival, toda la actividad recayó en nuestra iglesia, incluyendo las predicaciones. Los alemanes no podían participar, al igual que los estadounidenses. La policía, apelando a motivos de seguridad, se movía como un enjambre dentro del estadio para asegurarse de que ningún extranjero saliera siquiera de las gradas. Los creyentes mongoles estaban asustados pero decididos a llevarlo a cabo. El evangelista alemán, Walter Heidenreich estuvo fantástico. Puso las manos sobre Zorigoo, nuestro evangelista más talentoso y líder de nuestra iglesia hija en Bulgan, y le pidió a Dios que le pasara su unción a Zorigoo. Walter declaró: "Esto es lo que he venido a ver, mongoles siendo levantados en el ministerio."

Llegó el grupo de alabanza, todos vestidos con *dehls* por primera vez. Estábamos tan felices de ver esta decisión que el Espíritu Santo les había ayudado a tomar. Anteriormente habíamos instado a que los líderes usaran trajes tradicionales y ellos habían reaccionado fuertemente en contra de esta sugerencia. "¡El *dehl* es para pueblerinos! ¡Me veré como

Evangelistas mongoles

mi abuela!". Ahora ellos habían "escuchado de Dios" y les habían pedido a sus madres y abuelas que les hicieran *dehls*. Había un sentir palpable de honra a los ancianos y a su cultura que nadie había visto antes en estos chicos de ciudad. La adoración fue maravillosa y las gradas se llenaron rápidamente con mil setecientos mongoles. Ésta fue la reunión cristiana más grande en la historia de nuestra iglesia y quizás de la iglesia de Mongolia. El grupo de teatro realizó una dramatización. Y cuando Zorigoo predicó el evangelio más de la mitad de las personas respondieron y recibieron oración.

El segundo día fue casi igual, asistieron alrededor de mil quinientas personas. Esto era exactamente lo que Dios había planeado desde el principio. No se nos habría ocurrido planificar un evento tan grande si los equipos extranjeros a corto plazo y los predicadores no nos hubieran motivado. Luego Dios, en Su soberanía, le dio toda la reunión a los creyentes mongoles y los resultados fueron espectaculares. Nos "engañó" para que organizáramos toda esto para que después pudiera dárselo a Su iglesia.

Los creyentes mongoles experimentaron un espectacular aumento de su fe, confianza y liberación gracias a este evento. Hasta los equipos de Occidente estaban contentos con los resultados de la prohibición del departamento de policía. La iglesia tuvo un gran avance, y ya estaban listos para continuar sin el apoyo extranjero. La policía misma estaba asombrada por lo culturalmente correcto que fue este evento. El jefe de la policía llamó a los ancianos en entrenamiento y les dijo que estaba asombrado con los cristianos y que podía ver porqué tantos mongoles ahora estaban "siguiendo este camino". También se maravilló de que no hubiera peleas de borrachos durante los eventos, algo que afirmó ser imposible en Mongolia. Y además les dijo que a partir de ese momento nuestra iglesia podía hacer lo que quisiera en Erdenet.

Mientras tanto, nuestra familia aún se estaba adaptando nuevamente después de volver de Estados Unidos. Había mucho para hacer en la iglesia. Diecisiete de nuestros líderes más comprometidos se habían ido al instituto bíblico en Siberia el mismo día que llegamos. Estaba sorprendido de que hubieran decidido enviarlos lejos para entrenarlos cuando nuestra escuela de discipulado estaba muy bien equipada para

De vuelta en nuestra pequeña casa en la estepa 233

¡A estudiar en Siberia!

entrenar líderes en el contexto mismo de la iglesia. "Entrenar a los líderes de manera local" era uno de los principios del Nuevo Testamento que había adoptado nuestro equipo de plantación de iglesias. No sólo mantiene a los líderes enraizados en lo que Dios está haciendo en medio de su gente, sino que también facilita que los líderes emergentes aprendan del ejemplo de los plantadores de iglesias. Los discípulos aprenden mejor las habilidades ministeriales al mirar e imitar a su discipulador. Iba a ser difícil enseñarles con el ejemplo a estos discípulos que se iban a Siberia. Magnus me dijo que los que se estaban yendo sintieron que habían escuchado claramente de Dios sobre la oportunidad de estudiar en el instituto bíblico, así que no tenía sentido discutir la situación otra vez ahora que su tren se dirigía hacia el norte. Había mucho que hacer para levantar personas que reemplazaran a estos hermanos en los ministerios que habían quedado sin líder. En casa, habíamos comenzado de nuevo nuestra "Escuela en casa". Yo le enseñaba cuarto grado a Melody, y Louise le enseñaba segundo grado a Molly. Alice tenía un par de libros de preescolar este año. Comenzamos con nuestra propia industria de producción de comida casera, haciendo queso y carne seca con las provisiones que trajimos de Estados Unidos.

Mantener una dieta apetitosa y saludable en Erdenet nos mantenía ocupados.

Habíamos vuelto para encontrar nuestro departamento bajo una nube de dudas burocráticas nuevamente. Sukhbat, nuestra archienemiga de la oficina de la vivienda que siempre merodeaba en busca de sobornos, nos quitó nuestro registro de la casa (o la escritura) y se rehusó a entregárselo a cualquier persona que no fuera el inquilino original, un pastor nómada que no podíamos encontrar. Estas luchas constantes nos estaban fatigando, física y espiritualmente. Nuestras nuevas visas también habían sido impugnadas en Ulán Bator, y por un tiempo fuimos "inmigrantes ilegales". Mi nuevo empleador, la mina de cobre Erdenet Concern, nos aseguró que lo resolverían rápidamente, sin embargo, esta situación nos pesó. Nos sentimos animados cuando a Magnus, María y Lance se les concedieron las "visas milagrosas" que habían parecido imposibles hacía tan sólo un mes.

VEINTINUEVE

Los mongoles siguen al Kan de Kanes

Al acercarse el final del verano, encontré que estaba dedicando la mayor parte de mi tiempo en el desarrollo del plan de estudios de nuestra segunda escuela de discipulado que comenzaba el 25 de septiembre. Veintidós personas se habían graduado de la primera clase y la entrega de los certificados en el servicio de celebración del domingo había causado un gran impacto. Esta vez teníamos cuarenta solicitudes para treinta vacantes. Era el 21 de septiembre, un día después de haber celebrado el cumpleaños número diez de Melody, y seguíamos orando por las solicitudes en nuestra reunión semanal de equipo. Después de terminar la reunión descubrimos que la nieve había cubierto la ciudad con una gruesa frazada blanca mientras nosotros comíamos y analizábamos las solicitudes de la escuela de discipulado. Qué increíble. Parecía demasiado temprano en el año para que comenzara el invierno. Los radiadores conectados a la calefacción central suministrada por la ciudad todavía no funcionaban de manera correcta, pero habíamos comprado dos calefactores eléctricos para complementarlos. Aún si nuestras cuentas de electricidad llegaban al cielo, como nuestros amigos mongoles nos habían advertido muy seriamente, no íbamos a pasar otros seis meses temblando de frío dentro de nuestra casa.

Tuvimos que reunirnos de nuevo para hablar sobre otros asuntos de la escuela de discipulado. Los comentarios acerca del curso que nos proveyeron los estudiantes nos motivaron a hacer algunos cambios. Esta clase iba a ser más corta en términos de duración (tres meses en vez de seis) y más intensiva (una clase adicional a la semana). Por la insistencia de los estudiantes mantuvimos el horario de las clases muy temprano por la mañana y decidimos ser aún más estrictos con las reglas, las cuotas y la asistencia. Así que una escuela de discipulado más intensa y exigente estaba lista para moldear a discípulos de Jesús más sólidos. Esta vez el liderazgo estaba en las manos capaces de Lance, lo que era un alivio para Magnus y para mí. Él la dirigió mientras entrenaba a dos ex-alumnos de la primera clase para que se hicieran cargo de la próxima.

Magnus y yo diseñamos un plan de estudios en base a estos temas: Tiempo a Solas y Cómo Escuchar la Voz de Dios; Introducción al Nuevo y Antiguo Testamento; Evangelismo y Discipulado; Intercesión y Guerra Espiritual*; Inventario de Dones Espirituales; Relaciones Interpersonales y Perdón; Señales y Milagros; Ministerio a los Pobres y Oprimidos; Estudio Inductivo de la Biblia*; Bases Bíblicas de las Misiones*; Historia de la Iglesia*; y Métodos de las Casas-iglesia y Liderazgo. Nuestro equipo y los líderes de la iglesia de Erdenet enseñaron cada semana. Los maestros invitados de Ulán Bator llenaron algunos espacios vacíos. Disfruté muchísimo de enseñar durante cuatro semanas. (*Temas que yo enseñé).

Al mismo tiempo nos encontramos con que Erdenet iba a recibir la enseñanza de dos modelos de entrenamiento de líderes completamente diferentes. Las tres misioneras de Minneapolis nos informaron que su escuela bíblica se abriría pronto. Nos pareció bien y las animamos en sus esfuerzos. Ambos equipos habían continuado cooperando con el Espíritu en su obra de reconciliación. Comenzaron a solicitar nuestro consejo para sus planes y estrategias para la escuela bíblica. Tratamos diligentemente de darles consejos honestos sin ofenderlas.

En esto, el Señor escogió usar a Louise y a mí. Magnus había aconsejado a las jóvenes estadounidenses, diciéndoles que su plan de estudio era grandioso, excepto por el formato que era muy académico para la joven iglesia mongola. También les advirtió que su plan de dar incentivos financieros a los estudiantes para asistir a las clases se había probado ya en Ulán Bator. Había fallado miserablemente en producir discípulos estables y había tenido éxito en causar problemas y divisiones.

Los mongoles siguen al Kan de Kanes 237

Hay cerca de un millón de razones históricas, culturales, misionológicas, psicológicas y espirituales para evitar pagarle a los creyentes nacionales para obedecer a Jesucristo, pero enumerarlas va más allá del propósito de mi historia. Por ahora, solamente déjenme decir que muchos misioneros han aprendido esto con mucha sangre, sudor, lágrimas, y fracaso. De todos modos, las mujeres de Minneapolis realmente no escucharon las advertencias de Magnus gracias a una curiosa diferencia cultural entre estadounidenses y suecos. Mis compatriotas (me incluyo en esta generalización) están acostumbrados a un estilo de comunicación muy directa (algunos incluso podrían llamarla cortante y ofensiva), mientras que la mayoría de los suecos tienden a minimizar e insinuar en su esfuerzo por ser diplomáticos. Los estadounidenses, como resultado, a veces no se dan cuenta que acaban de ser corregidos por los suecos. Este fenómeno es aún más pronunciado cuando los mongoles ultra directos están del lado del que recibe la reprimenda.

Días más tarde de que Magnus hablara con ellas, las mujeres estaban muy contentas compartiendo que habían recibido los fondos de su iglesia en Estados Unidos para pagarles a todos los estudiantes bíblicos. Sentí que el Espíritu de Dios me instaba a compartir mis preocupaciones con ellas, de estadounidense a estadounidense. Llevé a la líder del grupo a un restaurante y le comuniqué claramente las trampas que se encontrarían en su camino. Me quedé sorprendido ante su positiva reacción. Ella estaba genuinamente agradecida. Me pidió libros que respaldaran mis afirmaciones para poder comunicarle el cambio de planes de manera efectiva al pastor de su iglesia. Al día siguiente, las tres se dispusieron a leer vorazmente los libros de misiones que les entregué. Nuestros dos equipos se reunieron, y las mujeres anunciaron su decisión unánime de no pagarle a los estudiantes. Aún necesitaban convencer a los "jefes" en Minneapolis, que eran los que habían propuesto esta estrategia en primer lugar, pero dijeron que estaban preparadas para obedecer a Dios antes que al hombre si las cosas llegaban a ese punto. La increíble bondad de Dios continuó asombrándonos y confundiéndonos a todos.

Ésta no era la primera vez que tenía que proveer capacitación en el campo de trabajo para misioneros estadounidenses poco entrenados.

Comencé a entender que ésta era una razón por la cual el Señor había enviado un maestro de misiones hasta Mongolia. Todos los errores que se pueden cometer ya se han cometido en los últimos dos siglos, y estaba feliz de usar mi conocimiento de historia de las misiones para ayudar a prevenir que se repitieran los mismos errores con los mongoles.

Bayaraa, la primera creyente que se mudó a Erdenet con los Alphonce para plantar la iglesia, y una anciana en entrenamiento, habían estado estudiando inglés en el Instituto de Idiomas Extranjeros. Yo estuve dando clases ahí con Magnus y María hasta que volvimos a Estados Unidos. Lance había tomado mi puesto en nuestra ausencia. Desde mi llegada, había estado inactivo en cuanto al trabajo secular, ya que nuestras visas habían sido impugnadas. Después de firmar mi nuevo contrato con la mina, el Ministerio de Trabajo aprobó las visas. Sin embargo, quedaba el asunto de la multa por el mes y medio que estuvimos como "residentes ilegales". Tomó un par de semanas para que la mina se hiciera responsable de esta multa. Hasta que pagaran la multa, no podíamos recibir permisos de residencia por parte de la policía y, por lo tanto, tampoco podíamos trabajar. Fue difícil pero a pesar de todo, Dios redimió este tiempo. Bayaraa vino a nuestro departamento con varias de sus compañeras, todas antiguas estudiantes mías, y me presentaron un plan. Todas estas mujeres jóvenes habían llegado a la fe a través del testimonio de Bayaraa y deseaban crecer en su caminar con el Señor. De hecho, ella había guiado a veinticinco estudiantes de inglés a la fe en Cristo. No es de extrañar que su nombre completo, Erdenbayar, se traduzca como "Tesoro Alegre". Sin embargo, la carga académica de estas estudiantes hizo que fuera difícil que se involucraran en las casas-iglesia de la Asamblea de Jesús. Bayaraa había sugerido que formarán una casa-iglesia de estudiantes de inglés y la llevarán a cabo en dicho idioma. De esta forma podrían ser discípulas y mejorar su inglés al mismo tiempo. Todas las estudiantes ya se sentían cómodas conmigo ya que había sido su profesor en el semestre de primavera. Pensé que era una idea fabulosa y rápidamente accedí a guiar el "club". Apodamos nuestra reunión: CECI (FACES por sus siglas en inglés) por "Comunión y Estudio Cristiano en Inglés". Comenzamos reuniéndonos en nuestra casa para estudiar un libro de discipulado en inglés juntos: *Cómo crecen los cristianos*. Era emocionante ver a estas jóvenes mujeres crecer en su nueva fe. Una década más tarde me encontré con muchas líderes cristianas que se acercaron y me recordaron que habían sido miembros de nuestro club CECI.

CECI, nuestra casa-iglesia en idioma inglés. Bolortuya (capítulo 17) a la izquierda y Bayaraa, adelante en el medio con el abrigo negro.

Durante este tiempo, en el que estábamos luchando para obtener nuestros permisos de residencia y lograr que los asuntos de la visa se ordenaran, la situación de nuestro departamento se había vuelto crítica, y después milagrosamente todo se resolvió. ¡Tuvo que ser por las oraciones de los que nos apoyaban! El problema era que nunca habíamos sido los verdaderos dueños del departamento que habíamos intentado comprar en Erdenet. Lo mejor que podíamos hacer era comprar el "derecho de alquiler". El edificio y todos los departamentos que en él se encontraban eran propiedad del estado. Ahora nos habían dicho que incluso lo que habíamos comprado no valía más que la palabra del vendedor, un pastor de ovejas mayor al que el gobierno le había otorgado el departamento. Él nos lo había vendido ya que con doce hijos y un rebaño, un departamento en la ciudad no tenía ningún uso material para su familia. El dinero en efectivo, por otro lado, era más deseable. El pastor ya de edad era un hombre honesto, pero se había mudado lejos con sus rebaños, y allí residía nuestro riesgo. Su hijo "pródigo" trató de usar la ausencia de su padre para apoderarse de nuestro hogar y desalojarnos. Sobornó a Sukhbat, la jefa corrupta del Ministerio de la Vivienda, y recibió una nota de desalojo oficial para que nos la entregara. La misma mujer una semana atrás había exigido ver nuestra "escritura" y no la había devuelto. Sospechamos que nuestro antiguo enemigo estaba detrás de algo perverso.

El hijo del pastor llegó a nuestra puerta con el documento oficial en mano y le gritó a Louise mientras yo no estaba. Cuando regresé, me contó lo sucedido. Le pedimos consejo a nuestros amigos mongoles que nos habían ayudado con la compra original. Nos dijeron que lo mejor que podíamos hacer era arrebatarle el documento de manera literal. La autoridad para desalojarnos no estaba en la decisión, sino en el documento sellado. Ya que lo obtuvo a través de un costoso soborno, dedujeron que no podría reemplazarlo tan fácilmente. Cuando volvió, estaba listo para recibirlo. No le permití entrar, le hice creer que no entendía su discurso y actué como si estuviera confundido con lo que decía el papel. Lo tomé para leerlo, y antes de que entrará por la puerta, la empujé y cerré con llave. Continuó golpeando la puerta de metal por algún tiempo, pero yo sólo le grité que debía traer a la policía si tenía un asunto legítimo conmigo. Me habían asegurado que lo último que él desearía era tener más manos codiciosas de sobornos envueltas en este asunto.

Fue un tiempo muy desalentador para nosotros. En nuestra imaginación la corrupta ministra de la vivienda había llegado a convertirse en una malévola *Zarina* de la Vivienda. ¡Nuestros documentos aún estaban en su escritorio! Sólo era cuestión de tiempo para que Sukhbat hiciera un movimiento para desalojarnos por otro "comprador" dispuesto a pagarle el favor. Después de hablar y orar con nuestro equipo, decidimos que permanecer firmes no nos podía perjudicar. Milagrosamente, días más tarde nuestros documentos fueron devueltos sin ningún comentario. Nunca más volvimos a ver o escuchar de Sukhbat.

El hijo del pastor continuó viniendo periódicamente para atormentarnos. Una vez incluso trajo a su esposa y señaló nuestros muebles diciendo, "pronto todo esto será nuestro". Al final, cometió el error de venir cuando un amigo mongol extremadamente alto nos visitaba. Nuestro amigo lo despedazó verbalmente con pruebas acerca de su doble trato y lo amenazó con exponerlo a las autoridades. El joven se desplomó como un submarino perforado en lo más profundo del Pacífico. Al final de septiembre, todo el complot había desaparecido por completo, se nos concedieron nuestros permisos de residencia y nos sentimos seguros. Comencé a trabajar en la mina de cobre la primera semana de octubre.

El mongol más alto del mundo vivía justo en el piso de arriba de nuestro departamento. Siendo creyente, Shavraa asistía a la Asamblea de Jesús cuando no estaba de viaje jugando al básquetbol. Más tarde jugó para los Harlem Globetrotters.

TREINTA

En la recta final

El mes de octubre se pasó volando y ya era 2 de noviembre, el cumpleaños de Jedidiah. Nuestro equipo se reunió para ayudarnos a conmemorar ese día que tan sólo un año atrás había sido de tanto gozo y el dolor inevitable que vino después. Había pasado un año de aquel ataque que nos golpeó como un tsunami. El crecimiento vigoroso y la salud de la iglesia ofrecían un notable contraste ante las luchas de noviembre y diciembre pasados cuando no creíamos que fuéramos a sobrevivir. Cuando llegó Navidad, Louise envió la siguiente carta a nuestros amigos y a las personas que apoyan nuestro ministerio:

"Ya llegó la Navidad. Esperaba que nunca más llegara, pero el tiempo no se detiene y así es como debe ser. Esta Navidad estará llena de recuerdos agridulces para nosotros. Como casi la mayoría de ustedes sabe, hace un año que nuestro bebé Jedidiah se fue a casa a vivir con Jesús. Pienso en él y me pregunto cómo estaría ahora. Tendría trece meses. ¿Estaría caminando como sus hermanas a esa edad? ¿Cuántas palabras sabría? ¿Qué color de cabello hubiese tenido? Melody y Molly casi no tenían cabello a esa edad. ¿Qué color de ojos tendría? ¿Al fin tengo un hijo con ojos cafés como los míos? No sabré todas estas respuestas hasta que llegue a la Tierra Prometida.

No les voy a decir que ha sido un año fácil y que siempre he sentido las manos amorosas del Señor y he confiado en su bondad. Esto sería una mentira. El duelo es extraño. Ha habido días en los que he estado enojada con Dios, con Jed y con el mundo. Otros en los que he deseado que me hubiera pasado a mí, no a él; días en los que la angustia y la tristeza parecen tan profundos que creí que me ahogaría. También ha habido momentos en los que he experimentado la presencia del Señor de una manera tan fuerte como nunca antes en mi vida, días en los que me he sentido consolada por el Señor mismo. Y otros en los que Él los usó a ustedes para consolarme.

Todavía hay muchas preguntas sin responder, preguntas de las que no tendré respuesta en esta vida. Pero lo que puedo decir sin lugar a dudas es que sé que cuando llegue al cielo, Jed estará ahí con Jesús para darme la bienvenida. Esto es, después de todo, la meta que tenemos como padres, que nuestros hijos lleguen al cielo. Bueno, ya tengo uno allá, me faltan tres.

Navidad no parece un tiempo para detenerse en las crudas realidades y sin embargo, ¿no es por eso que Jesús vino a la Tierra en primer lugar? Su muerte significa vida para mí. Entiendo esto de dar a un hijo único mucho mejor que antes. Temo que la Navidad siempre será una época difícil para mí por los recuerdos que removerá. Por favor oren por nosotros en estos momentos, a pesar de que tenemos la certeza absoluta de que Jed está a salvo con Jesús, aún nos duele, y esta herida que su muerte nos causó aún necesita sanar. Nuestra necesidad constante de hablar sobre algo que incomoda en gran manera a los demás, nos ayuda a identificarnos con los leprosos de la Biblia. Sé que ha pasado un año, y por lo tanto debería haberlo superado, pero llevaré un poquito de este pesar conmigo por el resto de mi vida hasta que pueda sostener a mi hijo en el cielo.

Las buenas noticias que tenemos para ustedes es que el nacimiento de nuestro Salvador se está celebrando por todo Mongolia esta Navidad. Esto es algo que, hasta hace algunos años, no había sucedido desde el tiempo de la creación. Éste era nuestro deseo al obedecer nuestro llamado a venir a este lugar tres años atrás. A simple vista, este conocimiento no alivia el dolor de la pérdida de ninguna manera, pero al ver el panorama completo hace una gran diferencia".

Las festividades navideñas para la familia Hogan eran una sombra pálida de navidades pasadas. Louise y yo apenas podíamos juntar fuerzas para prepararnos para las alegres tradiciones y costumbres que esperaban nuestras hijas. Realmente no teníamos ganas de celebrar. Estas fiestas nunca serían lo mismo para nosotros. Aún así, el simple ajetreo nos mantuvo ocupados. Participamos de la enorme cena de Navidad que la iglesia organizó en un salón alquilado unos días antes de Navidad. Fueron tantas personas que habría sido una prueba para cualquiera que tuviera siquiera un poco de claustrofobia. Las exhalaciones colectivas de los animados asistentes condensaron las paredes y ventanas, que comenzaron a chorrear formando crecientes riachuelos que llegaban hasta el suelo. A los mongoles les encantó la fiesta, y nosotros disfrutamos la caminata de vuelta a casa en el frío e intenso, pero fresco aire de la noche.

Nuestro equipo realmente cumplió con nosotros y nos ayudó a levantar nuestro débil ánimo festivo. Cuando llegó el gran día, todos vinieron a casa y pasamos el día juntos abriendo regalos y comiendo. El servicio de Navidad de la iglesia fue difícil para nosotros. El año anterior, Jed iba a actuar del bebé Jesús en la representación del nacimiento, por lo que ver a un muñeco en el pesebre volvió a empañar los ojos de Louise. Más tarde, regresamos a nuestro departamento. Lance y los suecos armaron el más fantástico banquete internacional y sirvieron un ganso, pasteles, y algunas exquisiteces suecas que eran nuevas para nosotros. Hicieron un platillo de papas que se llamaba La Tentación de Jansson y contenía

Un tradicional Santa Lucía sueco en Mongolia (Los Alphonce y Mats)

anchoas. Era sanador reírse, intercambiar regalos y costumbres, y simplemente jugar con estos compañeros que se habían convertido en amigos tan cercanos y queridos para nosotros.

Lance Reinhart, Louise, y yo celebramos el Año Nuevo de 1996 de la misma manera que le habíamos dado la bienvenida a los dos anteriores, apuntándole la gran botella verde de champán ruso al blanco techo granulado de nuestra cocina de la era soviética, y dejando que el corcho se estrellara contra él. Por accidente descubrimos en una cocina idéntica en Ulán Bator a principios del 94 que el corcho hacía una bonita marca en la pintura. Se había vuelto una tradición para nosotros tres celebrarlo juntos y "marcar el techo". En nuestra cocina en Erdenet, un pequeño pedazo de cinta adhesiva señaló la nueva marca y se unió a su compañero que orgullosamente señalaba el lugar donde había pegado el corcho de 1995. Recordamos que esa celebración había sido una breve chispa de alegría en los días oscuros que siguieron a la muerte de Jed, un acto de rebeldía ante la Zarina de la Vivienda y las fuerzas espirituales que se levantaron en contra nuestro y de nuestros afligidos corazones y mentes. Este año fue distinto.

Hablamos de los cambios y del crecimiento del que fuimos testigos durante el año. Lance se había unido a nuestro equipo en marzo, y sus dones para discipular a los creyentes y entrenarlos para que rápidamente se hicieran cargo de cualquier ministerio que él hubiera comenzado, habían hecho de él un recurso increíble. Debido a los esfuerzos de Lance, nuestra escuela de discipulado funcionaba de manera grandiosa y estaba completamente en manos mongolas. Nuestro entusiasmo creció a medida que compartimos todas las piezas que cada uno añadió. Se había vuelto cada vez más obvio desde hacía varios meses que el final estaba a la vista.

Habíamos hecho un balance como equipo a principios de esa semana, y con mucha satisfacción nos dimos cuenta que nuestros días en Mongolia estaban contados. En nuestro tiempo juntos como equipo, habíamos puesto a la evaluación como prioridad. Sabíamos que, si no evaluábamos nuestras actividades a la luz de nuestra meta final de manera regular, nunca alcanzaríamos el objetivo. Necesitábamos monitorear de forma constante nuestro progreso. A menudo esto nos obligaba a cancelar actividades que, por muy buenas que fueran no nos acercaban a nuestro objetivo. Durante una reunión de equipo la última semana de diciembre nos pusimos muy contentos al escuchar varios informes de cómo el liderazgo municipal de Erdenet estaba muy complacido con la iglesia y con su impacto en la ciudad. Particularmente resaltaban el carácter mongol de la iglesia. Un líder declaró que se había opuesto a la iglesia cuando pensaba que era una importación extranjera, pero "ahora que veo que es completamente mongola, estoy feliz de tener a la Asamblea de Jesús aquí en Erdenet". También notamos que la gente de más edad seguía respondiendo a las Buenas Nuevas, y que el movimiento de la iglesia reflejaba los datos demográficos de edad y género de la ciudad. Éste era un cambio enorme con relación al primer año y medio en el que básicamente éramos un grupo de chicas adolescentes. Lo más emocionante fue el darnos cuenta que los líderes mongoles estaban haciendo prácticamente todo por sí mismos. Las únicas actividades que aún estaban en manos extranjeras eran un par de estudios bíblicos, la producción de literatura, y el entrenamiento de los futuros ancianos.

Nuestro rol apostólico directo estaba llegando a su fin a pasos acelerados. Comenzamos a soñar que quizás en el verano sería hora de desmantelar los andamios y permitir que la gloriosa construcción de Dios permaneciera por sí misma. Nuestra pequeña cocina se llenó de emoción al darnos cuenta que nuestras oraciones, sueños y esperanzas verdaderamente se estaban cumpliendo. No teníamos idea de que estos serían superados.

Louise y yo le revelamos a Lance que habíamos empezado a enviar señales a diferentes sedes de JUCUM que operaban alrededor del mundo para ver si tenían un lugar para que pudiéramos seguir con lo que sentíamos que Dios quería que hiciéramos a continuación con nuestra familia. Él nos había dado el deseo de entrenar a otros en lo que habíamos aprendido y experimentado sobre la tarea de comenzar movimientos de multiplicación de iglesias entre los no alcanzados. Era apasionante pensar en el impacto de docenas e incluso cientos de equipos haciendo lo mismo en otras misiones pioneras.

Lance también comenzó a abrirse. Había descubierto el deseo de regresar a Oregón y completar su educación universitaria. Había visto cómo las carreras relacionadas con los negocios o la economía podían abrir puertas en Mongolia y en otros lugares, equipándolo al mismo tiempo para evangelizar a través de microempresas y otros "negocios como misión". Todos nos sonreímos al recordar que durante nuestro entrenamiento en Salem, Oregón, habíamos hecho un examen que reveló que el principal don motivacional de Lance era el dinero y las finanzas. Ese examen había probado ser asombrosamente preciso para cada uno de nosotros. Louise había recibido "llevar a término" como su don principal, y yo obtuve "ser clave, ser fundamental". Ambos de estos roles describieron a la perfección nuestros roles en el equipo. Incluso bromeábamos, con algo de seriedad, que las oraciones que hizo Louise para que Dios nos permitiera dejar Mongolia, el lugar más difícil en el que hemos estado, probablemente habían hecho que Dios adelantara nuestra agenda para que nuestro equipo terminara el trabajo antes de tiempo. Ciertamente Él sabía que había creado en Louise a una sierva que nunca dejaría una tarea inconclusa.

Magnus y María habían estado pensando en el futuro. Aún cuando las iglesias ya no necesitaran más de nuestra supervisión y liderazgo, todavía no tenían la capacidad de entrenar a los creyentes mongoles como misioneros transculturales. Esta labor aún tendría que ser hecha por extranjeros, al menos hasta que los mongoles obtuvieran la experiencia y la formación para dirigir el entrenamiento misionero por sí mismos. Los Alphonce habían comenzado a orar acerca de la idea de ofrecer ese ministerio al liderazgo mongol que teníamos certeza que lo aceptaría con entusiasmo. La iglesia había sido un semillero de pasión por las misiones por un largo tiempo.

Desde que Mats Berbres, nuestro alto y redondo panadero sueco, se había vuelto básicamente "nativo" desde el día que llegó, todos asumimos que continuaría viviendo en Erdenet y probablemente terminaría casándose con una de las increíblemente encantadoras y maravillosamente competentes creyentes locales. Mats había llegado el verano anterior e inmediatamente mandó a que le hicieran un traje

Mats Berbres

tradicional mongol con todos sus accesorios históricos. Había superado a los mongoles en su vestimenta típica y los muchachos locales habían comenzado a copiar su estilo. Hizo resurgir la moda del *hurem*, una colorida chaqueta bordada que había pasado a la historia de la moda y ya era una reliquia de museo hasta que Mats se mandó a hacer una a medida. De repente, parecía que cada muchacho en Erdenet de entre dieciocho y veinticinco años llevaba puesto un *hurem* nuevo.

Svetlana y Ruslan tenían un niño con quien lidiar y otro en camino. Con toda la agitación en Rusia, la vida en Erdenet y su liderazgo en la congregación rusa, tenían más que ofrecer a esta joven familia que su regreso a Siberia. Todos supusimos que se quedarían por varios años para continuar su trabajo con la población rusa de Erdenet. Magnus y yo habíamos intentado entrenar a Ruslan y Sveta en misiones, una materia que habían aprendido de manera superficial en la escuela bíblica, pero ninguno de nosotros había sido capaz de dedicarle el tiempo que esta tarea merecía.

Terminamos hablando hasta altas horas de la noche con nuestro amigo y compañero, Lance, y por primera vez desde que habíamos comenzado a celebrar el Año Nuevo juntos, cuando terminamos, Lance se despidió y caminó hasta su casa. Antes siempre se quedaba a dormir, ya sea porque había perdido el último autobús o porque su departamento quedaba en el otro extremo de Ulán Bator, así que nos reímos ante esta novedad: el primer desayuno del primero de enero sin Lance, aunque habíamos intentado atraerlo con pan tostado, su favorito. Era tan bueno tenerlo finalmente en el equipo, y a pesar de que nos había tomado un par de años, el tiempo de Dios era perfecto.

Tres semanas más tarde nos encontramos celebrando un tercer cumpleaños. El cumpleaños número tres es muy importante en Mongolia. El niño varón recibe su primer corte de cabello ese día, y el corte es llevado a cabo por todos los invitados de la fiesta. Típicamente, el niño va por la habitación con una bolsa y un par de tijeras. Cada persona corta un mechón del hermoso cabello negro y suave, y deja caer el cabello que cortó y algunos billetes en la bolsa. Estos pequeños hacen dinero como nadie.

Sin embargo, el cumpleaños que celebrábamos no era el de un pequeño niño mongol. Nos reunimos para honrar a una hermosa y preciosa niña mongola de tres años. A su tierna edad esta pequeña dama ya estaba comprometida. La Asamblea de Jesús de Erdenet, la novia de Jesús, tenía tres años. Su crecimiento y desarrollo habían superado las expectativas de todos y estaba casi lista para un viaje independiente siguiendo a su novio.

El liderazgo de la iglesia se las arregló para alquilar el cine local para festejar el cumpleaños. Esto no era inusual. Nuestras grandes reuniones de celebración eran prácticamente forzadas a llevarse a cabo en el cine o en la discoteca del Palacio de las Mujeres. En raras ocasiones la mina de cobre nos permitiría alquilar el Palacio Cultural "Gornyeck", que con sus setecientos cincuenta asientos tenía la mayor capacidad de la ciudad. Cuando llegó el día, trescientos cincuenta mongoles alcanzaron la máxima capacidad del cine. Era impresionante ver la vívida evidencia del crecimiento delante de nuestros ojos. En una iglesia que se reunía en hogares por toda la ciudad y sus alrededores, fácilmente perdíamos la noción de la cantidad de personas que venían a Cristo. Lo que era aún más emocionante para mí era el hecho evidente de que la composición de la multitud era idéntica a la población que se veía en las calles afuera del teatro. Habíamos sido una "iglesia de jóvenes", incluso un "club de chicas adolescentes", por tanto tiempo que me sacudió de emoción notar que ya no había un subconjunto de la sociedad que dominara nuestras reuniones. Había hombres y mujeres grandes (algunos ancianos), niños y bebés, y todo lo demás. Teníamos chicos y chicas, deportistas y discapacitados, gente del campo vistiendo su *dehl* y personas de ciudad en trajes, empleados mineros de mucho dinero y pastores de ovejas pobres, miembros de nuestra iglesia rusa, incluso una congregación sorda con intérpretes de lenguaje de señas. Jesús se había infiltrado en cada grupo de la sociedad de Erdenet. Ésta era una respuesta real y visible a muchas oraciones y súplicas.

Desde que finalmente llegamos al punto en el que la necesidad de nuestro involucramiento en la iglesia se hacía cada vez menor, era más fácil enfocarse en los aspectos más mundanos (y normales) de la vida en Mongolia. Mi trabajo en la mina de cobre Erdenet Concern era en ocasiones desafiante, aburrido y frustrante. Tenía que resolver cómo manejar enormes y complejas compras de cobre y transportarlas en tren hasta la frontera con China. Tenía que negociar con mi único cliente (Caterpillar Inc.), la empresa de análisis de mineral, la compañía del tren de carga, los fundidores de China, y los clientes y el personal de la aduana chinos. En el periodo entre compras, las cosas se ponían lentas, haciendo que las horas fueran eternas. Trataba de hacerme útil de otras maneras, arreglando computadoras y enseñando inglés a ejecutivos mineros, pero a menudo me aburría. Reiteradamente les había pedido más clientes, pensando que era raro que me confiaran sólo a uno. Al final se corrió la voz de que uno de los jefes principales se rehusaba a dejarme tener más contratos porque yo representaba un riesgo para la seguridad. Pensaba que trabajaba para la CIA. Cuando comencé a reírme a carcajadas ante este comentario, mi compañero mongol se apresuró a añadir que este alto ejecutivo no estaba seguro de que espiara para los estadounidenses: "quizás eres un agente del Vaticano". Bueno, al menos esto aclaró el misterio. Estaba contento de haber insistido en trabajar sólo a medio tiempo. Podía usar el tiempo libre para hacer algunos folletos en mongol sobre las diferencias entre el mormonismo y la fe bíblica. Los mormones habían enviado cuatro misioneros a nuestra ciudad recientemente, por lo que ahora llegaban a un total de seis. Como generalmente buscaban alcanzar creyentes en vez de inconversos, teníamos que enseñarle al pueblo de Dios sobre las falsedades que los jóvenes "ancianos" mormones les estaban ocultando. Su presentación clásica era: "Creemos lo mismo que Brian y Magnus, pero Dios nos ha mostrado un poco más". La lección que habíamos preparado cuando llegaron por primera vez en noviembre de 1994 y estos folletos para ayudar a los nuevos, parecieron funcionar. Nadie se fue para unirse a esta secta. Los miembros que pudieron ganar eran en su mayoría estudiantes del Instituto de Idiomas Extranjeros que esperaban viajar a Utah.

Louise comenzó a enseñarle inglés a un grupo de mujeres rusas que eran miembros de la iglesia hija rusa que habíamos plantado. Estas mujeres la pasaban tan bien en las clases que me daba envidia. Amaban a Louise y le dieron muchos regalos valiosos para mostrar su aprecio. Louise también daba clases particulares en la casa de una brillante niña mongola que estaba en silla de ruedas. Bayanaa se había convertido en parte de la iglesia, y Louise disfrutaba pasar tiempo con esta inteligente niña, cuyo inglés ya superaba el nivel de la mayoría de nuestros amigos mongoles. El ambiente en la casa de Bayanaa era muy difícil y abusivo, y ella y Louise oraron para sobrellevar momentos de mucho dolor. Los tres voluntarios del Cuerpo de Paz que fueron asignados a Erdenet y dos más que estaban a 60 kilómetros al oeste, en Bulgan, fueron otras de las personas que recibieron el amor y la amistad de Louise. Hicimos una amistad duradera con Carleen en Erdenet y Jerel en Bulgan. Jerel solía quedarse con nosotros cuando pasaba por la ciudad, y las largas caminatas en las colinas con Carleen fueron un gran sustento para Louise durante su duelo por Jed, y llevaron a Carleen a una relación de por vida con Jesús. Estas actividades y relaciones, junto con los tiempos de diversión que pasábamos con nuestras niñas, eran los momentos más relevantes en la semana de Louise, ya que ocuparse de las tareas del hogar en Mongolia está lleno de cosas que sólo se pueden describir como trabajo pesado. Ella le escribió a una amiga: "Comodidad aquí significa que el buey ya está muerto antes de que lo compres para comer".

Louise y yo continuamos educando a Molly y Melody en casa usando una literatura basada en el plan de estudios Sonlight que se desarrolló por misioneros para misioneros. Nos encantó, ya que el material era tan entretenido que Louise y yo esperábamos las clases tanto como las niñas. Alice podía presenciar las clases y absorber mucho de lo que enseñábamos ya que había una buena cantidad de lectura en voz alta. Con las temperaturas tan intensamente frías en el exterior, las niñas jugaban muchos juegos imaginarios adentro. Sin embargo, Melody con frecuencia iba a las casas de sus amigas mongolas y también las invitaba a la nuestra. Incluso Alice (de casi cinco) comenzó a recibir grupos de niñas que venían a la puerta y pedían jugar con ella. Las tres estaban felices y saludables, y cada una de ellas nos traía gozo en maneras completamente distintas. La personalidad única que Dios pone en cada hijo es otra razón que le da sentido al hablar de "iglesias hijas".

Melody, Alice y Molly en la tumba de Jedidiah

TREINTA Y UNO

Algo completamente nuevo

Indígena: originario del país; nativo, no extranjero.

Iglesia indígena: "Congregación de creyentes que viven su vida, incluyendo sus actividades cristianas, de acuerdo con los patrones de la sociedad local, y para los cuales cualquier transformación de esa sociedad proviene de la guía del Espíritu Santo y los principios de las Escrituras".
   -William Smalley en "Implicaciones culturales de una iglesia indígena"

El equipo de teatro de la Asamblea de Jesús realizando una representación evangelística al aire libre

Nuestros esfuerzos por dejar de lado todos los elementos que no eran esenciales, al igual que el bagaje cultural que le hemos agregado en los últimos diecisiete siglos a nuestras ideas de lo que es la "iglesia" dieron su fruto en Erdenet. Al traerla a esta nueva cultura habíamos "aligerado la carga" y simplificado la iglesia de una manera consciente. Estábamos convencidos de que Dios deseaba hacer algo nuevo en este lugar, y no simplemente un clon de las iglesias de Norteamérica o Europa que nos habían enviado. Mientras observábamos la Asamblea de Jesús presenciamos el surgimiento de un auténtico movimiento indígena.

La reunión principal de cada creyente era la casa-iglesia, un grupo pequeño de unos quince discípulos que se juntaban cada semana en la sala de estar de un departamento, un *ger* (las carpas de fieltro), en un cuartel del ejército, en casas de madera de un ambiente fuera de los límites de la ciudad, o en cualquier lugar que sirviera para este propósito. Estos grupos interactuaban con la Palabra de Dios, oraban los unos por los otros, ayudaban a los perdidos de maneras prácticas, compartían comidas y la cena del Señor, y compartían sus vidas los unos con los otros. La comunión se hacía con los elementos que estuvieran disponibles, a menudo *undaa* (una bebida gasificada) o *tsai* (té, usualmente un caldo de leche salado) y *boortsog* (una masa dura y frita). A medida que los grupos iban creciendo, y realmente crecieron, se multiplicaban para que los grupos continuaran siendo pequeños y el compañerismo estrecho. Los líderes de las casas-iglesia eran mentores de los que se harían cargo de los nuevos grupos a medida que iban naciendo. Los grupos visitaban otras áreas y daban a luz a casas-iglesia nuevas en otras comunidades, tanto una casa-iglesia individual como un grupo de ellas. Dependía mucho de la densidad de la población. Una iglesia hija comenzó con sólo tres familias que vivían aisladas en un vasto lugar al norte de Erdenet. Estas familias estaban a cargo del mantenimiento de una estación de bombeo que suministraba agua del río Selengá a la ciudad y a la mina. Cuando un grupo de creyentes que estaba de excursión se detuvo en el lugar, nació una iglesia. Ellos la llamaron "Estación de bombeo número cuatro".

Las casas-iglesia en Erdenet y aquellas en nuestra iglesia hija de Bulgan se juntaban periódicamente para una gran "reunión de celebración" que incluía a todas las iglesias de la ciudad. A menudo los grupos de áreas periféricas se las arreglaban para unirse a estas celebraciones. El formato de estas grandes reuniones, que se llevaban a cabo los domingos, era totalmente distinto a cualquiera de las iglesias que nos habían enviado. Estas reuniones se hacían en un teatro o en un salón alquilado, cantábamos canciones nativas con música mongola dirigidas por el

Algo completamente nuevo 255

equipo de alabanza, se daban testimonios de aquellos que habían llegado a Cristo recientemente o que recién habían sido sanados, se presentaban obras teatrales creadas por el equipo de teatro de la iglesia, se presentaban danzas de alabanza en el estilo tradicional, se compartían asuntos de interés para las visitas y para toda la iglesia, se aprendían canciones nuevas, se compartía la Palabra y se oraba por aquellos que necesitaban sanidad o que necesitaban de Dios. Los que compartían a menudo vestían el tradicional *dehl* mongol y los equipos de alabanza y de danza utilizaban vestimentas tradicionales que hacían juego. Todo esto era idea de ellos, y nosotros no hicimos ninguna sugerencia. Las representaciones teatrales en particular eran un poderoso elemento de la reunión de celebración, y los curiosos casi siempre respondían a Jesús por medio de las obras de teatro más que por cualquier otra parte de la reunión. Las formas de alabar y de saludar a los que venían por primera vez eran típicas de los mongoles. No sólo las canciones y la música eran escritas por los miembros de la iglesia, sino que comenzaron a usar instrumentos mongoles como el *morin khuur* (violín de cabeza de caballo) y *yatga* (arpa) en algunas ocasiones. Estas reuniones grandes duraban de dos a tres horas y media, y a veces más. La duración de la reunión se determinaba en base a la cantidad de actividades que los líderes habían planificado, en vez de la cantidad de horas que habían alquilado el salón. Esto causó un sinfín de incomodidades para los extranjeros, ya que a veces el siguiente grupo estaba afuera esperando que desalojáramos el lugar, pero todos los mongoles, los que adoraban y los que esperaban parecían tomárselo con calma. Cuando urgíamos a los líderes para que empezaran a concluir la reunión, respondían enumerando todo lo que faltaba hacer: "Ganaa tiene que enseñar una canción nueva y Batsook va a contar un testimonio de una visión que tuvo la semana pasada mientras cuidaba sus ovejas". Cuando nos rendíamos y salíamos a disculparnos con el grupo que esperaba para usar el salón, nos respondían, "Todavía no terminaron, ¿no? No, bueno, no hay problema. Podemos esperar". En Mongolia un evento no termina hasta que termina. Ellos son lo que los sociólogos llaman "cultura orientada al evento", mientras todos nosotros en el equipo de plantación de iglesia éramos de "culturas (fuertemente) orientadas al tiempo".

Cuando entreno a nuevos plantadores de iglesias que van a trabajar con grupos étnicos no alcanzados, les digo que si son exitosos en su trabajo, las iglesias que nazcan harán que los plantadores de iglesias se sientan incómodos. Si una iglesia posee un carácter indígena, entonces estará fuera de la zona de comodidad de los mensajeros apostólicos. Le parecerá rara a los misioneros. La Asamblea de Jesús y sus iglesias hijas ciertamente pasaron esta prueba. En medio de nuestra incomodidad, estábamos increíblemente felices de que nuestros "hijos" tuvieran un carácter mongol indígena que era único y diferente a todo lo que habíamos conocido antes. De hecho, era nuevo para el mundo también. Jesús había dado a luz a una expresión completamente nueva de su cuerpo eternamente vivo.

"Morin khuur" Instrumento mongol tradicional violín Cabeza de Caballo

"Reunión de celebración" en el salón más grande de Erdenet

TREINTA Y DOS

Los preparativos para nuestra partida

Continuaba acumulándose evidencia de que la iglesia de Erdenet estaba lista para valerse por sí misma en Cristo. Se había vuelto una rutina para nuestro equipo preguntarle a los líderes mongoles qué sentían que debían hacer acerca de alguna situación y maravillarnos con las respuestas que nos daban después de buscar la guía de Dios. Habíamos estado preparando todo para dejar nuestro trabajo, identificando, uno por uno, los ministerios que aún dependían de alguno de nosotros. Nuestra meta era entregarle todo a los discípulos mongoles, y esto comenzó a suceder a una velocidad relámpago.

Un glorioso día de primavera cuando la temperatura, aunque todavía congelaba, había permitido que el hielo se derritiera y se formaran algunos charcos en la superficie negra de la calle, finalmente pude quitarme el abrigo y salir sólo en camiseta. Más tarde, nos sentimos animados al juntarnos para la reunión de equipo y darnos cuenta de que algo más había cambiado. Como de costumbre le pregunté a cada uno qué había hecho en la iglesia la semana anterior. Luego les preguntaba qué líder mongol pensaban que estaba listo para heredar ese ministerio. Pues bien, la última semana de febrero o la primera de marzo de 1996, no había nada para hacer. Más allá de las historias del Antiguo Testamento que Magnus y yo compartíamos, ninguno de los miembros del equipo de plantación de iglesias había hecho nada esa semana. Todas las actividades habían sido delegadas. Sin que nos diéramos cuenta, habíamos trabajado hasta hacer que nuestra presencia fuera obsoleta. Los creyentes mongoles estaban haciendo todo, nosotros no estábamos haciendo nada. ¡Y nadie lo había notado! Me sentí como cuando le enseñas a andar en bicicleta a un niño y comienza a pedalear más rápido de lo que puedes correr y lo dejas ir. Lo ves andar sin ayuda, pero él ni siquiera se da cuenta. Te detienes, sin aire, y disfrutas ante la visión de esta libertad gloriosa y completa. Has dejado de ser un participante y, en un instante, te has convertido en un gozoso espectador.

Nos encontramos con los cinco ancianos en entrenamiento y compartimos nuestro descubrimiento con ellos. Como era de esperar protestaron diciendo que nos necesitaban muchísimo. Les mostramos que la evidencia decía lo contrario. Insistieron que aún éramos necesarios en un montón de cosas. Amablemente los desafiamos a que las nombraran. No pudieron decirnos una cosa que aún estuviéramos haciendo. Les ayudamos a entender que amarnos no era lo mismo que necesitarnos, y que no había ninguna deslealtad en avanzar hacia la madurez espiritual como iglesia. Permaneceríamos como compañeros y les ayudaríamos, pero sólo a petición del liderazgo mongol. Mientras discutíamos estos asuntos, las lágrimas dieron paso a un creciente entusiasmo, tentativo al principio, pero luego comenzaron a ayudarnos a planificar el proceso de entrega que tendría lugar en las próximas semanas y meses.

Decidimos que, en nuestra reunión de celebración del domingo, el 24 de marzo en el teatro de la ciudad, les haríamos saber que nuestro equipo extranjero pasaría a tener un rol de asesoramiento de los ancianos en entrenamiento, cuando lo solicitaran. Esto tenía el propósito de llevarlos a un nuevo entendimiento de que ellos, los mongoles, estaban a cargo, bajo la autoridad de Cristo, la Cabeza, y que nosotros estábamos por salir. Transferiríamos de manera formal nuestra autoridad a los líderes mongoles en una ceremonia especial en un futuro cercano. Queríamos que tuvieran un periodo donde pudieran ejercitar su autoridad mientras continuábamos estando allí por si nos necesitaban. De esta forma podríamos supervisar qué tan bien se había implementado el modelo del servidor-líder. Comenzamos a trabajar como observadores silenciosos.

Los preparativos para nuestra partida

Cuando llegó el momento, debimos haberlo explicado bien ya que la iglesia respondió de manera positiva y con mucha emoción, y a pesar de que muchos vinieron y nos dijeron lo especiales y necesarios que éramos, nadie nos dijo que creía que la iglesia dejaría de seguir a Jesús sin nosotros. Quizás algo del gozo se debió al otro anuncio que hicimos ese domingo por la mañana. Louise y yo compartimos la maravillosa noticia de que Dios nos había dado otro bebé, estábamos embarazados con fecha para septiembre. Todos parecieron entender que mientras no había reemplazo para Jedidiah, Dios nos estaba otorgando una restauración a todos. El inmenso significado de los dos nacimientos, el del movimiento de la iglesia mongola bebé y el de un nuevo integrante de la familia Hogan, incrementó nuestra sensación de emocionante expectativa.

Fue divertido planificar nuestra partida. Pude disfrutar de la vida en Erdenet sin responsabilidades más allá de mis cuatro horas diarias en la oficina central de la mina de cobre. Pasamos mucho tiempo agasajando a nuestros amigos, tanto mongoles como extranjeros. El largo invierno había terminado, en varios sentidos. Y aún así, Mongolia todavía tenía un poco más de drama reservado para nosotros.

Teníamos tanta alegría. Cuando te sientes tan bien que sólo quieres compartirlo con aquellos que lo entenderán porque sino sientes que vas a explotar. Así fue que le contamos a la comunidad misionera en Ulán Bator sobre nuestros preparativos para entregarles las iglesias a manos mongolas. A medida que las noticias se expandieron en la capital, comenzaron a llegarnos las reacciones.

> "¿Están locos? ¿En qué están pensando? ¡Sólo han estado ahí tres años, de ninguna manera es el tiempo suficiente para plantar una iglesia!".

> "Supe desde un principio que todos ustedes, niñitos de JUCUM, harían un desastre como éste. Es tan irresponsable enviar a jóvenes sin preparación como voluntarios para plantar iglesias. ¿Seis meses de entrenamiento? ¡Ja!".

"Si hubieran ido a un seminario o a una escuela bíblica sabrían que no hay forma de que estos mongoles estén listos para el liderazgo. Todo se va a venir abajo un par de semanas después de que se hayan ido. Mejor cancelen sus planes".

"Sus "líderes" ahí en Erdenet no serán capaces de lidiar con las sectas que ya hay en la ciudad y las que serán atraídas por sus vulnerables grupos como una manada de lobos hambrientos. Serán una presa fácil para los falsos maestros, ¿quién los defenderá?".

"En fin, los ancianos no pueden estar listos. Se pelearán y nosotros tendremos que ir hasta allá a recoger los pedazos. Esto es tan irresponsable y desconsiderado de su parte. Tenemos nuestros propios ministerios y vamos a tener que dejarlos para hacernos cargo del suyo".

"Saben que aún hay pecado en esta iglesia".

Cometimos un error garrafal que dio lugar a una tormenta de protestas y objeciones que no teníamos idea que existían. Muchos de nuestros compañeros misioneros, amigos, y colegas parecían estar de acuerdo en que no habíamos entendido la voluntad de Dios y estábamos abandonando nuestras responsabilidades en Erdenet. Quedamos atónitos. Cuando nos reunimos e intercambiamos las reacciones que estábamos obteniendo, no teníamos idea de cómo responder. Parecía claro que necesitábamos tomar lo que estábamos recibiendo de manera seria. Estos hermanos y hermanas nos habían acompañado y habían sido muy amables en el pasado, especialmente en momentos de tristeza. Les importábamos, y sus duras palabras partían de una preocupación real de que estuviéramos tomando una decisión fatal al entregar las riendas e irnos. Aún así, para nosotros la evidencia de que habíamos alcanzado nuestras metas seguía siendo muy clara. No sabíamos qué hacer con estas directivas tan contradictorias. Comenté que retractarnos de lo que acabábamos de anunciar sería como tratar de poner la crema batida de vuelta en el tarro. ¿Cómo tomas de vuelta un ministerio de alguien que ya lo hace mejor de lo que tú lo hacías cuando era tuyo? Nos inquietaba en gran manera el considerar estas opciones. La amenaza encubierta no había pasado desapercibida tampoco. Algunos sentían que era su responsabilidad ante Dios venir después que nos fuéramos a casa y arrebatarles el control a las iglesias mongolas por su propio bien. Sentimos que de repente nos enfrentábamos a una decisión imposible.

Mientras nos reunimos, y hablamos, y lloramos, y oramos bajo las tormentosas nubes negras de estos asuntos desconcertantes, llegaron algunos rayos de esperanza. El primero vino de algo que el Señor le recordó a María y a Magnus. Magnus compartió que había estado pensando en la acusación de que aún había pecado en la iglesia de Erdenet.

"Es verdad", respondí, "lo sabemos mejor que ellos".

"Sí, es verdad, pero el Espíritu Santo nos recordó a María y a mí que todavía hay pecado en las iglesias de Suecia que nos enviaron aquí a Mongolia".

Se encendió una luz. "Oh, ¡también hay pecado en la iglesia La Viña de California que nos envió!", Louise replicó.

"Bueno, nuestra Iglesia Cuadrangular en el sur de Oregón ciertamente no está libre de pecado", interrumpió Lance.

Ruslan y Sveta añadieron su iglesia en Siberia a la lista, y todos nos dimos cuenta de algo. Ninguno del equipo de plantación de iglesias había experimentado la vida del cuerpo en una iglesia que no luchara contra el pecado. No puedes plantar algo que no has experimentado, algo que nadie te ha mostrado con el ejemplo. Incluso si nos quedáramos por otros veinte años u otros ciento veinte, nunca podríamos plantar una iglesia sin pecado. Esta revelación nos quitó un gran peso de encima. El pecado era en última instancia problema de Jesús. Él era la Cabeza del Cuerpo y estaba acostumbrado a este trabajo. Podíamos dejar la labor de perfeccionar a Su Novia en sus manos cicatrizadas con toda confianza.

Sin embargo, todavía había varios problemas que los misioneros habían planteado que no podíamos responder. Encontré la respuesta que buscábamos en el capítulo 20 del libro de Hechos. Cuando Pablo estaba en esta misma etapa con sus iglesias, se despidió de sus discípulos. Leí lo que les dijo a los ancianos de la iglesia de Éfeso:

> "Ustedes saben muy bien cómo me he portado desde el primer día que llegué a la provincia de Asia. Aunque he sufrido mucho por los problemas que me han causado algunos... con toda humildad he cumplido con lo que el Señor Jesús me ha ordenado. Nunca he dejado de anunciarles a ustedes todas las cosas que les ayudarían a vivir mejor, ni de enseñarles en las calles y en sus casas. A los judíos y a los que no son judíos les he dicho que le pidan perdón a Dios y crean en nuestro Señor Jesucristo... Estoy seguro de que no volverá a verme ninguno de ustedes, a los que he anunciado el mensaje del reino de Dios. Por eso quiero decirles que no me siento responsable por ninguno de ustedes, pues ya les he anunciado los planes de Dios. No les he ocultado nada. Ustedes deben cuidarse a sí mismos, y cuidar a los miembros de la iglesia de Dios. Recuerden que el Espíritu Santo los puso como líderes de la iglesia, para que cuiden a todos los que Dios salvó por medio de la sangre de su propio Hijo. Cuando me haya ido, vendrán otros que, como si fueran lobos feroces, atacarán a todos los de la iglesia. También algunos, que ahora son seguidores de Jesús, comenzarán a enseñar mentiras, para que todos en la iglesia los sigan y los obedezcan. Por eso, tengan mucho cuidado. Recuerden los consejos que les he dado durante tres años, a pesar de tantos problemas y dificultades. Ahora le pido a Dios que los cuide con mucho amor. Su amoroso mensaje puede ayudarles a ser cada día mejores. Si lo obedecen, Dios cumplirá las promesas que ha hecho a todos los que ha elegido para ser su pueblo... Cuando Pablo terminó de hablar, se arrodilló con todos los líderes y oró por ellos. Todos comenzaron a llorar, y abrazaron y besaron a Pablo." Hechos 20:18-37 (TLA).

Esta historia de nuestro manual de instrucciones para la plantación de iglesias, el Nuevo Testamento, completó la revelación que Magnus y María habían comenzado. La Palabra de Dios nos libró de las cadenas que los juicios humanos habían puesto en nuestros corazones. De pronto todo se aclaró, habíamos escuchado de Dios sobre nuestra partida. Pablo se había embarcado en el mismo barco en el que estábamos ahora nosotros. Él sabía que llegarían las tormentas sobre la joven iglesia y sus líderes, desde afuera y desde adentro. Pero Pablo sabía algo que le permitió soltar. Él sabía lo que ellos habían recibido: perdón, fe, el Reino de Dios y el amor de Dios, de hecho "todo lo que Dios quiere que sepas" era suficiente para que pudieran superar lo que estaba por venir. Y sabía que la iglesia, "el rebaño", le pertenecía a Dios quien la compró con la sangre de Jesús. Dios era capaz de guardar lo que tenía en Su mano.

Pablo también reconoció que los ancianos de la iglesia no habían sido puestos por él, sino que fueron llamados y colocados en ese lugar por el Espíritu Santo mismo. Este entendimiento nos permitió respirar más tranquilos. Nos animó mucho y nos sentimos extrañamente cerca de Pablo al leer sus palabras, pero soltamos la risa cuando nos dimos cuenta de que había plantado la iglesia de Éfeso en sólo tres años. Puede que no haya sucedido con mucha frecuencia en la historia reciente, pero ahora teníamos una prueba bíblica de que tres años era un tiempo adecuado para la tarea apostólica.

Nos levantamos y comenzamos a avanzar nuevamente con confianza hacia el destino que las iglesias mongolas y nosotros habíamos elegido. Sabíamos que nuestro trabajo estaba casi terminado. La iglesia no era perfecta, pero estaba lista para valerse por sí misma.

Cerca del momento de la entrega, Magnus explica la analogía del bastón

TREINTA Y TRES

La entrega del bastón

El domingo de Resurrección de 1996 hizo historia tanto en Mongolia como en la iglesia de Jesucristo.

Temprano por la mañana nos reunimos como equipo por última vez en el departamento de María y Magnus ubicado en el quinto piso y desayunamos juntos. Los suecos hicieron panqueques típicos de su país, un acto de amor hacia los estadounidenses, ya que normalmente en Suecia este plato se sirve en la cena. Hablamos sobre los emocionantes eventos que teníamos por delante, tales como el servicio de Resurrección donde entregaríamos la iglesia al liderazgo mongol, la mudanza de nuestra familia a Estados Unidos, y el resto de los planes del equipo para finalizar sus contratos de enseñanza de inglés y mudarse. Traje a colación el hecho de que necesitábamos hacer la transferencia de autoridad de manera muy clara e incluso visual para los creyentes que estuviesen en la reunión de celebración de Resurrección. Decidimos que la carrera de relevos sería una excelente forma de representar lo que estaba sucediendo. Los mongoles conocían esta carrera olímpica, y ya que éste era un año olímpico, los juegos estaban en la mente de todos. Hicimos un bastón con el rollo de cartón de las toallas de papel de cocina, un poco de papel de aluminio y listón para usarlo en la entrega simbólica. Después de lavar los platos del desayuno, todo nuestro equipo caminó hacia el salón que habíamos alquilado para la celebración.

En el servicio de Resurrección de la Asamblea de Jesús de Erdenet sólo cabíamos de pie. Casi ochocientas personas llenaron el salón más grande de la ciudad. Más tarde descubrimos que muchos más habían sido rechazados por el guardia del edificio que cerró las puertas cuando vio a la multitud. Aquellos que lograron entrar se reunieron para adorar a Jesús, y ser testigos de la ceremonia que marcaba la entrega de autoridad de nuestro equipo apostólico de plantación de iglesias a los ancianos locales. Explicamos y representamos la analogía de la carrera de relevo para representar gráficamente lo que se estaba llevando a cabo. El bastón se pasó de nuestra familia y Magnus, representando a los plantadores de iglesias, a un grupo de líderes mongoles que vestían sus trajes nacionales de gala. Esto simbolizaba que nuestro tiempo de "correr" con este Cuerpo ya era parte del pasado, y el de ellos recién comenzaba. ¡Estaban más que listos! Les entregamos el bastón. Por primera vez en la historia, una iglesia mongola completamente indígena estaba completamente en manos mongolas, y ellos estaban firmemente afirmados en las manos cicatrizadas de Jesús. Todo el servicio fue una celebración de gozo, incluso en medio de las despedidas. Sólo teníamos cuatrocientos cincuenta creyentes bautizados en la congregación, por lo que muchos de los que llenaban el salón eran recién llegados y personas que aún estaban en la búsqueda.

Cuando el servicio mongol llegó reaciamente a su fin, corrí por la ciudad con Ruslan hacia nuestra iglesia hija rusa. Iban a realizar su segundo bautismo, y como yo había hecho el primero, querían que estuviera ahí. Cuando llegué descubrí que los creyentes rusos en realidad estaban esperando que entrara a la piscina y los bautizara. Traté de explicarles que no estaba preparado ni vestido para la ocasión, pero se rehusaron a aceptar mi negativa. Terminé cambiándome los pantalones por una toalla grande amarrada a la cintura, me metí en la piscina y bauticé a trece creyentes nuevos, incluyendo a dos familias completas. Después me disculpé por tener que irme rápido, pero existía el riesgo de que perdiera la camioneta que llevaría a mi familia y a nuestras pertenencias a la estación de tren. Rápidamente me sequé y me vestí, sin ponerme la ropa interior que estaba mojada, y comencé a correr hacia nuestro departamento. Para cuando llegué al departamento, la ropa interior mojada que llevaba en la mano se había congelado y convertido en una bola sólida alrededor de mi puño. Lidiar con eso era una tarea irónica considerando los asuntos tan espirituales en los que había estado involucrado todo el día. Dios tiene sus maneras de bajarnos a tierra.

La camioneta ya estaba cargada y apenas alcancé a llegar. Louise, las niñas y yo nos apretujamos entre las maletas y varios amigos, y partimos a la estación de tren. Cuando llegamos, había muchas manos para llevar las cosas al tren y a nuestro compartimento. Un gran número de creyentes mongoles nos habían acompañado a la plataforma y cantamos alabanzas, oramos, lloramos y nos abrazamos hasta que partió el tren.

Despedida en el andén de la estación de tren

Fue muy doloroso para nosotros dejar amigos queridos y compañeros de equipo sin tener planes claros acerca de cuándo nos volveríamos a ver. Nuestras niñas dejaban el hogar en el que habían vivido por más tiempo que en cualquier otro y el único que Alice podía recordar.

Los trenes no esperan para que uno pueda despedirse o lidiar con sus emociones, y el nuestro salió de la estación de Erdenet con amigos mongoles corriendo al lado del vagón y despidiéndose. Louise y yo apenas nos habíamos secado las lágrimas cuando miramos por la ventana y vimos la colina donde estaba enterrado Jedidiah. Nuevas lágrimas brotaron al recordar qué más estábamos dejando atrás.

A la mañana siguiente nuestro tren llegó a Ulán Bator, y la familia Leatherwood estaba allí para llevarnos a un desayuno de despedida con nuestros compañeros de Empresas Mongolas. Después del desayuno, Helen Richardson, Rick, Laura y sus hijos nos llevaron al aeropuerto por última vez, y después de casi tres años y medio, nos fuimos de nuestro país adoptivo.

♫ ...y estamos partiendo en un lento tren... ♪

TREINTA Y CUATRO

El camino siempre continúa

"¿No dejarás de creer en las profecías sólo porque ayudaste a que se cumplieran? No supondrás que es así, ¿verdad?, que todas tus aventuras y escapadas fueron producto de la mera suerte, para tu exclusivo beneficio. Te considero una gran persona, señor Bolsón, y te aprecio mucho; pero en última instancia ¡eres sólo un simple individuo en un mundo enorme!"

El Hobbit de J.R.R. Tolkien

Después de dejar Mongolia, volamos a Copenhague y viajamos en tren por toda Europa por un par de meses. Louise y yo compartimos lo que Dios había hecho en Erdenet con una gran cantidad de grupos en bases de JUCUM e iglesias de amigos de las once naciones que pudimos visitar. Las niñas eran buenas viajeras, pero no llegaban a apreciar algunos de los aspectos más refinados de la cultura. Al final de un largo día en el Museo de Louvre en París, lo que más las impresionó no fue la Mona Lisa, la Victoria alada, o la Venus de Milo. "¡Las rosquillas en el sótano!" fueron su recuerdo más entusiasta. Con cinco meses de embarazo, Louise votó por Las bodas de Caná del pintor renacentista Paolo Veronese, pero admitió ante la presión que su parte favorita de la pintura fue el cómodo banco que se encontraba debajo de ella. Las cosas mejoraron cuando salimos de los museos y el tour de "La novicia rebelde" de Salzburgo tuvo una mejor aceptación. Europa era una buena manera de relajarnos después de la vida que dejábamos atrás. El regreso a California tuvo muchos momentos que habrían sido más difíciles de enfrentar si hubiéramos intentado volver sólo horas después de haber salido de Mongolia.

Llegamos a la casa de mi madre en Atascadero, California, volvimos a involucrarnos en la vida de nuestras dos iglesias locales que nos habían enviado y comenzamos a prepararnos para el nacimiento en casa en el hogar de Nana, como la llamamos a mi madre. Planeábamos mudarnos al Caribe para trabajar con JUCUM entrenando y enviando misioneros plantadores de iglesias en esa región, pero necesitábamos tener el bebé primero. Mis padres fueron muy amables y nos facilitaron un refugio seguro para que nuestra enorme y ruidosa familia pudiera pasar el verano.

El 10 de agosto, Peter Magnus se unió a la familia Hogan. El gozo de dar la bienvenida a otro hijo era abrumador. Jedidiah no podría ser reemplazado, pero el Padre fue fiel en enviarnos consuelo y nuevos comienzos. Me sumergí en el estudio a tiempo completo para obtener una Maestría en Ministerio, con un enfoque en Estudios Interculturales, en la Universidad Hope International. El campus estaba al sur de California, pero usé una mentoría a larga distancia para completar mi maestría desde casa. Terminé siendo uno de los primeros en estudiar el programa de Fundamentos Cristianos Globales desarrollado por el doctor Ralph Winter. Fue el estudio más riguroso y gratificante que he realizado, ¡un curso de Perspectivas en esteroides!

En 1998 nos mudamos otra vez, esta vez al norte, al fresco y neblinoso condado de Humboldt en California. Entre los bosques de secoya de la Costa Norte, nos unimos a un ministerio llamado Entrenadores de Plantación de Iglesias que habíamos estado explorando desde nuestra salida temporal de Mongolia hacía tres años. Kevin y Laura Sutter habían estado llevando a cabo este ministerio internacional de servicio en Juventud con una Misión sin ayuda de nadie por años y estaban encantados de tener refuerzos finalmente. En 2013 Louise y yo compramos una casa en Fayetteville, Arkansas, cambiando así nuestro domicilio pero no nuestro ministerio. Desde nuestra casa en los Ozarks, continuamos entrenando y acompañando a más de trescientos equipos de plantación de iglesias de JUCUM alrededor del mundo. Yo viajo y enseño de forma intensiva en las escuelas de entrenamiento de JUCUM y en numerosas clases de Perspectivas, y desarrollamos recursos para equipar a aquellos que desean ver iglesias multiplicarse en medio de los no alcanzados.

He podido regresar a Mongolia varias veces a lo largo de los años desde que nos fuimos. Disfruto la hospitalidad de Mats, nuestro antiguo compañero de equipo, de Chimgee, su encantadora esposa y Lisa, su hermosa hija mongola-sueca. Chimgee fue una de las primeras creyentes en Erdenet y su hermana fue la niña que murió la misma Navidad que Jed.

Las primeras dos veces que regresé enseñé sobre la plantación de iglesias en la Escuela de Misiones Pioneras (EDMP o SOFM por sus siglas en inglés) que JUCUM Erdenet lleva a cabo cada año. Que increíble experiencia sentarse en un *ger* y enseñar a misioneros mongoles los mismos principios del Nuevo Testamento que Dios usó para traerles al Reino hace tan poco tiempo.

En uno de estos viajes finalmente pude poner una lápida en la tumba que dice:

JED HOGAN

SE FUE A CASA EL 24/12/94

A LOS DOS MESES DE EDAD

JESUS ES DIGNO

Coordenadas de GPS:
N49°07.471'..E104°09.808'

Visitando la tumba de Jed.

Pudimos regresar con toda la familia en el 2000. La visita fue muy gratificante para todos nosotros y nos proporcionó una catarsis necesaria. Hice que ésta fuera mi última enseñanza en la EDMP al entrenar a mi reemplazo. Bayaraa es ahora una excelente entrenadora de plantadores de iglesias por su propios méritos. Al final de la visita, durante la que sería nuestra última noche en Erdenet, me enfermé de apendicitis. Sin poder volar, terminé bajo el bisturí en una pequeña clínica rusa de la ciudad. Pasarían otros cinco años antes de volver a pisar suelo mongol.

En noviembre del 2005, estaba de vuelta en Erdenet para la Conferencia Anual de Misiones. Me habían pedido que fuera el orador principal. Quedé estupefacto al ver el mismo salón donde habíamos entregado el bastón de liderazgo en 1996 repleto más allá de su capacidad por una semana. Había mil personas apiñadas en un auditorio diseñado para setecientas. Sólo había espacio de pie, y desde hacía unos años que sólo se podía asistir por invitación ya que la asistencia superaba constantemente el espacio disponible.

Un mongol bien vestido, de mediana edad, se puso de pie para saludarme durante uno de los descansos. Se presentó y rápidamente añadió que me conocía, pero que yo no lo conocía a él. Era uno de los ancianos actuales de la Asamblea de Jesús. Quería compartirme sobre el día que me "conoció".

"La mañana de un domingo de primavera de 1996, vine con un amigo a una gran reunión en este lugar. Había mucha felicidad y entusiasmo, pero no me atrajo. Después, hacia el final vi algo que nunca había visto o escuchado antes. Tú y otras personas se pararon en el escenario e hicieron algo que me dejó estupefacto. Entregaron un poder verdadero. Ustedes eran los líderes de este grupo enorme, y se lo dieron a estos mongoles y se fueron. ¡Nadie hace eso! No entendí lo que veía, pero supe que tenía que regresar. Dentro de un mes ya era uno de los discípulos y ahora, después de casi diez años, estoy liderando en esta iglesia. Sus discípulos siguieron su ejemplo y pasaron el liderazgo al ser guiados por Dios a nuevas obras. Quería verte de nuevo y agradecerte".

En la misma conferencia pude ponerme al día con Baagii y Naraa, una pareja joven que ejemplifica lo mejor de los plantadores de iglesias mongoles.

El encuentro con Naraa y Baagee en el tren

Baagee fue una de las catorce adolescentes originales con las que comenzamos la Asamblea de Jesús. Naraa, su marido, había estado en prisión mientras nosotros estábamos en Mongolia. Había llegado a la fe a través de una Biblia en mongol que su madre le había enviado. Cuando salió en libertad, vino a Erdenet para ser discipulado en su nuevo camino. Con el tiempo él y Baagee pasaron por la Escuela de Entrenamiento en Discipulado y la EDMP (en la que yo enseñaba plantación de iglesias) en el Centro Mongol de Misiones (ahora JUCUM Erdenet), se casaron y se fueron a plantar nuevas iglesias. Su meta inicial era Darhan, la segunda ciudad más grande de Mongolia. La última vez que los vi, fue de camino a Erdenet. Se aparecieron en mi vagón dormitorio a la medianoche mientras el tren estaba parado en la estación de Darhan. Me informaron que habían estado trabajando en esa ciudad por alrededor de un año y ya habían plantado una congregación que tenía ciento diez miembros y tres iglesias hijas. Con todo el entusiasmo, me tomó un rato muy largo volver a dormirme después de que se fueron de mi vagón.

Unos pocos meses después, recibí una carta de Baagee con una fotografía de ellos entregándole el bastón a los líderes que habían entrenado en la iglesia de Darhan. La entrega de una prueba tan tangible y visible de que el movimiento ahora se estaba reproduciendo espontáneamente era, al menos para mí, algo similar a lo que debió haber sido para mis ancestros tocar una reliquia sagrada en la Edad Media.

Cuando Baagee, Naraa y yo nos volvimos a juntar en la conferencia, les pregunté sobre la foto. Les mencioné que estaba sorprendido de que no se hubieran quedado en Darhan como pastores. Con miradas sorprendidas me respondieron: "Pero Brian, somos apóstoles y los apóstoles se van".

El modelo había sido visto, comprendido, y replicado.

Dedicación de la lápida levantada por la Asamblea de Jesús y por el equipo de JUCUM en Erdenet. Las personas en la fotografía son: Laoweg, Brian, Louise, María y Magnus.
"Te recordamos Jed   11/02/2018"

El camino siempre continúa 275

En el sentido de las manecillas del reloj, comenzando en la esquina superior izquierda: 1. Plantadores de iglesia mongoles, enviados por la iglesia hija de Karakorum a Donxiang de Gansu, China. 2. El autor capacitando plantadores de iglesia trans-culturales en la Escuela de Misiones Pioneras, en JUCUM de Erdenet. 3. Creyentes de la tribu Buryat, alcanzados por nuestros discípulos, solicitando entrenamiento misionero. 4. El autor con Baika ('Doliéndose con Esperanza'), 2011. 5. El autor y su hijo, Peter Magnus, visitando el avión de Jedidiah, el JU2114. 6. Nuestros discípulos alabando en la sepultura de Jed. 7. El autor considerando el precio pagado. Jesús es digno. 8. Baagii and Naraa (pag.273), dirigiendo la iglesia de Mongolia, en 2011. 9. El hijo del autor con un águila Khazakh en el Zaisun Memorial en Ulán Bator. 10. El autor siendo entrevistado en Águila TV de Mongolia acerca del reconocimiento recibido por "20 Años de Evangelio en Mongolia." Centro: Reconocimiento dado a Brian y Louise Hogan por parte de la iglesia mongola.

Epílogo: Sufrir con esperanza

El día de Acción de Gracias de 1997, Baika y yo estábamos mirando a la inmensidad del Océano Pacífico cuando él declaró tranquilamente "Tu dolor por la muerte de tu hijo fue lo más milagroso que he experimentado jamás."

Baika Puntsag, el actual pastor de la iglesia Sublime Gracia de Denver, la primera iglesia cristiana mongola en Estados Unidos vino a pasar el festivo de Acción de Gracias con nosotros, de una manera muy extraña. Un obrero fiel de una de las iglesias dirigidas por coreanos en Ulán Bator, Baika llegó con una visa de turista a la base de Chico en California. Había estado ahí por varias semanas y había mencionado que realmente quería conectarse con la familia Hogan que había trabajado con JUCUM en Mongolia y le habían contado que vivían en California. Después de algo de rastreo y búsqueda por parte del personal de Chico, recibimos una llamada, y me encontré en la línea con Baika, a quien nunca antes había conocido. Dijo que esperaba poder venir 644 km al sur, a nuestra casa en los Osos y quedarse con nosotros para el día de Acción de Gracias. Me di cuenta de que la base JUCUM estaría casi vacía por el fin de semana largo. Me preguntaba si teníamos alguna conexión, pero formular esta pregunta sería grosero, así que le dije que era más que bienvenido. Había un solo detalle adicional, yo necesitaba comprar los boletos de autobús. Baika ya no tenía dinero.

Cuando finalmente llegó a los Osos, Baika encajó en nuestra familia como anillo al dedo. Era como un hermano menor para Louise y para mi, y un hermano mayor increíblemente divertido para los niños. Una de las primeras palabras de Peter Magnus fue "Baika". Cuando supe que nunca había visto el océano, algo común entre los mongoles ya que están rodeados de tierra, no pude esperar para llevarlo a la playa de Atascadero.

El profundo asombro de Baika ante la inmensidad majestuosa del Pacífico fue tan satisfactorio como me había imaginado. Mientras caminábamos y se sorprendía más y más, comenzó a jugar con la arena y a compartir sus pensamientos.

"Creo que debes estar preguntándote por qué quería estar con ustedes." El brillo de sus ojos quizá se debió al sol de la tarde mirando los rompeolas.

"No quise preguntar, pero si, tengo curiosidad. ¿Por qué nosotros?"

"A pesar de que en realidad nunca nos conocimos en Mongolia, conozco a tu familia." Y el hermanito menor que nunca tuve comenzó a contar una historia que era muy poderosa y emocional para él aún varios años después de haber sucedido:

> "Fui salvo en los primeros años de la venida de Cristo a Mongolia. Mis amigos y yo nos enamoramos tanto de Jesús que deseábamos pasar todo el tiempo adorando. Comencé a trabajar en muchos ministerios de mi iglesia en Ulán Bator. Estábamos tan ocupados que ni siquiera noté cuando otras cosas comenzaron a apartar mi corazón de Jesús. Empecé una relación con una muchacha esperando que me siguiera en el caminar con Jesús, pero no funcionó de esa manera. Ella comenzó a criticar mi fe y mi trabajo en la iglesia. Al mismo tiempo, el misionero coreano que pastoreaba mi iglesia nos dijo que el camino al liderazgo requería ir a un seminario en Corea. Me frustré porque tendría que aprender coreano para poder dirigir una iglesia mongola. Me desanimé.
>
> Al final, me rendí con esta lucha. El gozo se fue y solo quería salir de ahí. Decidí terminar con eso rápidamente al ir a la celebración de víspera de Año Nuevo que mi iglesia preparó para quienes estaban en el ministerio y comunicarles que renunciaba. En realidad no quería enfrentar al pastor, pero sentí que debía permitir que mis amigos lo escucharán por mi y no a través de chismes. Mi corazón estaba endurecido. Ya no pensaba más en Jesús.
>
> Fui a la reunión determinado a contar mi decisión rápidamente al principio de esta y salirme inmediatamente después. Me molestó mucho que una muchacha hablara primero que yo y compartiera emocionada sobre su visita de Navidad a Erdenet.

Esta muchacha era una amiga que había estado involucrada en la iglesia por más tiempo que yo. Había ido a visitar a Bayaraa, a quien la mayoría de nosotros conocía desde antes que dejará Ulán Bator con María y Magnus. Mi amiga compartió sobre la conmoción por la horrible noticia de la muerte de Jed, que fue compartida durante la fiesta de Navidad. También nos dijo sobre la reunión en tu casa después del entierro y del servicio en recuerdo de tu hijo. Mientras nos narraba lo que tú habías compartido y como ustedes respondieron a esta tragedia, comenzamos a llorar. Mi propio corazón endurecido se derritió mientras lloraba."

"Eso significa mucho para mí. Todos lloramos mucho esa Navidad," le aseguré a Baika.

"Pero esa no es la razón por la que todos estábamos llorando. Estábamos llorando por causa de la revelación que recibimos a través de tu dolor."

Estaba completamente confundido, "¿Qué...?"

"Tu dolor por la muerte de tu hijo fue lo más milagroso que he experimentado" explicó Baika.

Mientras él decía esto, se me vinieron recuerdos de varios de los creyentes de Erdenet diciendo algo muy similar cuando nos despedíamos hacía un año y medio. Me había olvidado rápidamente de estas declaraciones de que nuestra aflicción fuera un milagro ya que no tenía sentido para mí. Había sentido que mi dolor, que no podía ocultar, era una mala propaganda para el Reino. Le rogué a Dios que nos dejara dolernos en privado en los Estados Unidos con la familia, y quedé completamente confundido cuando nos dejó en claro que ambos debíamos quedarnos en Erdenet durante los peores meses del duelo. Comencé a tener una sensación rara como si fuera a abrir una puerta de una habitación llena de misterio.

"¿Me podrías explicar eso por favor, Baika?"

"Brian, realmente no puedes entender cómo es para los mongoles. En tu país todos parecen creer en la vida después de la muerte. Pero en Mongolia nadie tiene ningún tipo de esperanza como esa en absoluto. Cuando se mueren los seres queridos, ¡se van para siempre! Nunca los verás o te encontrarás con ellos de nuevo. Las madres en mi país a veces se vuelven locas cuando pierden a un hijo. Pero ustedes eran distintos.

Fueron las primeras personas que vimos, o de quienes habíamos escuchado, que sufrían con esperanza. Entendimos lo que dijiste acerca de ir a donde está tu hijo, incluso si no iba a regresar aquí, en la canción que enseñaste durante la cena del funeral en tu departamento, y la declaración de fe que hiciste en el servicio en memoria de Jed. Estabas siendo observado, ahí y durante los meses que siguieron. Verte a ti y a tu familia *sufrir con esperanza*, llenó el vacío que siempre había estado en cada corazón mongol. Cuando escuché sobre tu dolor *supe* que era real. La Biblia, Jesús, el cielo y todo eso. Es por eso que lloramos esa víspera de Año Nuevo, nuestra fe acababa de ser confirmada.

Me arrepentí delante de mis hermanos y hermanas por lo que había querido hacer. Continué siguiendo a Jesús y vine a Estados Unidos a estudiar periodismo para poder comenzar un periódico y una estación de radio cristiana en Mongolia."

Fui lleno con un gozo extremo e inundado de amor mientras me daba cuenta de cuán lejos había llegado Dios para asegurarse de que nosotros entendiéramos. Todo valía la pena. Dios había redimido incluso nuestros dolores más profundos y los había tornado en gloria y adoradores. Mientras las lágrimas corrían por mis mejillas, todo lo que podía pensar era "Jesús es digno."

Este pensamiento fue grabado en la lápida de Jed la siguiente vez que visité Erdenet.

Desde ese día otros mongoles han compartido versiones semejantes a la historia de Baika, viejos amigos y desconocidos en Mongolia y los Estados Unidos. Nunca entenderé como ellos, pero está claro que algo sucedió en los corazones de los creyentes mongoles mientras vieron y escucharon sobre nuestro dolor. En el momento que nos sentimos más débiles y dudamos más del plan de Dios, ¡el Padre estaba haciendo su mayor milagro a través de nosotros!

Comentario Final: El décimo aniversario de *Oveja*

La década que siguió a la publicación de *Hay una oveja en mi bañera* nos proveyó de dos oportunidades para regresar a Erdenet, aunque mis viajes internacionales han llevado mi lista de países visitados a setenta.

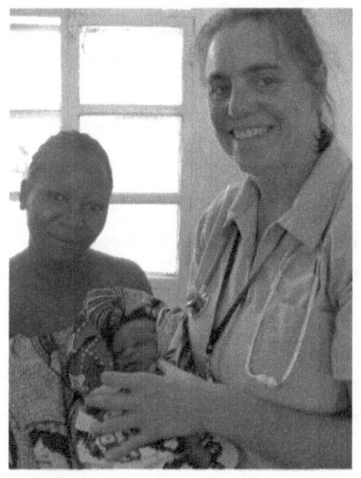

En la primavera de 2011, Louise y yo, junto con nuestro hijo de 14 años, Peter Magnus, estábamos en la recta final de una estadía de seis meses en Tanzania. Louise estaba haciendo su práctica para la Escuela de Asistente de Parto, y Peter y yo viajamos juntos por un año por toda Australia, África Oriental y la India. Aunque estábamos ahí para que Louise "recibiera bebés", frecuentemente nos llegaban oportunidades para entrenar plantadores de iglesias.

El primero de febrero, estaba entrenando a un pueblo Maasai cerca del Kilimanjaro y cometí el error de revisar mi correo electrónico durante un receso. Me encontré con el correo electrónico que una persona que no conocía, el director de la Comunidad Misionera de Aviación (MAF por sus siglas en inglés) en Mongolia, había escrito el 31 de enero. Me pedía permiso para usar la fecha de nacimiento de nuestro hijo Jedidiah para el nuevo número de registro del avión que estaba sirviendo en Mongolia. Ellos reconocían el impacto que la corta vida y muerte de Jed había tenido en la iglesia mongola y querían conmemorarlo de esta manera. Mis estudiantes regresaron para encontrarse con su maestro llorando como un bebé en el estrado. Louise y yo les dijimos que nos sentíamos honrados y el avión fue bautizado JU-2114 por Jedidiah *Unforgotten* (Inolvidable), 2 de noviembre del 94. Esperaba con emoción una oportunidad para ver el avión de Jed en el viaje a Mongolia que Peter y yo teníamos planeado dentro de sólo tres meses.

La iglesia mongola estaba organizando una celebración por los veinte años del evangelio en Mongolia, y querían invitar a los misioneros pioneros para que regresaran y contaran la historia de los comienzos de la iglesia. Louise todavía iba a estar completando la parte de su entrenamiento que se desarrollaba en la India, pero estábamos decididos a que fuera por lo menos uno de nosotros.

Poco después de entrenar a aquellos líderes Maasai, recibí una llamada telefónica de nuestra hija para contarme que mi madre se estaba muriendo de un cáncer avanzado y necesitaba que regresara de inmediato a Estados Unidos. Cambié mis pasajes y me despedí entre lágrimas de Louise y Peter mientras todos salíamos desde África, yo a California y ellos dos a Hyderabad. Mi madre vivió, casi todo ese tiempo en el hospital, hasta el 15 de julio, una semana después de cumplir 76 años. Estábamos agradecidos de que Louise haya podido terminar su Escuela de Asistente de Parto a tiempo para despedirse de la mujer que ella consideró como "la suegra más maravillosa del mundo". Estos tiempos difíciles y terribles fueron el telón de fondo de nuestro viaje de regreso a Mongolia.

Peter y yo llegamos a tiempo para las celebraciones del vigésimo aniversario. Era increíble ver la gran multitud de creyentes de todo Mongolia reunidas en el salón de Ulán Bator alabando juntos en unidad y honrándonos a nosotros, los Leatherwood, y a otros pioneros que lograron viajar al evento. Al ir presentando a las iglesias por lista, me emocioné al ver que el grupo más

Comentario Final: El décimo aniversario de *Oveja*

grande que se puso de pie cuando lo nombraron fue la "Asamblea de Jesús en Erdenet".

El momento culminante del evento de tres días resultó ser una total sorpresa. En la mañana cuando pensábamos que todo había concluido, nos llamaron a los pioneros para una "entrevista para la televisión". Resultó ser un engaño para que la iglesia de Mongolia pudiera darnos un reconocimiento. No me lo vi venir y rompí en llanto cuando un niño

y una niña vestidos con atuendos mongoles con insignias reales me entregaron un gran ramo de flores con reverencia y me dieron un reconocimiento que decía: "Brian y Louise Hogan por ser pioneros en el Evangelio de Jesucristo en Mongolia. Juan 4:36. La Iglesia de Mongolia 05.19.2011". Lo atesoro más que cualquier otro reconocimiento terrenal en mi corazón, solamente será eclipsado cuando Jesús me diga: "Bien hecho."

Al día siguiente, Peter y yo visitamos el avión de Jed en el hangar de MAF-Blue Sky Aviation, pero lamentablemente no pudimos hacer un vuelo en ese momento. Pasamos el resto del viaje en Erdenet. Ahora Peter podría ponerle un lugar real a las historias familiares que había escuchado en su infancia pero que nunca había experimentado personalmente. Visitamos la sepultura de su hermano, con algunos de nuestros discípulos mongoles y pasamos un tiempo muy significativo recordando juntos en la colina. Llevar a Peter a nuestro antiguo departamento,

Nuestro antiguo departamento, que ahora es un restaurante

que ahora es un restaurante, nos proporcionó un momento chistoso cuando le mencioné que el comedor en el que nos encontrábamos parados era dónde él había sido concebido. Se avergonzó tanto como cualquier adolescente lo hubiera hecho ante tal anuncio, aunque dudo que alguno de los comensales que nos rodeaban haya entendido lo que dije en inglés.

Pasarían seis años antes que mis pies pisaran suelo mongol nuevamente. Louise y yo nos quedamos con el "nido vacío" y nos mudamos al noroeste de Arkansas. Ella comenzó a entrenar parteras en pueblos de países africanos y yo continué entrenando plantadores de iglesias y mobilizando para las misiones a través de la enseñanza en cursos de Perspectivas (un promedio de 65 a 70 clases al año). En 2017 decidimos que era tiempo de publicar este libro en una edición actualizada para nuevos lectores en el décimo aniversario de su publicación inicial. Me habían invitado a entrenar obreros en Nanjing, China y no me pude resistir a la idea de añadir un viaje de dos semanas a Mongolia para incluir las novedades. Mientras escribo aún estoy sufriendo los estragos del cambio de horario que conlleva este asombroso viaje. Estuve en Mongolia en la primera mitad de septiembre de 2017, la mayor parte del tiempo en Erdenet. Pasé un tiempo enseñando en el Centro Mongol de Misiones (JUCUM Erdenet), el cual nos invitó a Louise y a mí el próximo

La Asamblea de Jesús en Erdenet tiene enormes metas de evangelización señaladas en un mapa y una bandera para ser plantada entre las naciones.

Comentario Final: El décimo aniversario de *Oveja* 285

año para su celebración del vigésimo aniversario. Qué maravilla escuchar acerca de los equipos mongoles de plantación de iglesias trabajando en todas las tribus mongolas al igual que en otras tantas etnias y naciones (Rusia, China, Tíbet, Afganistán, Estados Unidos, Suecia, etc.). El hecho de que ellos hayan lanzado movimientos entre etnias anteriormente no alcanzadas, que hayan pasado el bastón, y hayan regresado a casa para ir a otros lugares me dio escalofríos y me llevó a las lágrimas. Tanto en la iglesia de Erdenet como al ir de casa en casa, me reconecté con nuestros primeros creyentes y con las multitudes que vinieron después de nuestra partida. Compartir acerca de la diferencia entre religión y relación con la congregación de la iglesia madre de nuestro movimiento en Erdenet fue casi tan gratificante como las frecuentes comidas compartidas y el tiempo que pasamos con nuestros discípulos. Tan sólo ser testigos de su continua obediencia fiel y de cómo el movimiento continúa expandiéndose, incluso a otras naciones, hizo que todo valiera la pena. ¡Jesús es digno!

Me crucé con nuestros padres mongoles, Ragchaa y Oyuun (que ahora tienen 76 y 75 años, retratados hace veintidós años en la página 104), ¡que salían a la mañana siguiente rumbo al Desierto de Gobi para plantar iglesias! ¡Mis héroes! Me dijeron que me había perdido de ver a Odgerel, uno de nuestros ancianos originales y pastor por más de veinte años, que acababa de salir con su familia como misioneros de largo plazo a una gran nación del este.

Ragchaa y Oyuun

Durante mi tercer día en Erdenet, un grupo de amigos me llevó a la sepultura de Jed. Enterré una pequeña caja de madera de cedro que contenía las cenizas de mi madre en la sepultura del nieto que la conoció en el cielo. Fue tan poderoso que cada uno pudiera hacer su declaración mientras estábamos de pie alrededor de este pedazo de tierra. Yo declaré que valió la pena, al maravillarme ante los miles y miles que habían llegado al reino de Dios gracias a aquellos que estaban parados alrededor de la sepultura de esa "semilla de trigo".

Antiguos compañeros de equipo, Ruslan y Svetlana

Otra tarde disfruté de renovar mi amistad con nuestros antiguos compañeros de equipo, Ruslan y Svetlana, y de conocer a sus dos hijos más jóvenes de un total de cinco. Ellos han dirigido otras iglesias en Erdenet por casi dos décadas.

Erdenet es el hogar de muchas iglesias hoy en día, pero me quedé impresionado por la unidad y el amor entre estos cuerpos y la manera en que todos ellos ven a la Asamblea de Jesús como un modelo y como la más exitosa, aunque es la única iglesia en la ciudad sin un edificio propio. Rodeada de tantos ejemplos de iglesias con estilos más occidentales, nuestros amigos con frecuencia experimentan un poco de "complejo de edificio" pero mientras compartía con los ancianos y líderes, ellos volvieron a tener una conciencia de la fortaleza que tenían en algo que ellos consideraban una debilidad, las reuniones en casa. El movimiento de hacer discípulos que Dios comenzó a través de estas débiles, jóvenes vasijas de Estados Unidos, Suecia y Rusia que nunca habían sido probadas, continúa desafiando todas las expectativas (excepto las de Dios) y cosechando los frutos de las naciones.

Mis tres últimos días en el país los dediqué a una invitación sorpresa para ocupar un asiento disponible en el avión de Jed que transportaba cazadores y turistas de aventura alrededor de Mongolia. Estos viajes financian el trabajo médico, humanitario y evangélico de MAF, y se realizan con este pequeño y poderoso avión de nueve pasajeros.

Mi paseo se convirtió en un recorrido de tres días y dos noches alrededor y a través de la maravillosa tierra de Mongolia de la que, aún habiendo vivido ahí por tres años, había visto muy poco. Volamos al este a unas dunas de arena y dejamos algunos pasajeros en una pista temporal, después regresamos y cruzamos el país para llegar al pueblo y provincia occidental de Khovd, donde pasamos la noche. Nuestros pilotos intentaron cruzar la elevada cordillera Altai temprano por la mañana para recoger a sus clientes cazadores, pero los fuertes vientos nos mantuvieron en tierra hasta la tarde y apenas tuvimos tiempo para recoger a los cazadores en las tierras Khazakh en el lejano oeste antes de

volar al sur y al este para dejarlos en el Desierto de Gobi. Nos vimos obligados a aterrizar en Arvaikheer en la provincia de Ovorkhangai y a quedarnos en otro hotel hasta que pudiéramos despegar para Ulán Bator a la mañana siguiente. Qué gran aventura. No hay palabras para describir las maravillosas y salvajes tierras que mis ojos contemplaron desde el avión de mi hijo. Una satisfacción absoluta y plena que durará toda la vida. ¡Qué regalo!

Apéndice: Dos obstáculos

Mientras entreno plantadores de iglesias por todo del mundo, puedo evaluar una variedad de formas de abordar esta difícil tarea. Dios ha traído a mi atención dos hechos de manera incansable: los dos principales obstáculos para los movimientos de plantación de iglesias alrededor del mundo.

Uno: Lo que hacemos es muy complejo. A pesar de que hacemos hincapié a aquellos que entrenamos en que deben reducir el "equipaje pesado" de la 'iglesia que conocemos' para mostrar lo esencial del Nuevo Testamento antes de llevarla a los pueblos no alcanzados, la mayoría de los plantadores de iglesias todavía luchan por despojarse de los elementos culturales que retrasan o detienen la reproducción en el nuevo entorno cultural. Por ejemplo, dejar de lado la necesidad de un edificio "sagrado" para reunirse los domingos puede ser más fácil que modelar un ministerio activo a cada creyente. El plantador de iglesias a menudo hace mucho del trabajo por sí solo por lo que la iglesia principiante ve al ministerio como algo que únicamente los profesionales religiosos de tiempo completo pueden lograr. El movimiento nace sin vida ya que el "liderazgo competente" nunca puede reproducirse a sí mismo de manera suficientemente rápida. Lo que realmente necesitamos es una visión más simple y bíblica de lo que la "iglesia" significa en realidad. Cuando hablo de "iglesia" en este libro, me refiero al organismo vivo que corporativamente forma el cuerpo y la novia de Cristo en este planeta, no a una organización religiosa. En términos prácticos: una reunión de cualquier tamaño, de personas comprometidas las unas con las otras que obedecen los mandamientos del Señor Jesucristo. Hemos estado arrastrando un modelo y una definición de "iglesia" que es demasiado complicada y cubierta de capas y más capas de cosas que no son esenciales ni bíblicas. Tenemos que ser radicales en la simplificación.

Dos: No confiamos en la obra del Espíritu Santo en la vida del creyente. La razón principal por la que las iglesias indígenas continúan, año tras año, bajo la dirección y el control extranjero, y la razón por la cual ni siquiera se les permite formar congregaciones nuevas en muchos casos, es una profunda desconfianza en la habilidad de Dios para llevar a cabo sus propósitos por medio de otros. Esto es lo que está detrás de nuestra reticencia a lanzar a nuestros discípulos a las verdaderas responsabilidades y al liderazgo. Podemos confiar en que Dios obrará a través de nosotros, pero pensamos que ellos lo echarán a perder. Necesitamos regresar a la Biblia para echar un buen vistazo a las funciones del Espíritu Santo (convicción de pecado, recordarnos la Palabra, guiarnos, etc.) y renunciar a tratar de hacer su trabajo por Él. Tenemos que volver al modelo de Pablo. Él constantemente dejaba a las iglesias bebés por meses e incluso años antes de designar ancianos (o cualquier otro líder más allá de Jesucristo). Mientras se despide de los ancianos en Hechos 20, Pablo les dice que sabe que serán atacados desde adentro y desde afuera, pero los encomienda a Dios. Confía en que el Espíritu Santo hará Su trabajo presentando a Su iglesia en Éfeso como santa y sin mancha. Debemos ser radicales en confiar en el Espíritu de Dios en las vidas de nuestros compañeros creyentes.

En el entrenamiento de plantación de iglesias que hacemos alrededor del mundo, exponemos estos dos obstáculos y equipamos a los obreros para que los superen. Por medio de la gracia de Dios, siempre continúo aprendiendo sobre cómo Él desea que su Reino se expanda y se multiplique. La sencillez y la confianza en el Espíritu de Dios abrieron las puertas de Mongolia al Reino de Dios.

Descansando en el lago Huvsgul

Términos y expresiones en otros idiomas

Todas las palabras en mongol se encuentran transliteradas a menos que se indique lo contrario.

ACHLACH — hermano mayor (bíblico: ancianos)
AIMAR GOY YUUM BAY! (jerga mongola) ¡Esto está terriblemente bueno!
AIRAG — leche de yegua fermentada
AMERIK-HOON — estadounidense
AARUUL — cuajada de leche deshidratada
BARUUN/ZUUN GAR TISH — doblar de mano derecha, y/o derecha
BAYARTAI — adiós
BEESH — a menudo se usa para no
BIE ZASAX GAZAR — baño; la traducción literal es: lugar de reparación del cuerpo
BOODZ — bola de masa con carne al vapor
BOORTSOG — panecillos pequeños
BORKHAN — dios o Dios
BYAMBAA — sábado; también es un nombre de hombre
BYASLAG — variedad de quesos
CHOOLGAN — reunión, asamblea
DEHL — traje típico
GADAAD HUMUUS — extranjeros
GALT TEREGEEN BUUDAL — estación de tren; encendido: parada del carro de bomberos
GER — carpa de fieltro redonda; vivienda de los nómadas
GEMTEI — pecaminoso, con pecado
GEMTEI HUMUUS — pecadores
GUANZ — restaurante pequeño sin asientos; comida rápida mongola
GUTAL — calzado tradicional; botas
HOGAN — (navajo) vivienda tradicional de madera redonda, piedra y barro
HULGAICH — ladrón, asaltante

HUUHDEEN BUDAA	arroz para niños; cereal cocinado como crema de trigo.
HOOLIGAN	juventud agresiva y dura o violenta; tiene el mismo significado en mongol, ruso e inglés
HORGOGCH	refrigerador
HORSHUR	masa frita cubierta con carne de hamburguesa
HUDOO	campo, área rural
HUREM	chaqueta ricamente bordada
JIJUUR	cuidador de un edificio
KASS	(palabra rusa para préstamo) cajero
LAMA	(tibetano) sacerdote budista
MALGAA AWARAI!	¡Lleven sus sombreros! Apelación del vendedor.
MOHAI HOOHID	niño feo; término ofensivo
MORIN HUUR	violín típico de cabeza de caballo
NAADAM	festival de deportes nacional llevado a cabo en el mes de julio
NAS BARSEN	morir; literalmente: quedarse sin años
OOSTEI	con piel o pelo; forrado de piel
OWOO	hito de piedra donde se ofrecen oraciones
SAIN BAIN UU?	¿estás bien?; un saludo
TARAG	yogurt
TSAS	nieve
TSAI	té, generalmente un caldo con leche y sal
TSARINA	(ruso) emperatriz
TSAGAAN SAR	vacaciones de invierno; año nuevo de los pastores
TUGRIK	moneda mongola
UNDAA	bebida gasificada
URUM	'mantequilla blanca'; nata
YATGA	arpa tradicional
YESUSEEN CHOOLGAN	Asamblea de Jesús; nombre de la iglesia
YURTUNTSEEN EZEN	señor universal (término para Dios)
ZAKH	mercado al aire libre; bazar
ZOCHID BUUDAL	hotel u hospedaje
ZOKS	parada

Sobre el Autor

BRIAN HOGAN obtuvo su Maestría en Ministerio en la Universidad Hope International (Fullerton, California), con una Especialización en Fundamentos Cristianos Mundiales. Es un orador, maestro y entrenador muy solicitado. Brian sirve a tiempo completo con Entrenadores de Plantación de Iglesias, un ministerio internacional de Juventud con una Misión y además es parte del equipo de liderazgo de Misiones Pioneras. Disfruta de ser un catalizador, pasar tiempo con personas, leer libros, viajar e intentar cosas nuevas, innovadoras y diferentes.

Brian ha participado, dirigido y comenzado expresiones orgánicas del cuerpo de Cristo en Estados Unidos, Malta y Mongolia, tanto dentro como fuera del modelo tradicional. Entrena a aquellos involucrados en estos movimientos en cinco continentes, con un enfoque especial en donde no existen iglesias.

También es autor de *An A to Z of Near-Death Adventures* y *Boy Centurions*, así como del artículo "Trueno distante: Los mongoles siguen al Kan de kanes", un caso de estudio de *Perspectivas del Movimiento Cristiano Mundial: Selección de lecturas*, (Biblioteca de William Carey, 1999). El curso de entrenamiento de Brian, *Keys to Church Planting Movements* y otros libros, videos y audios están disponibles en: www.4DMM.org

En la actualidad, Brian y su esposa tienen su hogar en los Ozarks, donde cuidan de sus gallinas en la ciudad de Fayetteville, Arkansas; además de viajar por el mundo para enseñar, en el caso de Brian, y para entrenar a parteras de pueblo en países en vías de desarrollo, en el caso de Louise.

Consultas relacionadas con la agenda de Brian y/o Louise para presentaciones personales, o respecto a posibles traducciones de *Hay una oveja en mi bañera* o impresiones fuera de Estados Unidos deben dirigirse a Asteroidea Books.

Más libros de Brian Hogan

An A to Z of Near-Death Adventures

Boy Centurions, A Millennium of Boys

Visite nuestra tienda en Internet para obtener los libros de audio, los DVD de enseñanza y más de Brian:
Store.AsteroideaBooks.com
Para conectarse con los Hogan y obtener más información sobre su ministerio, visite:
4DMM.org

 @SheepInMyTub

 facebook.com/SheepBook/

www.ingramcontent.com/pod-product-compliance
Lightning Source LLC
Chambersburg PA
CBHW030432010526
44118CB00011B/599